# Japon

1992

W0216084

# Les 3 plus de L'ANNUEL VOYAGEURS

**1 Une actualisation gratuite**. En juillet 1992, nous publions sous forme de cahier l'actualisation de ce guide. Si vous nous adressez le coupon du bas de cette page avec vos coordonnées, elle vous sera adressée gratuitement. Cette mise à jour vous indiquera les dernières actualités du pays et les toutes nouvelles informations pratiques.

**2 Une tribune pour les voyageurs.** Faites profiter les autres voyageurs de vos expériences. Adressez-nous vos conseils, vos suggestions, vos meilleures adresses relevées au cours de votre séjour (hôtels, restaurants, achats, transports, sites). Pour cela, il vous suffit de remplir notre questionnaire, disponible dans nos agences, ou par correspondance à votre demande.
Pour deux de vos informations retenues, vous recevrez gratuitement la prochaine édition de L'ANNUEL VOYAGEURS de votre choix.
De plus, un tirage au sort sera effectué le 01/07/92.
Il désignera l'heureux bénéficiaire d'un billet d'avion gratuit pour l'été 1992.

**3 Une pochette élégante et pratique.** Dans cette pochette, vous rassemblerez le guide, son actualisation, et vos papiers personnels utiles en voyage (billets d'avion, notes, cartes de crédit, etc). Elle vous sera adressée dès réception d'un chèque de 30F libellé à l'ordre de VOYAGEURS DU MONDE EDITEUR.

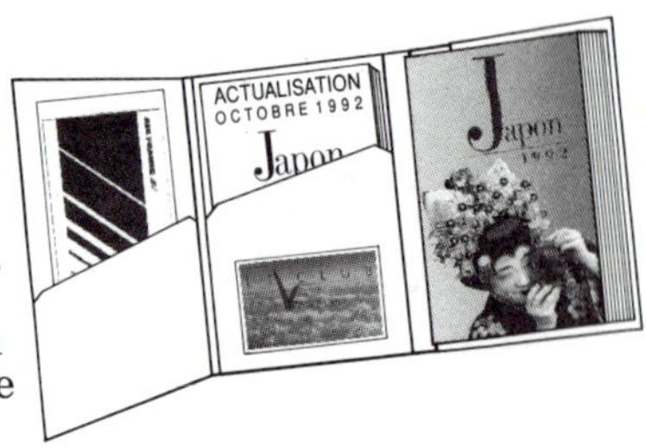


Demande de documents pour l'Annuel Voyageurs **Japon 1992**

Nom .................................... Prénom ....................................

Adresse ..........................................................................

..........................................................................................

Profession ......................................................................

Téléphone (dom.).............................(prof.)...............................

Je désire recevoir ❒ l'actualisation
❒ le questionnaire
❒ la pochette de voyage pour laquelle je vous joins un chèque de 30F

A retourner à VOYAGEURS DU MONDE EDITEUR, 53 rue Ste-Anne 75002 Paris

L'ANNUEL VOYAGEURS

# Japon

1992

Bernard Jeannel

VOYAGEURS DU MONDE ÉDITEUR

# Présentation

*Ils allaient conquérir le fabuleux métal*
*Que Cipango mûrit dans ses mines lointaines (...)*
*L'azur phosphorescent de la mer des Tropiques*
*Enchantait leur sommeil d'un mirage doré.*

José Maria de Heredia,
«Les Conquérants», *Les Trophées.*

L'actualité récente, économique, culturelle ou politique, a montré l'importance croissante que prend le Japon sur la vie quotidienne de la planète. De plus en plus, le Japon attire les visiteurs, sous motifs professionnel ou touristique, qui découvrent un pays toujours remarquable par sa sociabilité, la richesse de sa culture et la beauté de ses sites.

Qui plus est, cette année sera ponctuée par la célébration d'anniversaires historiques importants.

1292: Marco Polo parle du Pays du soleil levant, traduction de son appellation chinoise Cipangu, et d'où viennent, via l'espagnol, les noms Japan et Japon.

1492: en route pour les Indes orientales et le pays de l'or — l'Eldorado —, Christophe Colomb s'arrête aux Antilles.

1642: les missionnaires sont les premiers Occidentaux à mettre le pied au Japon.

1852: les navires occidentaux tentent de forcer les ports japonais. La réouverture du Japon se fera progressivement sous l'empereur Meiji (1868-1912).

1942: attaque surprise de Pearl Harbour: les Etats-Unis se lancent dans la guerre du Pacifique.

Et maintenant, 1992... L'Amérique vit à l'heure du sushi-bar, l'Europe s'habille Kenzo, l'Asie roule Toyota, dans le monde entier les télévisions, appareils et programmes, sont japonais: conquête du monde économique et culture; voilà qui séduit tous les continents et ouvre bien des portes. Il ne faut jamais oublier cette dimension internationale qui dépasse l'image trop stricte de la spécificité culturelle et de l'isolement. Ce pays ne veut pas la guerre, mais peut-être bien le monde.

D'un autre côté, on pense également que le Japon est trop occidentalisé, voire américanisé. Il n'est pas faux de dire que la musique, la restauration rapide et les superettes ouvertes toute l'année, jour et nuit, doivent beaucoup à l'Amérique. Cependant, une culture originale, un patrimoine artistique exceptionnel et la poésie des paysages, tout concourt à faire de ce pays celui des fortes émotions, du choc double du dépaysement: modernité et exotisme.

Il suffit de voyager quelques jours au Japon, en groupe ou en individuel, de choisir un itinéraire incluant Kyoto, Nara, le mont Koya ou Miyajima, pour découvrir l'authenticité du Japon, saisir l'amabilité et la courtoisie de sa population, retrouver le raffinement oriental.

Le Japon d'aujourd'hui reste encore l'Eldorado, le pays riche et lointain qui nous attire et nous fascine.

Bon voyage.

# FICHE SIGNALÉTIQUE

## LE PAYS ET SA POPULATION

**Population.** 123 millions d'habitants (septième rang mondial).
**Croissance annuelle.** 0,6%.
**Population de moins de 16 ans.** 20% (plus de 65 ans: 12%).
**Population active.** 63% (tertiaire, 58%; industrie, 34%; agriculture, 8%).
**Population étrangère.** 2%, en majorité Coréens et Chinois (50 000 Occidentaux).
**Durée de vie.** Femmes, 81 ans; hommes, 74,5 (record mondial).
**Niveau d'éducation.** 98% jusqu'à la fin du lycée, 35% d'étudiants (meilleur niveau mondial).
**Religions.** Shinto (90 millions); bouddhisme (87 millions); catholicisme (8,7 millions); autres (nouvelles religions), 42 millions.
**Touristes au Japon.** 5 millions par an, dont 60 000 Français.
**Superficie.** 56e rang mondial. 337 000 km²: 80% de forêts, 15% de terres agricoles, 5% de villes et d'industries.
**Densité.** 14e rang mondial : 325 habitants/km² (Pays-Bas, 10e; Belgique, 15e).
**Territoire.** Quatre îles principales, 60 îles habitées, 4 000 autres petites îles.
*Honshu* (ou Hondo). 227 000 km², 97 millions d'hab.
*Kyushu.* 43 000 km², 13,5 millions d'hab.
*Hokkaïdo.* 85 000 km², 5,5 millions d'hab.
*Shikoku.* 21 000 km², 4 millions d'hab.
**Latitude.** Du 25e parallèle (Okinawa) au 45e (Hokkaïdo). Tokyo, Nagoya, Osaka, Kyoto et la plupart des villes sont entre le 36e et le 35e parallèle.
**Longitude.** 135° (décalage horaire par rapport à la France: plus 8 heures en hiver, plus 7 heures en été).
**Volcans et séismes.** 20 volcans actifs, nombreux séismes.

## L'ÉCONOMIE

**Croissance** (en 1991). Hausse de 4,5% (3,6% en Europe, 3% aux Etats-Unis). Estimations pour 1992: Japon, 3%; Europe, 2%; Etats-Unis, 2,5%.
**Produit national brut.** 11 000 milliards de francs (10% du produit mondial; 50% des Etats-Unis).
**Produit intérieur brut.** 366 milliards de yen ou 15 milliards de francs (trois fois la France pour une population double).
**Produit intérieur par habitant.** Troisième rang derrière la Suisse et l'Islande (la

# FICHE SIGNALÉTIQUE

France est douzième).
**Capitalisation boursière.** Le Japon devance les Etats-Unis, le Royaume-Uni, l'Allemagne (avant réunification) et la France.
**Scores.** Cinq banques japonaises dans les dix premières mondiales (France, une); deux entreprises dans les dix premières (France, aucune).
**Inflation.** Assez stable: 2%.
**Chômage.** 2,2% (1 400 000 chômeurs officiels; 3,5% selon les critères occidentaux).
**Durée de travail.** 43,7 heures par semaine (42,4 en Angleterre, 38 en France, 38,4 aux Etats-Unis, 35,6 en Allemagne); 2 088 heures par an.
**Vacances.** 110 jours de repos par an (135 dans les pays occidentaux).
**Salaire moyen.** 230 000 yen par mois (9 000F), primes comprises.
**Revenu familial moyen.** 425 000 yen (16 000F).
**Pouvoir d'achat.** Douzième rang mondial (France, quinzième).
**Coût de la vie.** Tokyo est la ville la plus chère du monde, mais on peut aussi trouver des produits et des services à très bon marché.
**Automobile.** 1 pour 4 habitants: 26 millions. Production en 1991: 7 millions de véhicules, soit 27% de la production mondiale.
**Rail.** Le plus grand nombre de passagers au kilomètre (France, septième).
**Transports maritimes.** Cinq ports dans les dix premiers mondiaux.
**Médias.** Télévision: 17 grandes chaînes, 2 postes par foyer en moyenne. Journaux: tirage quotidien (matin et soir): 80 millions.

## LES GRANDES DATES DE L'HISTOIRE DU JAPON

**50 000 av. J.-C.** Paléolithique: outillages en pierre, premiers clans.
**10 000 av. J.-C.** Age de pierre, poteries "Jomon".
**600 av. J.-C.** Fondation légendaire du Japon par l'empereur Jimmu Tenno.
**300 av. J.-C.** Figurines funéraires Haniwa, débuts de l'agriculture.
**500 à 300 av. J.-C.** Epoque des poteries funéraires «Yayoi».
**57.** Cadeau du sceau impérial chinois au roi Nu du Japon.
**239.** La reine Himiko: ambassade en Chine, guerre en Corée.
**225 à 552.** Grands tumulus «Kofun»: métallurgie, architecture.

# FICHE SIGNALÉTIQUE

**538 à 552.** Introduction du bouddhisme par la Corée. Ecriture et culture chinoises à la cour japonaise.
**604.** Première constitution.
**607.** Construction du temple Horyu-ji, à Nara.
**628 à 710.** Epoque Tempyo: déplacement des capitales autour de Nara.
**645.** Code Taika: trois classes, distribution des terres agricoles; le riz sert de monnaie d'impôt.
**663.** Echec de l'aide militaire japonaise en Corée.
**710 à 794.** Epoque Nara: capitale Heijô-kyô (Nara).
**712.** Chronique du Japon: Kojiki.
**752.** Temple du Grand Bouddha à Nara par le clan Fujiwara.
**777.** Recueil de poèmes: Manyôshû.
**794 à 1185.** Epoque Heian. Nouvelle capitale: Heian-kyô (Kyoto). Age d'Or des arts et de la littérature.
**858.** Début du système de régence des Fujiwara.
**805.** Bouddhisme ésotérique: écoles Tendai et Shingon.
**894.** Suspension des ambassades et des études en Chine.
**985.** Ecole du bouddhisme de la Terre pure.
**1010.** Roman *Le Dit de Genji,* par Murasaki Shikibu, poétesse.
**1185 à 1333.** Epoque Kamakura. Premier gouvernement militaire; prédominance du bouddhisme zen en politique et dans les arts.
**1200 à 1207.** Nouvelles sectes bouddhiques: Rinzai, Sôtô, Lotus, etc.
**1232.** Premier code légal de la société guerrière (samouraï).
**1333 à 1568.** Epoque Muromachi. Après des guerres internes, les shoguns s'installent à Kyoto.
**1338.** Le shogun Ashikaga Taka.uji restaure le pouvoir politique.
**1368.** Ashikaga Yoshimitsu, grand mécène de la culture.
**1392.** Fin de la rivalité des cours du Nord et du Sud.
**1394.** Construction du Pavillon d'or, culture et arts zen.
**1467 à 1477.** Guerres internes, faiblesse du shogun Yoshimasa.
**1542.** Arrivée des premiers chrétiens au Japon. Introduction des armes à feu.
**1568 à 1603**. Epoque Momoyama. Raffinement artistique.
**1573 à 1582.** Restauration du pouvoir (Oda Nobunaga shogun).
**1582 à 1598.** Toyotomi Hideyoshi, premier shogun d'origine populaire.
**1587.** Interdiction du christianisme. Nagasaki seul port ouvert aux étrangers (Hollandais et Chinois).

# FICHE SIGNALÉTIQUE

**1588.** Restructuration de la classe des guerriers.
**1592 à 1598.** Echec de la conquête de la Corée par Hideyoshi.
**1603 à 1868.** Epoque Edo. Les Tokugawa shoguns à Edo (Tokyo).
**1609.** Renouvellement de l'interdiction du christianisme: révoltes. Les Hollandais confinés à Hirado, près de Nagasaki.
**1615.** Victoire du clan Tokugawa contre les Toyotomi. Construction du château Nijo à Kyoto, nombreuses reconstructions de temples; renouveau des arts.
**1635 à 1637.** Limitation des sorties hors du Japon, révoltes chrétiennes à Kyushu, répression, promotion de la morale néo-confucianiste.
**1688 à 1703.** Développement des villes: Osaka, Edo (Tokyo)... et des régions. Début du théâtre Kabuki; premières estampes.
**1730 à 1801.** Renouveau du shinto et de la culture nationale.
**1781 à 1788.** Famine, soulèvements populaires, répressions.
**1760 à 1858.** Grands maîtres de l'estampe à Edo: Hokusaï, Hiroshige, etc.
**1853 à 1855.** Missions du commodore Perry: demande d'ouverture des ports. Guerres internes.
**1868 à 1912.** Ere Meiji. Fin du shogunat: restauration du pouvoir impérial. Tokyo devient capitale: modernisation et occidentalisation du pays.
**1871.** Les domaines des seigneurs sont vendus à l'empereur.
**1872.** Voie ferrée Tokyo-Yokohama; télégraphe.
**1890.** Constitution parlementaire. Premières élections et premiers partis politiques.
**1894.** Guerre sino-japonaise. Le Japon s'empare de Taïwan.
**1897.** Grand succès du premier film japonais.
**1904.** Défaite russe à Tsushima. Le Japon colonise la Corée.
**1912 à 1926.** Ere Taisho. Période démocratique de progrès.
**1914.** Le Japon dans la guerre contre l'Allemagne.
**1920.** Le Japon admis à la Société des Nations.
**1923.** Grand séisme de Tokyo: incendie jusqu'à Yokohama.
**1926 à 1989.** Ere Showa. Nationalistes et militaristes au pouvoir jusqu'en 1945.
**1933**. Conquête de la Mandchourie. Le Japon quitte la Société des Nations.
**1937.** Guerre japonaise en Chine.
**1941.** Attaque de Pearl Harbour. Guerre du Pacifique.

**1945.** Bombes atomiques sur Hiroshima et Nagasaki: capitulation, occupation américaine, démocratisation.

**LES GRANDES DATES DE L'HISTOIRE CONTEMPORAINE**

**1946.** Constitution démocratique. Forte autonomie régionale, redistribution des terres.
**1947.** Réforme de l'éducation. Répression de la grève générale.
**1948.** Verdict du tribunal militaire international de Tokyo.
**1949.** Plan Dodge de stabilité monétaire.
**1950 à 1953.** Contrecoup politique et économique de la guerre de Corée: le Japon sort de la pauvreté.
**1951.** Traité de paix et pacte d'alliance américano-japonais. Le Japon retrouve son indépendance totale, sauf Okinawa.
**1954.** Création des forces d'auto-défense japonaises.
**1955.** Admission du Japon au traité commercial GATT.
**1956.** Normalisation des relations avec l'URSS. Le Japon est admis à l'ONU.
**1957.** Le Japon membre non permanent du Conseil de Sécurité de l'ONU.
**1958.** Construction de la tour de Tokyo (330 m).
**1959.** Adoption du libéralisme, mais protectionnisme très efficace.
**1960.** Reconduction du traité américano-japonais, plan Ikeda visant à doubler les revenus; premières émissions de télévision en couleur.
**1963.** Admission du Japon à l'OCDE.
**1964.** Jeux olympiques de Tokyo. Mise en fonction du super-express Shinkansen de Tokyo à Osaka. Le Japon membre du FMI.
**1967.** Première ouverture du marché japonais des capitaux.
**1968.** Centenaire de l'ère Meiji, révoltes étudiantes.
**1969.** Lancement d'un navire expérimental à propolsion nucléaire: nombreuses manifestations écologiques contre ce bateau.
**1970.** Exposition internationale d'Osaka, premier satellite japonais lancé par une fusée japonaise.
**1971.** Fin de la convertibilité du dollar en or, début des réévaluations du yen.
**1972.** Restitution d'Okinawa par les Etats-Unis, retrait des armes atomiques américaines, traité sino-japonais (Chine populaire). Jeux olympiques d'hiver à Sapporo.

# FICHE SIGNALÉTIQUE

**1973.** Première crise pétrolière. Record d'inflation.
**1975.** Exposition océanographique d'Okinawa.
**1976.** Corruption politique. Scandale Lookheed: arrestation du premier ministre Tanaka et d'autres complices.
**1979.** Sommet des Sept à Tokyo.
**1981.** Accords internationaux sur l'automobile. Visite du Pape.
**1985.** Exposition scientifique de Tsukuba. Accords du Plaza.
**1986.** Sommet international à Tokyo.
**1987.** Privatisation des trains et du téléphone. A Tokyo, le prix des terrains double en deux ans.
**1988.** Décès de l'empereur Hirohito, fin de l'ère Showa.
**1989.** Début de l'ère Heisei: empereur Akihito. Scandales politiques: trois premiers ministres obligés de démissionner.

# CALENDRIER 1992

## FETES ET MANIFESTATIONS

Jours fériés, fêtes, spectacles, sports, marchés aux puces: (*matsuri* ou *saï* signifient fête, *odori* signifie danse).

### MARCHÉS AUX PUCES (CHAQUE MOIS)

**1er et 4e dimanche.** Sanctuaire Togo, Harajuku, Tokyo.
**2e dimanche.** Sanctuaire Nogi, Nogizaka, Roppongi, Tokyo.
**21.** Temple Toji, sud-ouest de la gare JR, Kyoto.
**25.** Sanctuaire Kitano, nord-ouest de Kyoto.

### SPECTACLES ET DANSES TRADITIONNELLES

**Tous les jours, du 6 janvier au 28 décembre.** Spectacles de scène traditionnels à Gion Corner, Kyoto, à 19h40 et 20h40 (2 100 yen, 80F).
**1er au 30 avril.** Danses des geishas (Miyako-odori). Kyoto.
**1er au 24 mai.** Danses des geishas (Kamogawa odori). Pontocho, Kyoto.
**5 octobre au 10 novembre.** Danses des geishas (Kamogawa-odori). Pontocho, Kyoto.

### FÊTES ET JOURS FÉRIÉS EN 1992 JANVIER

**1er.** Jour de l'An (Shogatsu). Décoration des portes des maisons.
**1er au 3.** Jours fériés. Première visite aux temples (Hatsunode). Tokyo: temples Asakusa, sanctuaire Meiji; Kyoto: sanctuaires Hean et Fushimi-Inari.
**6.** Grande parade des pompiers (Dezome-shiki). Tokyo.
**Mi-janvier.** Tournoi de sumo. New Kokugikan, Tokyo.
**15.** Fête des Adultes (Seijin-no-hi). Jour férié.
**15.** Petit Nouvel An (Ko-shogatsu). Tir à l'arc, à Sanjusangendo, Kyoto. Feu rituel sur la colline Wakakusayama (Yamayaki). Nara.
**15 et 16.** Fête des Enfants dans les igloos. Kamakura, Yokote, Akita.

### FÉVRIER

**1re semaine.** Festival des Sculptures de glace. A Sapporo et Asahigawa (Hokkaïdo).
**2 et 3.** Changement de saison (Setsubun). Jet de haricots devant les portes des maisons. Nombreuses cérémo-

nies et danses dans les temples de Tokyo, Kyoto et Nara. Jour férié.

**1er dimanche.** Fête de Fertilité (Onta-matsuri). Sanctuaire Niimasu-jinja à Asuka.

**11.** Fondation du Japon (Kenkoku-no-hi). Jour férié.

**3e samedi.** Fête des Jeunes Gens nus. Temple Saidaiji-Eyo, Okayama.

## MARS

**3.** Fête des Pêchers (Momo no sekku) et des Poupées (Hina-matsuri). Les poupées décorent la maison jusqu'au 5 mai.

**12.** Fête de l'Eau et du Feu (Omizutori). Nara.

**15.** Festival de Fertilité (Hônen-sai). Tagata, Meiji-mura, Gifu.

**Mi-mars.** Tournoi de sumo. A Osaka.

**21.** Equinoxe de printemps (Shubun-no-hi). Jour férié.

## AVRIL

Fêtes des cerisiers en fleurs.

**1er au 30.** Danses des geishas (Miyako-odori). Gion-Kaikan, Kyoto.

**8.** Naissance de Bouddha (Hana matsuri). Cérémonies à Nara. Jour férié.

**14 et 15.** Défilé de chars (Sannô matsuri). Takayama, Gifu.

**16 et 17.** Fête du sanctuaire Futarasan (Yayoi-sai). Nikko.

**21 au 23.** Festival de Printemps. Sanctuaire Yasukuni-jinja, Tokyo.

## MAI

**1er au 24.** Danses des geishas (Kamogawa odori). Kyoto.

**3.** Jour férié de la Constitution (Kenpo no hi).

**3 et 4.** Concours de bateaux (Hari). Naha, Okinawa.

**3 au 5.** Festival des Cerfs-volants (Tako-gassen). Hamamatsu, Aichi.

**3 au 5.** Défilé de chars (Furyumon). Hitachi, nord de Tokyo.

**5.** Jour férié du début de l'été (Tango-no-sekku) et fête des Enfants (Kodomo-no-hi). On accroche au-dessus des maisons de grandes carpes en tissus multicolores.

**5.** Fête des Tambours (Kura-yami-matsuri). Fuchû, ouest de Tokyo.

**9 au 15.** Fête populaire (Kanda-matsuri) des années impaires, à Tokyo.

**13 au 15.** Défilé de chars (Sei-haku-sai). Nanao, Ishikawa.

**15.** Grand défilé costumé (Aoi matsuri). A Kyoto.

**17 et 18.** Grand festival du temple Tosho-gu. Le 18, défilé des 1 000 samouraïs, à Nikko.

**Mi-mai.** Tournoi de Sumo. New-Kokugikan, Tokyo.

**3es samedi et dimanche.** Fête populaire Sanja matsuri. Asakusa, Tokyo.

**3e dimanche.** Fête des Bateaux (Mifuné matsuri). A Arashiyama, Kyoto.

### JUIN

**Tout le mois:** fêtes des Iris à Sawara et Itako, près de Narita.

**1er dimanche.** Fête du repiquage du riz (Hana-Ta.ue). Chiyoda, Hiroshima.

**15.** Parade à cheval (Chagu-chagu Umakko). A Morioka

**Mi-juin.** Fête des Iris. Au jardin du sanctuaire Meiji, Tokyo.

**24.** Repiquage du riz impérial (Izonomiya Ta.ue Shinji). Sanctuaire d'Ise, Mie-ken.

### JUILLET

**1er juillet au 31 août.** Pêche nocturne aux cormorans. A Arashiyama, Kyoto.

**7.** Fête des étoiles (Tanabata). Dans de nombreuses villes du pays, on dépose, dans les rivières, des papiers avec des vœux.

**10 au 12.** Défilé avec tambours (Gion-daiko). Kokura, Kyushu.

**12 au 15.** Procession de chars illuminés (Tobata Gion Oyamagasa). A Fukuoka.

**13 au 16.** Fête des lanternes, musique sacrée. Sanctuaire Yasukuni-jinja, Tokyo.

**14.** Fête du feu (Nachi-no-hi.matsuri). Kumano, Wakayama.

**14 au 17.** Grande fête de Gion. Du 14 au 16, fêtes nocturnes des préparatifs, et le 17 défilé des chars dans les rues de Kyoto.

**Mi-juillet.** Tournoi de sumo. A Nagoya.

**20 au 24.** Rituel chamanique (Osore-zan Taisai). Mont Osore-zan, Aomori.

**23 et 24.** Danses du riz. Sanctuaire Warei jinja, Uwajima, Shikoku.

**23 et 25.** Fêtes des Chevaux (Soma Nomaoi). Ville de Soma, Fukushima.

**24 et 25.** Fête et feu d'artifice (Tenjin-matsuri). Osaka.

**4e dimanche.** Course de bateaux. Nagasaki-Peron, Nagasaki.

**4e dimanche.** Fête du feu (Orochon-no-hi-matsuri) Abashiri, Hokkaido.

**Dernier dimanche.** Grand feu d'artifice. Rivière Sumida, Tokyo.

**28.** Défilé en musique (Onda matsuri). Aso-jinja, mont Aso, Kyushu.

**31 juillet au 7 août.** Festival Futara-san. Lac Chuzenji, Nikko.

### AOÛT

**1er au 7.** Défilés aux lanternes (Neputa-matsuri). Hirosaki, Aomori.

**2 au 7.** Grands défilés nocturnes illuminés (Neputa-matsuri). Ville d'Aomori.

**5 au 7.** Grandes parades aux lanternes (Kanto-matsuri). Ville d'Akita.
**6.** Cérémonies commémoratives. Parc de la Paix, Hiroshima.
**6 au 8.** Grand défilé aux guirlandes (Tanabata-matsuri). Ville de Sendai.
**6 au 8.** Danse en costumes populaires (Hanagasa). Ville de Yamagata.
**7 au 9.** Festival des Lanternes. Sanctuaire Hachiman, Kamakura.
**10.** Feux d'artifice. Yuigahama, Kamakura.
**12 au 15.** Danses populaires (Awa-odori). Tokushima, Shikoku.
**15 au 18.** Danses populaires. A Naruto, 20 km au nord de Tokushima.
**15.** Fête des Ames (O-bon). A Nara. Illuminations des 3 000 lanternes au sanctuaire Kasuga (Mantoro) et embrasement de la colline (Daimonji-yaki).
**16.** Fête des Ames (O-bon). A Kyoto. Flottaison des lanternes à Arashiyama (Toronagashi) à 18h; à 20h, feux sur les 5 collines entourant la ville (Daimonji-okuribi).
**26 et 27.** Fête du Feu (Yoshida-no-hi matsuri). Fuji-Yoshida.
**31.** Fête du Feu (Saito-sai). Mont Dewa-Sanzan, Yamagata.

**SEPTEMBRE**

**1er au 3.** Danses populaires (Kaze-no-bon). Etchu-Yatsuo, Toyama.
**Pleine lune.** Fête de la Lune (Jugoya). Temple Daikaku-ji à Kyoto: promenades en bateaux illuminés sur le lac.
**Mi-septembre.** Tournoi de sumo. New-Kokugikan, Tokyo.
**14 et 15.** Danses aux masques de cerfs (Hachiman-Jinja-Saiten). Tôno-shi, Iwate.
**14 au 16.** Festival du Dieu de la guerre (Hachiman-matsuri). Kamakura.
**15.** Respect des personnes âgées (Keiro no hi). Jour férié.
**17 au 19.** Festival des Lanternes. Sanctuaire Yasukuni-jinja, Tokyo.
**23.** Equinoxe d'automne (Shubun-no-hi). Jour férié.

**OCTOBRE**

**7 au 9.** Danse et défilés de chars (Okunchi). Nagasaki.
**9 et 10.** Grand défilé de chars (Hachiman-matsuri). Takayama, Gifu.
**10.** Journée du sport (Taiku no hi). Jour férié.
**10.** Concours de force (Otsunahiki). Naha, Okinawa.
**10.** Fête des minorités Aïnu (Ainu-Kotan-matsuri). Asahikawa, Hokkaido.
**14 au 15.** Défilé de palan-

quins. A Himeji, Hyogo.
**14 au 19.** Danses du saké nouveau (Doburoku). Village Shirakawa-go, Gifu.
**15 et 16.** Marionnettes et festival Chiton-chinton. Ile Sado.
**15 octobre au 10 novembre** (environ). Danses des geishas (Kamogawa-odori). Pontocho et Gion, Kyoto.
**17.** Festival d'automne. Temple Tosho-gu, Nikko.
**17 au 19.** Festival du sanctuaire Yasukuni-jinja. Tokyo.
**18.** Fête du temple Asakusa. Tokyo.
**28 et 29.** Danse des cerfs (Uwatsuhiko). Uwajima, Shikoku.
**31 octobre au 3 novembre.** Festival du sanctuaire Meiji. Tokyo.

## NOVEMBRE

**2 au 4.** Fête et défilé de Karatsu. Ouest de Fukuoka.
**3.** Fête de la Culture. A Tokyo: défilé des hérons dans les rues d'Asakusa. Jour férié.
**2e dimanche.** Fête des Feuillages. A Arashiyama, Kyoto.
**15.** Fête des Enfants de 7, 5 et 3 ans (Shichi-go-san). Dans l'ensemble du Japon. Les enfants, habillés en kimonos, se rendent dans les sanctuaires shinto.
**Mi-novembre.** Tournoi de sumo. A Fukuoka.
**18.** Défilé avec chevaux (Myoken-sai). Yatsuhiro, Kyushu.
**23.** Remerciement aux travailleurs (Keiro-no-hi). Férié.

## DÉCEMBRE

**1er.** Grande cérémonie de thé. Au sanctuaire Kitano, Kyoto.
**1er au 26.** Festival des vedettes de l'année (Kaomise). Théâtre Minamiza, Kyoto.
**2 et 3.** Festival yin-yang (Yomatsuri). Chichibu, nord de Tokyo.
**15 et 16.** Grand marché aux puces de Setagaya (Daikan yashiki). Tokyo.
**16 au 18.** Théâtre Nô et Bugaku (On-matsuri). A Nara.
**23.** Anniversaire de l'empereur (Tenno no Tanjobi). Jour férié.
**24.** Musique sacrée (O-Kagura). Sanctuaire d'Ise, Mie-ken.
**31.** Fin d'année. A minuit, 108 coups de cloche sont sonnés dans les temples bouddhiques du Japon (Joya no Kane), notamment à Kyoto où l'on va chercher du feu au parc Maruyama. Rituel chamanique au mont Dewa Sanzan. Feu rituel à Yasaka, Kyoto.
**31.** Déguisements en démons (Namahage). Péninsule Oga, nord du Japon; péninsule Noto et Kagoshima.

# La vie politique et les institutions

*Si les Japonais sont fiers de leurs droits et de leurs pouvoirs, ils ne montrent pas un goût prononcé pour les discussions politiques répétées ou échauffées. Les manifestations sont cependant relativement fréquentes, mais elles ont pour thème des intérêts particuliers plutôt que des affrontements idéologiques, du moins jusqu'à ces dernières années. Les scandales financiers liés au pouvoir ont cependant largement contribué à donner une mauvaise image du milieu dirigeant, au Japon comme à l'étranger.*

## Les institutions

Par sa constitution de 1946, le Japon est une démocratie parlementaire comparable à la plupart des pays occidentaux: bicaméralisme et séparation des trois pouvoirs, législatif, exécutif et judiciaire. Le peuple s'exprime par des élections directes au suffrage universel.

L'autonomie régionale et locale est plus forte qu'en France, mais moins qu'aux Etats-Unis. Le nombre des fonctions électives est très important (élection directe des préfets et approbation des juges de la Cour suprême par référendum national).

L'empereur, symbole de l'Etat et garant de l'unité de la nation, n'a qu'un rôle limité: confirmation des choix du parlement (Diète) pour la nomination du premier ministre ou la promulgation des lois votées. Lors des cérémonies du couronnement en décembre 1990, le premier ministre était à la même hauteur que l'empereur, alors qu'en 1936, il était confiné au bas de l'estrade.

Dans le préambule de la Constitution, le peuple japonais exprime son désir d'une paix éternelle, sa volonté d'occuper une place d'honneur dans une société internationale et bannit l'oppression et l'intolérance.

La Constitution précise que le Japon renonce au droit souverain, à la guerre et à l'emploi de la force comme moyen de régler ses différends avec d'autres pays. Il faut noter par ailleurs que la Constitution est étudiée dans les écoles.

Le système démocratique repose sur des élections libres, au niveau national comme au niveau régional. Le suffrage est universel, à partir de l'âge adulte (20 ans). L'éligibilité commence à 25 ans pour les députés, 30 ans pour les sénateurs. Le nombre de femmes candidates ou élues est encore faible.

Le cabinet (gouvernement) assume le pouvoir exécutif devant la Diète, ensemble des deux chambres: celle des représentants (députés), qui a la prééminence, et celle des conseillers (sénateurs). La majorité parlementaire désigne le premier ministre, qui forme son cabinet. Ce dernier choisit le président de la Cour suprême: ces désignations sont officialisées par une nomination formelle de l'empereur.

## Le pouvoir législatif

La Diète, l'ensemble des deux assemblées élues, est le seul corps législatif du pays. Elle se compose des 512 députés, élus pour quatre ans, et des 252 sénateurs, élus pour six ans, avec renouvellement par moitié tous les trois ans. Les députés sont élus dans 130 circonscriptions où leur nombre est proportionnel à la densité de la population. Pour les sénateurs, 152 sont élus dans 47 circonscriptions et 100 autres au niveau national, au scrutin proportionnel.

Seule la chambre des députés peut être dissoute, par la volonté (ou dans l'intérêt) du premier ministre, ou encore, par la majorité parlementaire. Les députés et sénateurs peuvent mettre le gouvernement en minorité et le contraindre à démissionner.

Depuis la fin de la guerre, après quelques alternances avec le pouvoir socialiste, le Parti Libéral Démocrate (PLD), sous ses diverses formes et alliances, règne en maître absolu sur la politique nippone. Malgré les nombreux scandales politiques, les corruptions, qui affectent la vie politique et tous les partis, et les luttes des différentes tendances à l'intérieur du PLD, l'alternance ne semble pas pour demain à la chambre des députés.

REPRÉSENTATION DES PARTIS POLITIQUES AU PARLEMENT APRES LES ÉLECTIONS DE JANVIER 1988

| | Députés | Sénateurs |
|---|---|---|
| Parti Libéral Démocrate (majorité) | 297 | 143 |
| Parti Socialiste (opposition) | 85 | 42 |
| Parti Bouddhique Komeito (pro-majorité) | 56 | 23 |
| Parti Démocrate socialiste (opposition) | 29 | 12 |
| Parti Communiste (opposition) | 27 | 17 |

Quatre formations et quelques indépendants se partagent les 15 à 20 sièges restants dans chaque chambre. On ne trouve aucun parti politique se réclamant avant tout de la défense de l'environnement, mais tous en vantent la nécessité.

## Le pouvoir exécutif

Le cabinet du premier ministre comprend au maximum 20 ministres d'Etat et des agences ministérielles. Dans la structure gouvernementale définie en 1988, on trouve le bureau du premier ministre, 12 ministères et 32 agences. La cour des comptes est un organisme indépendant.

Le Japon est divisé en 47 préfectures regroupées en 8 régions. Les préfectures sont dirigées, comme les communes, par des représentants élus. L'Etat emploie 1 800 000 personnes dont 275 000 dans les forces d'autodéfense. L'administration locale emploie 3 200 000 personnes, dont 1 300 000 enseignants et 250 000 policiers.

## Le pouvoir judiciaire

Le pouvoir judiciaire comprend une Cour suprême (conseil d'Etat) et huit hautes cours (une par région). Chaque préfecture possède son tribunal, sauf l'Hokkaido, qui en possède quatre en raison de l'étendue de son territoire. Les juges de la Cour suprême sont élus tous les dix ans par un référendum national, qui a lieu en même temps que les élections législatives. Les juges des tribunaux sont inamovibles; ils jugent selon les lois, d'après les principes du code Napoléon et des coutumes des pays anglo-saxons, le tout dans un esprit de conciliation propre aux idéaux orientaux. Dans l'ensemble, la population préfère éviter les procès, et le nombre d'avocats, encore faible, augmente surtout en raison des litiges commerciaux (le divorce par consentement mutuel est par ailleurs une procédure courante ne nécessitant pas forcément d'intervention juridique).

## Forces d'auto-défense et bases américaines

Comme l'Allemagne, le Japon a été conduit à reconstituer une armée de défense, avec l'appui des Etats-Unis, qui a besoin de bases militaires, et l'acceptation tacite des autres puissances mondiales. Le Japon a cependant interdit son territoire aux armes atomiques. Les premiers accords militaires avec le vainqueur datent de 1952; ils se sont renforcés durant la guerre de Corée et celle du Vietnam. Aujourd'hui encore, 50 000 militaires américains vivent sur le sol japonais, payés par le gouvernement japonais, et ils contrôlent une partie de la défense du «pays hôte». Par ailleurs, des accords de coopération technique dans les secteurs de pointe ou liés à la «guerre des étoiles» renforcent l'interdépendance américano-nippone. L'armée japonaise est actuellement au septième rang mondial par sa puissance d'intervention.

## Diplomatie active

Forces d'auto-défense, bases militaires et diplomatie dite «active» sont les trois axes de la défense du Japon. Par la diplomatie active, le pays entend renforcer la paix et la sécurité dans le monde. Pour cela, le Japon a établi des relations de coopération avec tous les pays de la planète, et les industries japonaises viennent renforcer ces efforts diplomatiques. Le dernier volet de la politique extérieure japonaise est l'établissement de relations culturelles au niveau international, destinées à mieux faire connaître ses idéaux traditionnels et sa créativité dans le domaine de l'éducation, des arts et de la pensée: fondation et centres culturels, expositions, festivals, cours de langue et de civilisation.

# La vie économique : culture d'entreprise

*Malgré les succès économiques d'une politique très active, l'enthousiasme et la formation poussée de ses travailleurs, le Japon reste cependant anxieux devant l'avenir. L'expansion japonaise a bénéficié des libéralités de l'ensemble des pays de la planète et de la fermeture relative du pays aux importations. Aujourd'hui, sous la pression encore désordonnée des grandes puissances économiques, le pays est contraint de s'ouvrir, au risque de déstabiliser son marché intérieur et les bases de son organisation sociale, notamment pour la production du riz.*

## Un lieu de convivialité

Juste après la guerre, délivrées de la surveillance militaire par la défaite, les entreprises ont cherché à répondre aux revendications, parfois violentes, de leurs employés et à organiser le travail de façon plus démocratique. Il faut dire que, sur le plan humain, les succès obtenus et, par conséquent, la richesse du pays doivent beaucoup aux efforts et à l'enthousiasme des Japonais pour le travail.

Les normes de travail y sont officiellement plus contraignantes, mais dans la réalité les conditions globales ont des avantages que le monde est en train de découvrir: l'entreprise japonaise est comprise par l'ensemble de la population comme un lieu de convivialité où l'on crée les produits nécessaires au bien-être et à la richesse de la communauté.

En partie pour ces raisons, la productivité japonaise a progressé de presque 7% en 1991 (contre 3% aux Etats-Unis et 5 % en France).

## L'entreprise vue de l'intérieur

Les négociations salariales ont lieu au printemps, après le bilan de l'année fiscale qui se termine en mars: c'est le «combat du printemps» *(shunto)*. L'entrée des nouveaux employés dans l'entreprise se fait à la même époque, après les examens de la fin de l'année scolaire.

Une cérémonie a lieu, pour permettre à chacun de se connaître. Puis les nouveaux employés font un «tour de l'entreprise», travaillant successivement à plusieurs postes et dans divers services.

Pour éviter la concurrence, les faveurs et les jalousies, les rémunérations des salariés dépendent plus de l'âge que des diplômes, tout au moins pendant les dix premières années de travail (dans le cas de contrats de longue durée).

Ce qu'on appelle «emploi à vie» est la traduction maladroite des revendications syndicales de l'après-guerre, définissant ce que nous appelons la garantie de l'emploi. Chaque employé est libre, juridiquement, de quitter son entreprise avec ou sans lettre de démission. Cependant, comme les Japonais nouent des liens d'amitié avec leurs collègues, tout départ est vu comme une rupture affective, et donc vécu comme une épreuve.

Un départ non motivé engage l'entreprise à une réflexion sur ses méthodes de gestion, et il arrive qu'on contacte le démissionnaire pour le faire revenir sur sa décision. Il n'est pas impossible également de revenir chez son employeur après une démission, sous réserve de possibilité de réemploi. Une faute est généralement tolérée au Japon, mais rarement sa répétition.

Les décisions sont prises au niveau des stratégies par la direction et au niveau de l'exécution par (ou avec) l'ensemble des personnes concernées. Ces longues concertations permettent une préparation psychologique qui évite les ordres trop brusques et conduit à la mise en œuvre d'un système de production efficace et rapide: c'est ce que l'on appelle «traiter les racines» *(nemawashi)*. Une décision peut être annoncée bien à l'avance, par écrit, à chaque salarié, qui signe et peut proposer des suggestions: c'est la lettre interne dite «*ringi-sho*». Ce procédé est surtout utilisé dans les grandes entreprises.

## Karoshi : la mort par surmenage

Un procès à mis l'accent sur les excès de travail des Japonais: une épouse a attaqué une entreprise, son mari ayant succombé à une attaque cardiaque, après avoir fait — en partie volontairement — un trop grand nombre d'heures supplémentaires.

Le mot *karoshi* devient donc un terme juridique qui fera rapidement le tour du monde, tout à fait dans le sens de l'idée d'un Japon drogué par le travail.

Pourtant, à voir l'ambiance détendue dans les entreprises, les magasins ou les salons de thé, l'atmosphère et les relations humaines ne semblent pas souffrir de ces efforts quotidiens.

## Le Japon à l'étranger

Pour réduire le déficit commercial et en raison de la chèreté du yen, les entreprises japonaises choisissent de pénétrer les marchés étrangers en installant leurs filiales hors du Japon ou en investissant dans des entreprises étrangères à la recherche de partenaires. Par exemple, certains modèles de voitures Honda sont exclusivement fabriqués aux Etats-Unis et revendus au Japon. Le montant des investissements à l'étranger est en très forte progression: 22 milliards de dollars en 1986, 33 en 1987, 47 en 1988.

La rentabilité des entreprises japonaises à l'étranger, en raison de l'amortissement des investissements, est encore faible: leur bénéfice moyen est encore inférieur à 1% alors que celui des sociétés étrangères établies au Japon est supérieur à 5%.

Les entreprises japonaises gèrent plus directement leurs succursales que les entreprises étrangères au Japon: 45% de cadres japonais expatriés pour les premières contre seulement 17% en ce qui concerne les secondes; la proportion est de 17 contre 2 au niveau des chefs de service. Le reste des employés est embauché sur place. Les différences de comportement apportent à chacun plus de satisfaction que de contraintes. De nombreux travailleurs étrangers appréciant, par ailleurs, les techniques japonaises de gestion et le goût des Japonais pour le travail bien fait, l'esprit d'équipe et l'amabilité qui règnent souvent sur les lieux de travail.

## Bien-être et vacances

L'évolution récente des normes de travail tend à placer les entreprises japonaises au niveau occidental: les semaines de trente-cinq ou quarante heures ont commencé à apparaître, dès 1985, dans la distribution et la grande industrie, mais les heures supplémentaires sont nombreuses; elles sont acceptées, et même demandées, par les employés.

Quant aux jours de vacances officiels, légalement une semaine, ils ne tiennent pas compte des pratiques courantes (2 à 5 semaines) ni des jours de repos du Nouvel An, du pont du début du mois de mai appelé «Golden Week» et des divers jours fériés de l'été et de l'automne (13 par an), dont le lendemain est chômé lorsqu'ils tombent un dimanche. Dans l'administration, le nombre de jours de repos annuels est de 45 jours, mais l'habitude est de n'en prendre que la moitié.

Dans l'enseignement, les jours de congés sont théoriquement nombreux: un mois au printemps, 40 jours en été, une semaine au Nouvel An. Pendant les vacances, élèves, étudiants et professeurs se retrouvent souvent, pour des voyages, des séjours en montagne ou au bord de mer, avec, éventuellement, des cours d'été.

## Le syndicalisme

Le syndicalisme recule régulièrement depuis 1975, passant de 35% de salariés syndiqués à seulement 27% aujourd'hui. Pour tenter de motiver à nouveau les travailleurs sur des thèmes pourtant classiques (augmentation des salaires, amélioration des conditions de travail et réduction des heures régulières et supplémentaires), deux des plus grandes centrales syndicales viennent de fusionner. Le nouveau syndicat, Shin-Rengo (ou simplement Rengo), regroupe ainsi 70% des employés syndiqués, soit 8 millions d'adhérents. C'est le troisième syndicat mondial, après l'AFC-CIO américain et le TUC britannique.

## Efficacité du système financier

Une des bases du dynamisme économique du Japon est la structure originale de son système financier. La Banque du Japon, fondée en 1882, a pour but de maintenir la valeur de la monnaie nationale par des interventions sur les taux d'escompte, ou en réalisant des opérations sur les marchés. Récemment, une politique de coordination avec les banques centrales des partenaires économiques a été mise en place.

Dans le secteur financier privé, les activités des banques sont réparties en types d'activités bien définies: banques de crédit à long terme, banques commerciales et régionales de provisions à court terme, banques de gestion de fonds, caisses d'épargne et de prêt, associations de crédit aux petites entreprises. Cette spécialisation récente, née des difficultés de l'après-guerre, s'estompe aujourd'hui avec la déréglementation en cours.

La grande puissance financière date vraiment de 1985, lorsque sous la pression internationale le yen fut brusquement réévalué de 40% par rapport au dollar affaibli. Pour rééquilibrer ses échanges, le Japon a investi directement à l'étranger, délocalisant sa production et l'achat de ses pièces détachées, encourageant une division du travail au niveau mondial.

## Les grandes sociétés financières

L'économie moderne du Japon a toujours été dominée par les grandes sociétés de commerce, conglomérats aux activités très diverses ayant peu d'équivalents ailleurs. Démantelés par les Américains après la guerre mais rapidement reconstitués, ils sont aujourd'hui 19. Ces sociétés sont fortement autocontrôlées: de 12 à 28%. Les six plus grands groupes représentent 14,35% des ventes, avec seulement 4,4% des salariés. Ce sont: Mitsubishi et Mitsui, puis Sumitomo, Fuyo (banque Fuji), Dai-ichi Kangyo et Sanwa.

Les présidents des plus grandes sociétés de chaque groupe se retrouvent une fois par mois pour coordonner leurs activités. Les banques de chaque conglomérat financent 10 à 15% des besoins des sociétés affiliées au groupe. Concurrentes sur le plan économique, les grandes sociétés japonaises peuvent coopérer au niveau international, ou même national.

La puissance de ces organismes économiques est souvent considérée comme un des nombreux obstacles du marché japonais, libéral mais pas encore vraiment libre-échangiste.

## Les entreprises étrangères au Japon

On considère qu'une entreprise est étrangère quand elle a plus de 20% de son capital dans le portefeuille d'une société étrangère. Le constructeur automobile Mazda, dont 22% du capital est détenu par Ford, est ainsi classé entreprise étrangère. Parmi les entreprises 100% étrangères, on trouve IBM, Esso, Coca-Cola, Mobil, Nestlé, BMW, Hennessy, Chanel, Salomon, etc.

Le classement de ces entreprises varie beaucoup d'une année à l'autre. Parmi les plus grandes, on trouve IBM, souvent en tête, des sociétés de pétrole et de chimie (Mitsubishi, avec 20% de capitaux étrangers), des sociétés d'électronique (Fuji Xerox, 50%, Matsushita, 35%), Coca-Cola (100%). Hennessy Japon est toujours bien placé (trente-septième) et première entreprise française, suivie de Louis Vuitton (99%) quarante-troisième, BSN (associé à Ajinomoto) soixante-deuxième, Chanel soixante-cinquième et Salomon quatre-vingt-treizième.

## Excédent commercial

Les Japonais aiment dire que leur pays dépend beaucoup de ses importations, affirmation qui doit être nuancée. La part des importations ne représente que 8% du volume, contre 16% dans la plupart des pays occidentaux. Cette dépendance reste pourtant forte, car elle concerne essentiellement les matières premières, base de la production industrielle et des exportations. Le programme de réduction du déficit commercial concerne essentiellement les Etats-Unis (83 milliards de dollars en 1986) et devrait conduire dans cinq ans à un déficit de 40 milliards, ce qui est encore loin de faire plaisir aux Américains.

## Protectionnisme et ouverture

Le taux de couverture commerciale de la Communauté européenne est de 40% seulement (42% pour la France). Chaque jour le Japon annonce l'ouverture de son marché à de nouveaux produits, alors que chez ses partenaires, seuls un certain nombre de produits sont soumis à restrictions. L'introduction de la TVA au taux uniforme de 3% est cependant un avantage: avant, ces produits — une bonne part des importations — étaient taxés à plus de 15% en moyenne (23% sur les automobiles).

Plutôt que d'abaisser brutalement ses droits de douane et de créer des remous dans la société, le Japon préfère organiser des campagnes d'achats de produits étrangers, limitées mais bien orchestrées, pour mieux préparer les Japonais aux changements à venir. Le gouvernement donne l'exemple en faisant progresser ses achats de produits importés, 35% entre 1986 et 1988, et diffuse ce chiffre dont la valeur absolue est en réalité bien faible.

Les tarifs parfois prohibitifs des droits de douane (700% sur le riz, par exemple), les diverses barrières non tarifaires (système de distribution réservé, réglementation tatillonne, lenteurs administratives ou refus de dossiers sous des prétextes plus ou moins fondés) attirent le mécontentement de l'ensemble des partenaires du Japon. Les Etats-Unis, plus particulièrement concernés à cause de l'important déficit de leur commerce avec le Japon, sont les plus critiques et les plus actifs. Ils réclament souvent une action cohérente de la Communauté européenne, mais les réponses sont plutôt timides et partielles, résultant des intérêts divers ou de la méconnaissance des dossiers.

## Le marché de l'automobile

Le Japon exporte environ 40% de sa production automobile, en nette croissance (15%). Les importations ne sont encore que de 4,5%, c'est-à-dire 1,7% de la production nippone. L'objectif serait de 10% du marché en 1995 pour une production approchant 6 millions de véhicules par an. L'Allemagne, premier pays à prendre les choses au sérieux, est en tête, avec presque 70% des importations. La France, depuis que Peugeot a repris en main la distribution de ses modèles, vend actuellement 12 000 véhicules par an, une hausse de 82% sur l'année précédente.

Toyota, installé à Georgetown dans le Kentucky, produira 300 000 voitures par an à partir de 1992; un tiers des véhicules est destiné au marché japonais. Mitsubishi fera de même avec les voitures produites dans l'usine partagée avec Chrysler. 600 voitures seront dirigées vers le Japon. Nissan, installé en Angleterre, compte produire pour le marché commun et le Japon, ce qui rééquilibrerait la balance commerciale.

## Alimentation et riz

Après le secteur industriel et commercial, c'est l'agriculture qui commence à être attaquée, notamment par le GATT, qui propose des conférences multilatérales. On peut s'attendre à une reconnaissance formelle de la lenteur des progrès par les Japonais et à des promesses d'amélioration assez vagues.

La consommation annuelle de riz par habitant est de 68 kilos, et elle baisse chaque année, au profit de divers produits occidentaux, dont le pain. La vente du riz est actuellement protégée, mais elle est bien au-dessus des cours mondiaux. Pourtant, les Etats-Unis viennent d'obtenir sur 20 ans l'ouverture progressive du marché, le temps que les paysans puissent se reconvertir. La production est excédentaire, malgré une politique de diversification aidée par des subventions.

Les subventions agricoles, fortes depuis longtemps comme chez ses voisins, représentent 74% de la valeur de la production, contre 46% dans la Communauté européenne et 34% aux Etats-Unis, soit par habitant: 3 100F pour le paysan japonais, 2 220F pour l'européen, 1 800F pour l'américain.

Japon
1992

# Les Actualités de 1991

# Internationalisation du Japon

*Deux problèmes dominent la politique extérieure japonaise: l'inégalité des échanges commerciaux, largement favorables au Japon, et les limites de la puissance politique réelle du pays. Le Japon peut financer de nombreux projets économiques, d'aide humanitaire, mais se voit toujours refuser par l'ensemble des nations le droit d'envoyer à l'étranger son personnel militaire, même sous contrôle des Nations unies.*

## Concurrence ou coopération

Au cours de ces dernières années, le monde a bien changé. L'heure est à la chute des barrières douanières, aux rapprochements internationaux, à la coopération tous azimuts. Dans ce contexte, le rôle du Japon ne cesse de s'affirmer, sur le plan économique, mais également sur le plan culturel. Si cette importance du Japon oblige ses différents partenaires à réévaluer leurs modes de pensée et d'action, elle entraîne aussi, au cœur même du Japon, de nouvelles interrogations: dans les coulisses du succès apparaissent de graves inquiétudes, sur le plan économique comme sur le plan social. Il n'en reste pas moins que le Japon entend faire face au défi mondial.

A dix ans à peine de l'an 2000, la mutation risque de s'accélérer. Les dragons de la région Asie-Pacifique connaissent une croissance qui menace autant le Japon que les autres pays industrialisés. L'Amérique est fragile, l'URSS n'est plus; l'Europe est en train de jouer sa nouvelle réalité et l'ébranlement du Moyen-Orient se répercute sur un tiers monde, encore davantage amoindri. Il reste des points positifs: l'affermissement des principes démocratiques et la réduction de l'inflation. La crainte de l'effet boomerang est bien compréhensible: chacun de ces pays est un partenaire du Japon.

## Le Japon à l'ONU

Pour une période de deux ans, le Japon devient membre non permanent du Conseil de sécurité de l'ONU, l'un des cinq nouveaux membres amenés à siéger avec les cinq grandes puissances, membres permanents.

Par ailleurs, en mai 1991, s'est tenue à Kyoto la Conférence des Nations unies sur le désarmement, à l'invitation du Premier ministre, M. Kaifu. La conférence s'est déroulée dans l'immense Palais des conférences de Kyoto; on y a également débattu des questions d'énergie.

## L'armée japonaise est-elle menaçante ?

Après la guerre du Golfe, c'est l'envoi des troupes de l'ONU au Cambodge, prévu pour le début 1992, qui met à jour l'envie du gouvernement japonais d'utiliser son personnel militaire hors frontières. Bien qu'il ne s'agisse que de personnel médical, et donc sans armes, la population japonaise, comme la plupart des pays de la planète, s'oppose à ces initiatives.

## Scandales et mafia

Les scandales se suivent et se ressemblent dans le monde politique japonais. Alors qu'on espère toujours sortir des systèmes de corruption, chaque année apporte son lot de scandales encore plus nombreux. Après les démissions répétées de ministres et Premiers ministres, c'est actuellement plus de la moitié des députés qui sont touchés par la corruption. On estime que le dernier scandale, celui de la société de transport Sagawa, aurait impliqué plus de 200 députés.

Par ailleurs, la mafia, qui a du mal à spéculer sur les terrains, s'attaque, sous une façade légale, aux entreprises. C'est désormais à la bourse que les «yakuzas» opèrent, mais sans trop se faire voir. Les reprises de sociétés, les raids sauvages ont permis à quelques individus et groupes de s'approprier des entreprises ou de faire jouer le marché, vers la hausse ou vers le bas, sans tenir compte des règles boursières.

Pour lutter plus efficacement qu'il ne l'a fait jusqu'à présent, le gouvernement a mis en place, fin 1991, une législation destinée à contrôler les capitaux d'origine incertaine.

## Baisse de croissance, croissance et baisses

Ce qu'on appelle la crise japonaise n'est en réalité qu'une pause de croissance: 2% prévus en 1992 contre 4% en 1991 et 6% en moyenne pour les années passées, mais avec un manque de main-d'œuvre qui oblige l'emploi souvent illégal de travailleurs étrangers: ce n'est pas encore le grand krach. L'industrie et surtout les exportations sont donc en expansion tandis que la bourse et les investissements sont à la baisse.

## La bulle de la bourse

A la fin de l'année 1991, l'indice de la bourse de Tokyo, premier marché mondial, est redescendu de près de 40%: après deux années de baisse, elle retrouve son niveau de 1987. Conformément à la politique menée par le ministère des Finances, la «bulle» est crevée. La bourse, qui s'était gonflée artificiellement depuis quatre ans, retrouve en fait un niveau que les experts mondiaux et japonais considèrent comme favorable.

Une des raisons de la spéculation boursière est le report des fonds auparavant placés dans la spéculation foncière, principalement à Tokyo et Osaka.

## Le onzième plan

Dans le but de reconstruire son économie, et pour assumer ses responsabilités internationales, le Japon en est à son onzième plan. L'agence du plan, créée en 1955, s'est d'abord occupé du développement économique interne, global et régional. Elle gère aussi, actuellement, les échanges internationaux. Sous la responsabilité du Premier ministre, une trentaine de membres permanents et 300 experts travaillent dans les différentes commissions de réflexion et de conseil. Les deux rapports de l'ancien gouverneur de la Banque du Japon, M. Maekawa, ont fait grand bruit en 1987. Les principales recommandations se retrouvent dans le onzième plan actuellement en cours: 1988-1992.

Pour faire face aux nouveaux défis mondiaux, l'économie japonaise doit continuer de se restructurer en profondeur.

Il faut accroître la demande intérieure pour rééquilibrer les échanges et améliorer les conditions de vie: qualité de l'environnement et réduction du temps de travail. Relativement autoritaire à ses débuts, l'agence du plan est actuellement plus souple dans ses actions, malgré les divergences entre la direction de la Banque du Japon et les économistes du gouvernement.

## Les limites de la satisfaction des Japonais

Les Japonais, dont 90% se situent dans la classe moyenne, commencent à se demander ce que représentent leurs revenus face aux prix des terrains et aux bénéfices des entreprises.

Il demeure que près de 70% d'entre eux se considèrent plutôt satisfaits de leur condition de vie. Pourtant, au-delà de ces aspects purement matériels, l'épanouissement personnel est toujours la valeur la plus recherchée, en particulier dans le cadre de la vie démocratique.

## Les personnalités de l'année 1991

**Kiichi Miyazawa nouveau Premier ministre: la démocratie des scandales.** Expert en économie élu président du parti Libéral-démocrate le 27 octobre 1991, le nouveau Premier ministre est entré en fonction le 5 novembre. Il entend affirmer les responsabilités internationales du Japon. Présenté par le clan de l'ancien Premier ministre, M. Takeshita, M. Miyazawa devra s'appuyer sur son rival à la présidence, M. Watanabé, nommé ministre des Affaires étrangères. Grand politicien, M. Miyazawa a déjà été plusieurs fois ministre: Affaires étrangères, Finances, Industrie et Commerce international (le fameux MITI).

Originaire d'Hiroshima, M. Miyazawa entre dans les secrétariats ministériels en 1941, dès la sortie de l'université Impériale, aujourd'hui université de Tokyo — la meilleure institution universitaire du pays. Il ne quittera plus le monde gouvernemental.

Habile négociateur, homme direct, critique et parfois dur, M. Miyazawa est cependant obligé de démissionner en 1988 suite au scandale financier Recruit.

M. Miyazawa est partisan de la possibilité d'une participation militaire à l'étranger, médicale ou de pacification, sous l'autorité de l'ONU.

La popularité du Premier ministre, comme celle de ses prédécesseurs, n'est pas très élevée et chute dès les premières semaines du pouvoir, après la démission d'un de ses assistants, encore mêlé à une affaire de trafic d'influence.

**Toshiki Kaifu, le Premier ministre sortant.** Son jeune âge et sa réputation de probité ont donné à l'ancien Premier ministre une certaine popularité, mais qui a relativement chuté au cours de son mandat. Considéré comme un intérimaire faute de candidat puissant au sein de parti Libéral, M. Kaifu n'a pas pu se représenter — après deux ans de pouvoir — pour un autre mandat de deux ans. L'ancien ministre de l'Education, relativement éloigné des turbulences, a permis, tout au moins pendant la première année de son mandat, de donner une meilleure image du monde politique japonais.

**Shigeru Kita ou le banquier fantôme.** M. Kita porte bien ses soixante-cinq ans. Il fait trembler le monde de la bourse, le *zaïtech* (technologie boursière). Industriel en acier, M. Kita aime jouer des sommes importantes, ce qui lui réussit très bien (jusqu'à 30 milliards de francs par mois). Le banquier fantôme doit son nom au fait que ses interventions modifie les cours des changes aussi rapidement que le font les banques. Néanmoins, les relations entre le banquier fantôme et les institutions financières ne sont pas mauvaises; d'ailleurs, M. Kita pousse la délicatesse jusqu'à préciser que tout le monde gagne de l'argent grâce à lui.

**L'empereur: une longue histoire de famille.** Depuis la fin de la guerre, plus que l'empereur, la famille impériale constitue, selon les Japonais eux-mêmes, le symbole du Japon. Avec le nouveau règne, la famille impériale titrée se limite à quinze personnes.

Le couronnement de l'empereur Akihito, en novembre 1990, a montré l'attachement sentimental des Japonais à l'institution impériale. Pourtant, ces cérémonies ont cependant donné lieu à des manifestations, parfois violentes, d'opposants au régime dynastique.

L'empereur du Japon, né le 23 décembre 1933, a fait des études supérieures à Tokyo et en Angleterre. Il a effectué des recherches sur l'histoire médiévale et la Constitution actuelle de son pays. En épousant en 1959 la fille d'un industriel, une roturière, Akihito a rompu avec une tradition millénaire. Le prince héritier Naruhito, né en 1960, est encore célibataire, alors que son frère cadet est déjà marié, ce qui lui vaut une bonne cote de popularité.

**Sadako Ogata et les réfugiés.** Première femme japonaise à occuper le poste de Haut-Commissaire des Nations unies pour les réfugiés, Mme Ogata dirige désormais 2 000 personnes de toutes nationalités. Ayant vécu enfant en Chine puis aux Etats-Unis, elle s'est ensuite occupée des droits de l'Homme et de l'Unicef avant de se consacrer au sort des réfugiés. Femme de voyage, Mme Ogata se rend sur le terrain aussi souvent qu'elle le peut: on l'a ainsi vue dans les camps de l'ONU, au Moyen-Orient et en Asie du Sud-Est.

**Kaoru Kanetaka, au cœur du voyage.** Cette présentatrice des voyages à la télévision nationale *NHK* est souvent considérée comme la femme qui a fait «entrer le monde dans les foyers japonais». Sa première émission remonte à 1959 et dure toujours, après trente ans de succès. Diffusée le dimanche matin, *Le Monde de Kanetaka Kaoru* autour de nous est la plus ancienne émission personnalisée du Japon. Kanetaka s'est fait connaître en remportant une course en avion autour du monde. Passionnée de voyages, elle présente chaque dimanche les paysages, l'histoire et la vie quotidienne de tous les pays qu'elle visite, et elle commente avec beaucoup d'humour et de connaissances, et le souci de respecter les croyances et les coutumes de chaque pays (elle en a visité 150). Elle a reçu de nombreux prix, au Japon comme à l'étranger.

**Nagano Yamano, l'homme qui parle aux arbres.** Né avec le siècle, M. Nagano Tadahiko a reçu en mai 1991 les félicitations de l'Agence pour l'environnement, ainsi qu'un ordre de mission: visiter les forêts du pays et repérer les arbres nécessitant des soins. Nagano Yamano, né en 1900 à Osaka, aura donc 92 ans en 1992, mais il ne pense pas s'arrêter de travailler. «Les arbres ont besoin de moi», dit-il.

**Mamiko Watanabe, jeune prodige.** La plus jeune artiste de jazz du Japon et la plus célèbre: elle a joué en 1991 au Carnegie Hall à l'âge de 10 ans. Mais la jeune Mamiko est aussi capable de composer ses propres airs de jazz. Comme beaucoup d'enfants japonais, Mamiko a appris la musique à partir de 4 ans dans les écoles de musique de la société Yamaha, bien connue dans le monde entier pour ses instruments de musique.

## Les événements de l'année 1991

### Janvier

1er. Matsushita rachète les films MCA-Universal: après le rachat de Columbia par Sony, le Japon veut assurer la production de films permettant de vendre son matériel. Un drame hollywoodien pour les Américains.

2. Les vases de Gallé et de Daum volés au musée de Nancy et retrouvés au Japon seront conservés en France, malgré la promesse faite par les diplomates français de rendre les pièces après leur examen par la justice française.

24. Le Japon annonce que sa contribution à la guerre du Golfe atteindra 9 milliards de dollars.

### Février

1er. Tokyo et Pyongyang, capitale de la Corée du Nord, ont terminé leurs premiers véritables pourparlers depuis 40 ans. Pyongyang réclame des indemnités pour la guerre, Tokyo exige d'inspecter les sites nucléaires. Les femmes japonaises ayant épousé des Nord-Coréens pourront visiter leurs belles-familles.

9. Grave incident aux émanations de scandale dans la centrale nucléaire à Mihama (au nord de Kyoto), la direction ayant essayé de cacher les faits (actuellement le Japon produit un quart de son électricité dans des centrales nucléaires).

### Mars

23. Le Japon était présent dans la guerre du Golfe dans les armements américains, notamment les missiles Patriot. En effet, comme pour un certain nombre d'armes européennes, les composants électroniques sont souvent d'origine japonaise.

### Avril

4. Rencontre du Premier ministre japonais, M. Kaifu, avec le président Bush à Los Angeles.

7. M. Suzuki est réélu gouverneur de Tokyo — un quatrième mandat de trois ans. M. Suzuki s'est passé du support des partis politiques, notamment le parti Libéral, dont il fut membre.

16. Première visite d'un chef du Kremlin à Tokyo: M. Gorbatchev parle du développement de la Sibérie et les Ja-

ponais de la restitution des quatre petites îles du Nord de l'Hokkaïdo, occupées par les Soviétiques depuis 1945. Les autres discussions n'ont guère été plus fructueuses. M. Eltsine, quant à lui, a fait savoir qu'il était plus souple sur ces divers problèmes.

19. Pas de chance pour les satellites de télévision japonais: après l'échec européen d'Ariane, en février 1990, voici que le lanceur américain Atlas transportant un autre satellite de communication japonais est détruit à son tour après un mauvais départ de cap Kennedy.

**Mai**

12. Après la banque «Tomate», voici, et c'est mieux, la banque «Fleurs de cerisier» *(Sakura)*: c'est la banque Taiyô-Kobe (banque Kobé-Soleil) qui change de symbole. Il y avait déjà depuis longtemps la banque «Cœur», la Banque industrielle n° 1 (Dai-ichi-Kangyô).

15. Soulagement dans le monde de l'art: le milliardaire M. Saito, 75 ans, a renoncé à se faire incinérer après sa mort avec ses tableaux de Renoir et de Van Gogh. L'Etat japonais (et l'humanité) en seront les heureux légataires.

16. Première explosion au sol de la fusée japonaise lanceuse de satellites H-2, éventuel concurrent d'Ariane-5.

19. Le gouvernement japonais va réduire l'importation de produits en écaille de tortue. Ces produits sont essentiellement achetés par les visiteurs de l'Asie du Sud-Est, notamment à Nagasaki.

29. Le gouvernement japonais convoque l'ambassadeur français à Tokyo pour faire part de son étonnement à la suite des déclarations de Mme Edith Cresson. Les Américains ont tenu depuis longtemps des propos plus sévères; en revanche, les Japonais s'étaient laissés bercer par les éloges et l'accueil de Mme Thatcher.

**Juin**

3. Disparition de deux vulcanologues français au mont Unzen (Kyushu). Une dizaine de Japonais ont également péri dans l'explosion du volcan, haut lieu du tourisme de l'île méridionale du pays.

14. Progression de 30% en un an du déficit commercial Europe-Japon, soit 25 milliards de francs, dont un tiers pour les voitures et deux tiers pour l'informatique et l'audiovisuel. Il est vrai qu'on vend moins d'œuvres d'art en ce moment et que les voyages ont stagné à cause de la guerre du Golfe.

15. Les Jeux olympiques d'hiver de 1998 auront lieu à Nagano, ville des montagnes du centre du Japon aux nom-

breuses stations de ski (Sapporo, en Hokkaïdo, avait organisé les jeux de 1972).

24. Les présidents des deux grandes firmes de courtage, Nomura et Nikko, démissionnent. Ils ont accepté de rembourser illégalement les pertes de leurs clients, notamment des groupes liés à la mafia japonaise (les yakuzas).

25. Victoire japonaise au Mans: les Mazda à moteur rotatif ont remporté le premier succès nippon des 24 Heures. Le moteur d'origine allemande (Wenkel) sera interdit en 1992. Belle et éphémère victoire.

## Juillet

9. Stratégies commerciales curieuses: qui est contre qui? Le groupe Matsushita s'associe à Philips pour mieux concurrencer Sony.

10. Le ministre des Finances, M. Hashimoto, annonce qu'il réduit de 10% son salaire. Il se sent responsable des scandales politico-financiers, et son implication directe sera dénoncée par le journal *Asahi Shinbun* le 9 septembre.

10. L'électronicien NEC (Groupe Matsushita) acquiert 5% du capital de la société d'informatique française Bull (qui s'alliera ensuite avec IBM).

12. Assassinat du traducteur japonais des *Versets sataniques,* de Salman Rushdie. Les extrémistes islamiques sont soupçonnés.

14. Mauvaise plaisanterie des groupes nationalistes nippons. Madame Cresson — ou plutôt exactement son effigie — est guillotinée près de l'ambassade de France à Tokyo.

23. Démission de la «Dame de fer» japonaise: Mme Doï cède la place à M. Tanabé. Le parti socialiste, qui avait bénéficié du travail et de la personnalité de Mme Doï, tente une ouverture vers le centre pour obtenir de nouveaux supports électoraux. Mais l'alternance n'est pas pour demain au Japon, malgré les scandales qui touchent différents membres des gouvernements de la majorité libérale.

27. Ouverture de l'Europe aux automobiles japonaises. La Communauté européenne décide de lever, sur huit ans, les quotas obtenus par la France et l'Italie, malgré le refus du Japon d'ouvrir son propre marché.

## Août

9. Deuxième explosion au sol de la fusée H-2: le lanceur de satellites ne sera prêt qu'en 1993.

10. Visite du Premier ministre M. Kaifu en Chine, qui se déclare prête à accueillir le nouvel empereur nippon. M. Kaifu s'est rendu par la suite en Mongolie (extérieure et in-

dépendante), qui s'était tournée d'abord vers Moscou au début de la conquête japonaise.

15. Les Etats-Unis taxent à 62,67% les écrans plats de télévision fabriqués au Japon et utilisés pour les ordinateurs portables.

Pour le 46e anniversaire de la capitulation du Japon, le porte-parole du gouvernement, M. Ishihara, a enfin évoqué l'idée d'une responsabilité partagée dans le déclenchement de la seconde guerre mondiale. Le Premier ministre, M. Kaifu, plus réservé, ne s'est pas rendu au sanctuaire Yasukuni pour la cérémonie aux morts de la dernière guerre. Onze membres du gouvernement participaient à titre privé à ces prières, critiquées par de nombreux Japonais et des représentants des pays étrangers au Japon.

17. Sony, Hitachi et Fujitsu envisagent de s'associer à Texas Instruments pour fabriquer des puces de télévision haute définition.

27. Aux championnats du monde d'athlétisme de Tokyo, la Française Marie-Josée Perec prend la première place du 400 mètres féminin.

**Septembre**

6. Le groupe alimentaire Ajinomoto s'installe à Dunkerque: 200 emplois seront créés.

9. Tel est pris qui croyait prendre: le ministre des Finances, M. Hashimoto, aurait reçu l'équivalent de 40 millions de francs de la part d'entreprises japonaises. Il était chargé de l'enquête sur les scandales politico-financiers. Sa démission a été refusée par le Premier ministre.

16. Visite en France d'une délégation du patronat japonais, suite à la visite l'an dernier d'une première délégation dans les Chambres de commerce et d'industrie, notamment à Paris. Au-delà des mots et des interprétations tendancieuses, la volonté de coopérer de façon plus consistante et plus utile existe depuis longtemps.

17. Les constructeurs européens vont-ils se montrer plus exigeants envers les constructeurs japonais? Après l'accord de l'été sur l'importation des voitures japonaises en Europe, l'Association des constructeurs européens découvre enfin que le problème des voitures japonaises montées à l'étranger n'était pas pris en compte dans les limites des importations accordées aux Japonais. Les voitures fabriquées aux Etats-Unis ou même en Europe, lorsque 80% de leur fabrication est assurée dans le pays de construction, ont le droit au titre de production locale.

26. L'empereur du Japon visite l'Asie du Sud-Est. Les relations du Japon avec l'Asie du Sud-Est sont surtout

d'ordre économique. Le souvenir de la guerre et l'absence d'excuses de la part du Japon, malgré les effets bénéfiques du commerce et du tourisme, n'ont pas encore permis d'établir des relations de confiance, sauf en Thaïlande, où la famille royale a de bonnes relations avec la famille impériale.

30. Le match Honda-Renault au championnat du monde automobile va-t-il tourner à l'avantage du constructeur français après la victoire à Barcelone? Quoi qu'il en soit, en 1991, les moteurs Mazda et Honda ont été très présents aux premières places.

## Octobre

5. Le Premier ministre, M. Kaifu, renonce à se présenter pour un second mandat de deux ans: M. Miyazawa, ancien Premier ministre, semble bien placé pour lui succéder.

8. La société Nomura, sanctionné par le ministère des Finances, doit cesser une partie de ses activités pendant un mois. Comme les sociétés Nikko, Daiwa et Yamaichi, Nomura avait indemnisé des clients à qui elle avait proposé des mauvais placements.

27. La mode à Paris. Les grands couturiers japonais présentent leurs collections: Kenzo, Issey Miyake, Yohji Yamamoto et Rei Kawakubo (Comme des garçons). Originalité, élégance et sens pratique.

## Novembre

5. M. Miyazawa, élu président du parti Libéral-démocrate le 27 octobre, devient chef de la majorité et est nommé Premier ministre.

## Décembre

7. Commémoration de l'attaque surprise de Pearl Harbour (7 décembre 1942): le Japon exprime ses regrets par la voix de son Premier ministre. C'est la première fois que cet événement, qui déclencha la guerre du Pacifique, est reconnu officiellement par les autorités japonaises.

13. L'excédent commercial japonais avec l'Occident a encore augmenté: hausse des exportations et baisse des importations (35 milliards de francs pour le mois de novembre seulement).

24. Le Japon réclame un siège de membre permanent au Conseil de sécurité de l'ONU.

# DOUBLE STYLE DE VIE

*Malgré un taux de satisfaction relativement élevé, les Japonais critiquent chaque jour les insuffisances de la qualité de vie et les faiblesses du progrès social et culturel.*
*Parmi les préoccupations les plus importantes: l'amélioration des garanties de santé, les retraites, l'augmentation des prix. L'éducation, les loisirs de la jeunesse viennent ensuite, avant l'économie, l'environnement, les conditions de travail et le logement.*
*L'environnement visuel, après de multiples agressions au paysage, semble le premier point faible du Japon moderne. Même si les Japonais se contentent d'espaces restreints et aiment encore vivre à même le sol, ce qui a un certain charme, l'idéal de frugalité de la morale traditionnelle laisse chaque jour la place au goût du luxe.*

## LA VIE FAMILIALE

### Le mariage

**Traditionnellement,** les mariages se faisaient souvent par arrangement: en fait, un intermédiaire, ami, relation ou employeur, se chargeait de présenter les futurs époux. La première rencontre se faisait en présence, ou non, des parents. L'intermédiaire enquêtait sur le passé, la moralité et la situation des deux familles. Environ la moitié des mariages sont encore réglés de cette façon. L'autre moitié concerne les «mariages d'amour», très en vogue depuis les années 60.

Depuis la fin des années 70, les agences matrimoniales de type occidental ont fait leur apparition, et représentent un secteur de l'industrie du mariage en pleine croissance.

Environ 70% des jeunes Japonaises déclarent que le but de leur vie est d'épouser un homme qui les comprenne. Un récent sondage a montré que 44% désiraient se marier avant "Noël", c'est-à-dire avant 25 ans, et 70% avant 27 ans. L'âge idéal est donc entre «Noël» et le «Nouvel An» (31 ans). Les hommes se marient en général entre 28 et 30 ans.

Depuis 1947, les époux sont totalement égaux devant la loi. Est-ce pour cela que deux divorces sur trois sont demandés par la femme? Leur nombre a considérablement augmenté au cours des vingt-cinq dernières années (actuellement 15 pour 1 000 habitants), sachant qu'ils sont nettement plus nombreux aux extrémités du pays, Okinawa et Hokkaido, et supérieurs à la moyenne dans les grandes villes, Tokyo et Osaka. La plupart des divorces se font par consentement mutuel, mais on peut avoir recours à un arbitrage ou passer devant un tribunal spécial.

## Un mariage coûte très cher

**Pour** la cérémonie au sanctuaire shinto, la mariée porte un magnifique kimono. Ce rituel est suivi par un grand banquet dans une salle de mariage (des complexes hôteliers spécialisés voient défiler jusqu'à 40 mariages par jour en haute saison, le printemps et l'automne). Le banquet est célébré sur le mode occidental: les mariés changent de costume, découpent une énorme pièce montée et se rendent parfois dans une chapelle champêtre «comme en Occident». D'autre part, les invités, qui ont fait un don en argent, repartiront tous avec un cadeau (service à thé, vase, souvenir, etc.) et une boîte de gâteaux traditionnels.

La cérémonie coûte, suivant sa simplicité ou son luxe, entre 80 000 et 500 000F. Les frais sont souvent partagés entre les deux familles.

## Les femmes japonaises

**Les Japonais** sont-ils «machos» et les Japonaises de gentilles petites femmes soumises? Un cliché qui tient beaucoup au regard occidental porté sur des relations homme-femme différemment codifiées, mais relativement bien vécues en général. Le couple japonais ne mise pas sur l'exaltation de la passion amoureuse d'un moment, mais sur la solidité de la relation de confiance et le respect mutuel.

Dans un couple traditionnel, l'homme assure le gagne-pain et la femme se charge de l'éducation des enfants et de la bonne marche de la maisonnée. C'est elle qui gère l'ensemble du budget familial. Elle décide de l'avenir des enfants, et soumet ses projets, en général déjà programmés, à l'approbation du mari. D'où l'expression femme-dieu *(Kami-sama),* souvent utilisée pour désigner l'épouse. Femme au foyer, peut-être, mais elle n'y reste pas enfermée, et se cultive ou se distrait à l'extérieur, entre amies. Elle

sait très bien gérer son temps libre et son porte-monnaie.
Par contre, une fois à la retraite, certains hommes semblent désemparés, et ne parviennent pas à profiter de leur temps libre. Depuis quelques années, les femmes sont d'ailleurs très sarcastiques à leur égard, et l'expression «feuille morte collée au sol» en dit long sur leur façon de penser.
En effet, la société change, et on assiste à l'émergence d'une nouvelle attitude des femmes envers les hommes et le travail.
Trois associations féministes existent au Japon; elles se manifestent régulièrement pour contester la discrimination sexuelle.

## Féminisme, pilule et préservatifs

**Le Japon** possède de nombreuses associations féminines, genre association d'entraide ou club de voisinage. Les problèmes purement féminins et les solutions pratiques de la vie quotidienne sont ainsi facilement évoqués. Il existe cependant quelques associations féministes qui se manifestent irrégulièrement, notamment lors des concours annuels de beauté ou la très stricte limitation des pilules, encore maintenue pour l'année 1992.
Le commerce des préservatifs marche heureusement bien, et bien sûr les exportations aussi.

## Encore peu de sida

**Grâce** à son isolement et à l'usage courant des préservatifs; le Japon est resté relativement à l'écart de la contamination du Sida. 2 000 séropositifs pour 500 cas de sida déclarés, et seulement quelques dizaines de décès en 1991: les statistiques officielles semblent bien en-dessous de la réalité.

## Les nouvelles femmes

**Il y a** maintenant plusieurs manières de désigner les «nouvelles» attitudes des femmes vis-à-vis des hommes et du travail. Les *Hanako-san* (mademoiselle Hanako), nom créé d'après le titre d'un magazine féminin (*Hanako*, Mademoiselle Fleur), sont de jeunes célibataires qui mènent une vie insouciante et dépensent leur argent en sorties, vêtements à la mode et voyages à l'étranger.
L'autre facette des employées de bureau (*OL*: *office lady*) est exprimé par le mot "*Ojisan OL*" (les employées-monsieur). Comme les hommes, elles pratiquent le golf, achètent des actions en bourse et vont boire entre femmes après le travail.
Il y a encore peu de femmes qui accèdent au statut de cadre mais, chaque année, des domaines jusqu'alors fermés aux femmes ouvrent leurs portes: contrôleur des douanes, brasseur de saké, etc.
Néanmoins, la plupart des femmes, diplômées ou non, cessent de travailler après la naissance du premier enfant, et le marché du travail ne leur est guère favorable, au plan qualitatif, lorsqu'elle veulent reprendre un emploi une fois leurs enfants élevés; 50% souhaiteraient le faire, et parmi la jeune génération, 67,5% disent vouloir continuer à travailler après le mariage, tout en élevant les enfants. Les revendications portent donc sur l'amé-

nagement des congés de maternité et des congés parentaux, la construction de crèches, domaines dans lesquels il y a encore beaucoup de progrès à faire.

«*Sekusharu harasumento*» (harcèlement sexuel) fait désormais partie du langage courant: le premier procès a eu lieu au printemps 90, à Fukuoka.

C'est en 1984 que le nombre de femmes actives a dépassé celui des femmes au foyer. Depuis la tendance ne fait que s'accentuer. La population féminine salariée est passée de 26% en 1950 à 64% en 1982. Actuellement, les femmes représentent 40% des salariés (42% en France). Toutefois, si l'on compte les 8 millions de femmes non rémunérées travaillant dans des entreprises familiales, la population active grimpe à 49% (43% en France, mais il faut tenir compte des différences des critères statistiques.

## Le vêtement et la mode

**En dehors** des geishas, des vieilles dames, des femmes mariées et de leur mère, le kimono n'est plus porté quotidiennement. Seule sa version souple en coton, le *yukata*, est encore de mise en été et en toutes saisons dans les stations thermales. Le kimono n'est plus vraiment adapté à la rapidité de la vie moderne. De surcroît, il coûte cher; il nécessite l'achat d'accessoires: sous-kimono, *obi* (large ceinture) et cordons pour le fixer, veste adéquate (*haori*), chaussures (*zori*) et sac à main dans le ton de la tradition. Les paysannes portent encore le pantalon traditionnel, le *monpe* (mon'pé), resserré aux chevilles, autrefois en tissage ikat bleu et noir, et pour le haut, aussi bien un tricot, souvent rose ou vert, qu'une veste à coupe kimono en coton.

Parmi les vêtements traditionnels, le *yukata* (kimono d'été), le *nemaki* (kimono pour la nuit) et le *hanten* (veste matelassée d'intérieur pour les pièces mal chauffées) constituent de bons achats. Le vêtement occidental s'est vraiment développé après la guerre, et surtout au début des années 60, la diffusion de la nouvelle mode étant relayée par les magazines féminins. Les Japonais moyens ont été critiqués sur leur façon très stéréotypée de s'habiller.

Ce sont surtout les jeunes filles et les Tokyoïtes qui suivent la mode. Depuis que Kenzo, puis Issey Miyake, Yoji Yamamoto et Rei Kawakubo ont trouvé la célébrité en Occident, les couturiers nippons sont très populaires dans leur pays. On en est maintenant à la «troisième génération» des stylistes: Chisato Tsumori, Kensho Abe ou Atsuro Tayama.

Ces grands noms de la couture ouvrent de superbes boutiques dans toutes les grandes villes du pays et surtout à Tokyo, dans le quartier d'Harajuku.

Les lycéens et lycéennes sont souvent en uniforme: col marin et longue jupe marine ou noire pour les filles, uniforme sombre pour les garçons. Le vêtement d'écolier est d'ailleurs un marché important, que les nouveaux modélistes commencent à investir. Dans de nombreuses écoles ou lycées, des tentatives d'innovation ont fait preuve de nouvelles tendances plus esthétiques. Le marché de la mode japonaise représentait encore en 1985 le double de celui de l'automobile! Les Japonais sont très soucieux de leur apparence, et donc de leur tenue vestimentaire. Le raffinement du kimono masculin (qualité du tissu, discrétion des motifs, accessoires) s'est reporté jusqu'à nos jours sur la sévérité du «*sebiro*» (costume, mot tiré de Seville Road), avec la cravate et son inévitable épingle.

Détail de la correction féminine à la japonaise: en été, les femmes portent des bas malgré la chaleur et l'humidité. Et quand elles sont enceintes, elles portent presque toujours des socquettes blanches.

## L'art d'être grands-parents

**La famille** japonaise traditionnelle comprenait, sous un même toit, toutes les générations: c'était la famille-souche. L'évolution récente de la société, l'afflux de main-d'œuvre dans les centres industriels ont laissé beaucoup de personnes âgées dans les campagnes, sans contacts avec les jeunes enfants. De même, les enfants nés dans les villes-dortoirs n'ont que rarement de contacts avec leurs grands-parents. Pour récréer cette relation, jugée si nécessaire entre les générations, une campagne a été lancée dans des jardins d'enfants et des maisons de retraite de Tokyo: les premiers recevront les personnes âgées pour la gymnastique du matin, les enfants se rendront après les cours dans la maison des personnes âgées.

L'expérience a fait beaucoup de bruit au Japon, et chaque jour des délégations de l'ensemble du pays viennent étudier l'expérience de Tokoen pour tenter de recréer ailleurs ce type de contacts.

# ENSEIGNEMENT: ANCIENNES ET NOUVELLES MÉTHODES

## Chers enfants

**A l'école.** Avant l'école primaire, les enfants peuvent aller dans les jardins d'enfants, à 3, 4 ou 5 ans. Ces jardins d'enfants sont en général privés. Les enfants sont vêtus de très mignons uniformes, avec des chapeaux à rubans, un gros cartable rouge sur le dos, une gourde à la ceinture et un parapluie, bleu, jaune ou rouge.

A la fin de chaque cycle, les enfants de toutes les classes participent à une randonnée de trois à cinq jours à travers le Japon, soit 300 à 600 élèves, voyageant en autobus ou en train, dormant dans les hôtels traditionnels *(ryokans)*, couchés à 20 ou 50 par chambre. Ces voyages ont lieu pendant la durée officielle des cours, au printemps ou à l'automne. Ils laissent aux écoliers et lycéens d'excellents souvenirs. Pendant l'été, toujours avec les professeurs, les écoliers se retrouvent pour quelques jours dans des villages de toile, au bord de la mer ou dans la montagne.

L'année scolaire commence en avril par une cérémonie d'accueil des nouveaux élèves. Dans chaque classe, on élit un responsable et, souvent, les ordres sont donnés par des élèves désignés au hasard plutôt que par les enseignants. Il n'existe pas de surveillants ni de «pions», de retenues ou de «colles». Ceci explique-t-il la relative faiblesse de la délinquance juvénile (17/1 000 au Japon, contre 23/1 000 en France et 50/1 000 aux Etats-Unis.

## Le prix de l'école

**Les frais** d'éducation continuent de grimper, comme le nombre d'élèves ou d'étudiants. Même dans les jardins d'enfants publics, compte tenu de la prise en charge très complète incluant de nombreux accessoires et jeux, les parents dépensent 7 600F par an. Dans les écoles secondaires publiques, il faut un budget moyen de 12 000F annuels, avec demi-pension, équipements et voyage, et 24 000F dans l'enseignement privé.

L'instruction et l'éducation ont toujours tenu une place de choix dans la vie japonaise. Le taux de scolarisation actuel et les équipements scolaires placent aujourd'hui le Japon au premier rang mondial (7% du revenu national contre 6% en France, mais 19% des dépenses administratives contre 23% en France).

L'éducation obligatoire dure neuf ans, de 6 à 15 ans, mais 94% des jeunes Japonais s'instruisent jusqu'à 18 ans, et 30% entrent à l'université.

L'enseignement est généralement mixte et comporte deux cycles obligatoires: l'école primaire *(shogakko),* qui dure six ans, et le collège *(chugakko),* trois ans, soit jusqu'à 15 ans. Ces établissements sont à 99,5% publics, laïcs et gratuits. Sorti du collège après un examen, on entre sur concours dans les lycées *(kotogakko)* ou les écoles spécialisées *(senmongakko).* La durée des études est de trois ans; 98% des Japonais étudient ainsi jusqu'au niveau du baccalauréat (18 ans). Puis 30% des élèves entrent à l'université pour deux, quatre ou six ans (de trois à cinq ans pour les écoles techniques).

## L'université

**Il n'existe** donc pas de baccalauréat, ni d'années préparatoires pour de grandes écoles, mais il existe des concours pour entrer dans les universités, plus ou moins difficiles suivant la valeur de chaque établissement. Il n'y a pratiquement pas de redoublement: les élèves faibles sont pris en charge par leurs camarades et leurs professeurs, avec l'aide des parents.

Pour aider chaque enfant à bien suivre et réussir aux examens, il existe des cours du soir et des écoles spécialisées *(juku).* Ces institutions permettent à plus de la moitié des écoliers et lycéens d'étudier le soir dans de moins sévères conditions. Pour les concours d'entrée aux universités, surtout les plus réputées, on peut s'inscrire également dans des écoles de bachotage *(yobiko).* Un tiers des collèges et des écoles spécialisées sont privés, parmi lesquels la moitié sont dirigés par les universités religieuses, souvent chrétiennes, fondées à la fin du siècle dernier.

L'université propose des cycles de deux, quatre et six ans, ainsi que des cycles de recherche. Les universités sont souvent de grands campus à l'américaine, où divers départements dispensent toutes sortes d'enseigne-

ment. Les universités d'Etat, ou préfectorales, sont les plus importantes; elles jouissent par ailleurs d'une très bonne réputation. Les universités privées proposent parfois un enseignement très poussé, mais elles ne sont souvent que des écoles spécialisées. L'université de Tokyo (Todai), la plus grande, jouit de la meilleure réputation. Un haut fonctionnaire sur deux en est diplômé. Viennent ensuite l'université de Kyoto, puis celle de Hokkaïdo.
Parmi les universités privées, on trouve d'abord Waseda, Keio et Meiji, puis l'université chrétienne Sofia. La plupart sont à Tokyo. Certaines universités ne sont souvent que le meilleur moyen de retarder l'entrée dans la vie active des enfants trop choyés par leurs parents.

## Vidéo et méthodes nouvelles

**Les normes** scolaires sont définies par le gouvernement, mais leur application dépend des municipalités. Malgré le soin accordé aux conditions d'enseignement, il reste de nombreux problèmes à résoudre, de progrès à faire, en particulier pour assouplir les normes devant assurer, à travers tout le pays, la plus stricte égalité possible.
Les méthodes d'enseignement proposent des activités de créativité ou de participation qu'on appelle «école ouverte»: les parois des nouvelles salles sont amovibles, et permettent de réunir plusieurs d'entre elles en une grande pièce d'activités communes. Les élèves peuvent se réunir par groupe ou étudier dans un coin, sans être trop coupés les uns des autres. C'est dans ces salles qu'on peut facilement s'initier à l'emploi des ordinateurs, de la vidéo, cultiver des plantes ou élever des animaux.
Les activités traditionnelles, calligraphie, dessin, travail manuel et gymnastique peuvent avoir lieu dans les grandes salles, tandis que pendant la belle saison, les élèves peuvent sortir les tables et prendre leur repas de midi en plein air.

## Ecole-écologie

**La nécessité** de reconstruire rapidement l'économie du Japon et la méconnaissance des méfaits de la pollution ont laissé des marques profondes dans la vie et la mémoire de la population japonaise. Pour sensibiliser les jeunes générations, de nombreuses écoles participent, à titre volontaire, à des expériences de protection de l'environnement. L'école flottante du lac Biwa a pour fonction de développer le sens de la responsabilité à l'égard de l'environnement. La préfecture de Shiga, à l'est de Kyoto, a financé la construction d'un bateau de 62 m de long et pesant mille tonnes, baptisé *L'Enfant du lac*. Depuis 1983, 120 000 écoliers ont fait un stage de deux jours sur ce bateau, soit plus de 700 sorties avec 200 enfants. Résultat de l'opération: les 525 écoles de la préfecture ont pu envoyer au moins une classe d'enfants de première année du secondaire. Un ascenseur spécial, des chaises roulantes et une installation en braille permettent d'accueillir les enfants handicapés et les aveugles.

# LA VIE QUOTIDIENNE

## Coopératives écologiques

**Depuis** une dizaine d'année, des coopératives écologiques, souvent féminines, se créent dans les villes et villages du pays. Leur but est la défense de l'environnement par des actions de production et de commercialisation de produits écologiques qu'on ne peut trouver sur le marché. En raison des règles de voisinage et des nombreuses associations existantes, les coopératives sont efficaces et l'association écologique tend à renforcer la solidarité dans les quartiers.
Ces campagnes, lancées dans le cadre des actions de protection de l'Environnement de l'ONU (PNUE), obtiennent un grand succès auprès du public. Le Japon sera-t-il demain un pays modèle pour l'environnement, après avoir été l'un des pays les plus polluants? Après-demain, peut-être?

## Le logement

**Avec** le développement rapide des villes, l'habitat individuel, unique mode de logement populaire jusqu'au siècle dernier, représente encore 60% des habitations. En raison du prix des terrains, on construit actuellement plus d'appartements que de maisons individuelles. Il faut aller à deux heures de Tokyo en train pour l'achat d'une petite maison sur un terrain limité à une centaine de mètres carrés et coûtant environ 1,5 million de francs (six ans de revenus moyens d'un habitant de Tokyo).
Les efforts de décentralisation sont encore insuffisants, et les terrains à la périphérie des villes sont saturés depuis le «*my home boom*» des années 70. Certains promoteurs attribuent les logements par tirage au sort, ne sachant comment choisir quand il y a plus de cent demandes pour un seul logement.
La qualité des habitations, maisons individuelles comme appartements, est souvent très inférieure à celles des pays industrialisés, mais la sociabilité et les nombreux services à domicile permettent d'oublier la monotonie du cadre de vie et de mieux profiter du temps de vivre.
Les appartements comme les maisons conservent en général une ou deux pièces japonaises, au sol couvert de tatamis, avec des cloisons en papier, des meubles bas et des objets d'art traditionnels. C'est dans ce décor traditionnel que l'on célèbre les diverses fêtes de l'année, et qu'on s'habille en kimono.
La salle de bains actuelle doit beaucoup aux normes occidentales, mais les Japonais l'utilisent à la mode traditionnelle: le père et la mère lavent à tour de rôle leurs enfants, on se retrouve à plusieurs dans la baignoire. Cette façon de prendre les bains permet de conserver un peu de la convivialité propre aux bains japonais, collectifs et publics, désormais moins nombreux.
En raison de l'exode rural, de nombreux hameaux et villages sont délaissés et avec eux les belles et grandes maisons en bois couvertes de chaume.

Dans les plaines, l'habitat rural bénéficie encore de surfaces importantes (environ 150 $m^2$ en moyenne par logement). Dans les villes et leurs banlieues récentes, il n'existe aucune limite minimale de surface pour lotir et construire.
On voit ainsi d'immenses séries de maisons serrées les unes contre les autres dans de minuscules petits jardins aux arbres minutieusement taillés. La surface des logements urbains, inférieure à 50 $m^2$ jusqu'à l'après-guerre, tend aujourd'hui à retrouver des normes confortables, notamment dans les programmes mis en cours, parallèlement aux programmes de reverdissement des villes.
La proportion des logements en propriété tourne autour de 60% depuis le début du siècle, y compris dans le logement social. Dans un pays où les familles ont en moyenne deux enfants, l'avenir du logement repose plus sur l'amélioration que sur un développement effréné, comme celui qui s'est produit ces trente dernières années.

## Tokyo redécouvre le ciel et la mer

**A moins** d'arriver par l'aéroport de Hanéda, on ne peut pas vraiment se rendre compte que Tokyo est au bord de la mer. Les services de l'urbanisme le savent pourtant, eux qui depuis plus de deux siècles construisent des terrains artificiels dans la baie de Tokyo, où il n'y a pas d'habitants à déloger, et donc pas de contestation.
Les villes nouvelles sont chaque année construites avec de meilleurs plans, de meilleurs matériaux, plus d'équipements culturels et de jardins. Les rues sont piétonnes, les transports conduisent au centre de la ville en moins d'une demi-heure (contre plus d'une heure pour les autres banlieues).
Le paradis, version japonaise, n'est pas oublié: c'est Yume-no-shima, l'île des rêves, construite avec des déchets industriels. Aujourd'hui, on y trouve un grand jardin tropical sous serres, avec des cascades et des plantes exotiques et un espace pour les promenades des enfants.
Les nouveaux projets de construction concernent aussi le développement de Tokyo vers le haut: création de nouveaux quartiers de gratte-ciel, notamment le «Triangle d'or», entre Ginza et la gare de Tokyo, la cité des affaires de Tennozu, dans la baie, la ville téléportuaire d'immeubles «intelligents», le réaménagement des quais de Hinodé et Shiba.ura et enfin une série de projets autour de Disneyland, jusqu'à la ville de Chiba. Avec la réalisation des infrastructures routières, dont une liaison par pont et tunnel jusqu'à la presqu'île Boso, c'est toute la baie de Tokyo et l'ensemble des villes voisines qui sont concernées.

## Le Triangle d'or de Tokyo à l'an 2000

**Il y a** un peu plus d'un siècle, Tokyo devenait la nouvelle capitale du Japon.
La municipalité décidait de donner à cette ville de maisons en bois une apparence moderne et occidentale. Paris et les idées d'Haussmann ont servi à remodeler le centre-ville, entre

Ginza et la gare de Tokyo.
Après le séisme et l'incendie de 1923, ce quartier a été restructuré une première fois, puis une deuxième en 1945, en raison des bombardements. Les projets actuels prévoient un renouvellement complet de ces immeubles généralement de 10 étages, dont la moyenne d'âge se situe entre 20 et 30 ans.
Le développement du monde des affaires, la présence de la bourse à Kabuto-cho, l'arrivée des Shinkansen du Nord à la gare de Tokyo, les nouveaux quartiers conquis sur la mer redonnent de l'importance au cœur de Tokyo. Cette partie de la ville sera le centre des relations internationales, tandis que les quartiers construits en périphérie, Shinjuku, Ikébukuro, auront une vocation plus métropolitaine: le nouvel hôtel de ville, autrefois dans le quartier central de Maru-no-uchi, a été inauguré à Shinjuku.
Les nouveaux projets prévoient la création autour de la gare de Tokyo de 80 tours de bureaux de 200 m de haut. Le temps est loin où l'on se demandait si l'on avait le droit de construire, à proximité du palais, des immeubles qui plaçaient les simples citoyens plus haut que l'empereur. Dans le nouveau quartier des affaires se trouvent déjà plus de 100 banques étrangères. Désormais, les cours des bourses de Tokyo et d'Asie, de New York et d'Europe seront étudiés à tour de rôle dans des bureaux ouverts 24 heures sur 24.

## Trains privatisés: un succès

**Après** 115 ans de gestion étatique et centralisée, les chemins de fer nationaux du Japon ont été privatisés en 1987. Après trois années de gestion privée (l'Etat a tout de même conservé la moitié des capitaux), les résultats sont plutôt positifs, aux plans économique et qualitatif. Les chemins de fer du réseau national représentent 90% des lignes du réseau, y compris les lignes du Shinkansen. Les douze nouvelles sociétés d'exploitation régionales ont diversifié leurs activités et rentabilisé leurs services.
Les trains nationaux avaient une image médiocre dans la population et le monde politique japonais. C'est en 1972 qu'eurent lieu les premières grèves avec cessation de travail durant lesquelles de nombreux wagons avaient été recouverts de slogans. Des enquêtes avaient ensuite montré un certain nombre de passe-droits et d'arrangements secrets. Comme pour les téléphones internationaux en 1985 et Japan Air Lines en 1987, les chemins de fer nationaux privatisés ont fait preuve d'efforts d'imagination et de transparence. Le personnel, entièrement masculin jusqu'en 1987, se féminise chaque année davantage. Les uniformes gris ont été redessinés et rendus plus gais. Les voitures des voyageurs ont été repensées et personnalisées: fenêtres plus larges, fauteuils plus confortables, restauration améliorée, commercialisation de services touristiques.
Une seule faute dans ses innovations: les voitures des trains de banlieue, où tous les fauteuils sont repliés aux heures de pointe. Cette idée, pourtant justifiable en raison du nombre de voyageurs, a été très mal re-

çue: ceux-ci ont eu l'impression d'être parqués dans des wagons à bestiaux.

Par contre, les trains spéciaux à thèmes: *Bourbon Express* (avec whisky, bourbon et jazz) ou le *Fureai-Michinoku* (train rétro avec tatamis et cloisons en papier) ont été très bien accueillis. D'autres trains spéciaux sont programmés.

Quant à la gare de Tokyo, bâtiment en briques de style londonien, elle a malheureusement été condamnée pour faire place à un grand complexe hôtelier et de services. Rentabilité oblige.

## La florissante industrie des loisirs

**Depuis** toujours, les distractions ont été comprises dans l'organisation des horaires de travail. Aujourd'hui, le temps passé en sortie scolaire ou en voyage d'entreprise (deux à cinq jours par an) est compté dans les jours ouvrés. Avec la réduction de la durée de travail et la libération des samedis, les excursions et déplacements de week-end prennent de l'importance. Comme les ruraux sont plus attirés par la ville que les citadins par la campagne, les magasins restent ouverts et de nombreuses activités sont possibles le dimanche. Le système des rues interdites aux voitures les dimanches après-midi et les jours fériés, «Paradis du piéton», permet une bonne détente pour l'ensemble de la population citadine.

## Sécurité intérieure

**La criminalité** est dix fois moindre qu'aux Etats-Unis, quatre fois moindre qu'en France. La police n'est pas inactive: il y a tout de même plus de 2 millions de délits par an, dont plus de 500 000 accidents dûs à des infractions routières. Le taux d'arrestation est le plus fort du monde: 63% pour les délits ordinaires (40% en France, 30 en Angleterre et 20 aux Etats-Unis). 98% des crimes, 94% des violences et des menaces, 99,7% des détournements de fonds et 97,1% des fraudes sont résolus. 250 000 policiers représentent 181 agents pour 100 000 habitants, nettement moins qu'aux Etats-Unis (254), par exemple. La possession d'armes à feu est interdite. La police est organisée par petits secteurs et relativement bien intégrée à la population. Il y a 16 000 postes de quartier *(Koban* ou *police-box).* Les rondes en voiture ou à bicyclette sont fréquentes, comme les simples visites aux particuliers. Il arrive qu'on demande l'arbitrage des policiers pour un problème mineur. En échange de cette confiance, la population peut donner des renseignements utiles en cas de délits.

Cette situation est en train de changer en raison de l'évolution des villes, où les grands ensembles remplacent les quartiers de maisons aux règles de voisinages bien définies.

Les homicides ont diminué de moitié depuis 1950: 1 750 contre 3 000.

La violence des jeunes, qui avait inquiété le Japon, est en déclin.

Les émeutes sont rares et les bavures n'existent pratiquement pas (un ou deux cas par an, rapidement sanctionnées).

## Douceur et violence au quotidien : amae plutôt que harakiri

**Les anciennes** descriptions du Japon dans les textes chinois des premiers siècles de notre ère et les lettres de saint François-Xavier ont un point commun: la reconnaissance de la douceur des mœurs populaires et paysannes du Japon.

A l'heure où la population rurale ne représente plus qu'une faible partie de la population, on peut se demander ce qu'est devenue la sociabilité populaire.

Malgré les quelques fortes images de violence qui nous sont parvenues du Japon depuis sa «redécouverte», il semble que cette sociabilité soit toujours présente et efficace dans la vie quotidienne.

Un psychanalyste, Takeo Doï, est devenu célèbre en définissant le concept d'indulgence *(amae)* et en publiant un livre qui fut rapidement un best-seller: *Le Jeu de l'indulgence (Amae no kozo).*

Les traductions, anglaise puis française, ont permis de mieux comprendre ce que signifiait cette «douceur» que les Japonais aiment mettre dans les rapports de la vie quotidienne.

«*Amae*» est le besoin d'être aimé, une dépendance affective selon le langage psychanalytique (ce qui explique le titre de l'édition française, publiée par l'Asiathèque en 1989). Les Japonais, selon Doï, mettent en avant ce trait humain universel qu'est le sentiment agréable de l'intimité, qui permet de se prévaloir de l'amour et de l'amitié de quelqu'un, voire même de l'exiger. Ce concept de «douceur» serait à l'origine de celui de l'identification à l'autre, si fort au Japon, mais non dénué d'une note d'humour.

Il est temps de prendre conscience de cette constance fondamentale du peuple japonais pour remettre à sa juste place l'idéologie traditionnelle des guerriers, analysée dans un autre best-seller écrit durant la guerre, à la demande du Pentagone: *Le Chrysanthème et le sabre (The Chrysanthemum and the Sword).*

Ce livre de Ruth Benedict, célèbre anthropologue américaine, traduit en français en 1989, fut pendant de nombreuses années la principale source des réflexions sur la société japonaise.

Une enquête réalisée pour l'Unesco en 1954 avait été intitulée par son auteur, le sociologue Jean Stoetzel, *Jeunesse sans chrysanthème ni sabre*, et mettait en lumière les nouveaux comportements du Japon de l'après-guerre.

Néanmoins, cette étude reste encore peu connue, même en France. Si le comportement de la «nouvelle génération» *(Shinjinrui)* a provoqué quelques inquiétudes ces dernières années, il semble que le début des années 90 soit marqué par une meilleure intégration des jeunes dans la société.

## Santé et sécurité sociale

**Les soins** du corps et la santé font partie des préoccupations populaires traditionnelles, sous l'influence des techniques et de la philosophie chinoises. Les massages, la moxibustion, l'acupuncture et la diététique constituaient l'essentiel des

pratiques médicales avant l'introduction de la médecine occidentale. Aujourd'hui, grâce à la combinaison de cette tradition et de l'efficacité de la médecine moderne, les Japonais détiennent le record mondial de l'espérance de vie: 83 ans pour les femmes, 77 ans pour les hommes, soit 5 à 9 ans de plus que les Français, placés au sixième rang mondial.
Le système national d'assurance-maladie, relativement limité à ses débuts en 1959, a été renforcé en 1970 par l'institution des allocations familiales. L'ensemble des prestations est encore bien inférieure à celles de l'Occident, mais les programmes prévoient dans 10 ans les mêmes garanties. C'est une des raisons de la création de la TVA généralisée de 3% sur toutes les transactions, instituée en 1989.

## Assurances : sociales et privées

**Les prélèvements** sociaux et les remboursements sont relativement faibles au Japon (70%): des mutuelles et des assurances complémentaires privées garantissent les risques non couverts par la réglementation (et non comptabilisés dans les statistiques des prélèvements, d'où la difficulté des comparaisons Japon-Occident). Comme les Japonais ont un grand souci de sécurité, les assurances privées forment un secteur très actif, notamment grâce aux assurances sur la vie et les capitalisations (retraite). La moyenne des assurances-vie se monte à 10 000F par famille, soit 18% de l'épargne des ménages. Les primes sont négociées à domicile. Les contacts avec les personnes restant à la maison, mères de famille ou grands-parents, sont facilités par la confiance qu'apportent les démarcheurs de sexe féminin.
Le Japon se place au deuxième rang mondial derrière les Etats-Unis et avant la France, au cinquième rang.
Le secteur assurances est en cours de restructuration, en raison de la déréglementation du secteur financier: la différence entre assurances-vie et assurances-dommage devrait s'estomper progressivement. Les investissements directs à l'étranger ont été libéralisés en 1986, passant de 25 à 30% du capital.

# TOURISME : L'OUVERTURE SUR LE MONDE

## Les Japonais à l'étranger

**Dix millions** de Japonais vont désormais à l'étranger chaque année. Hawaï, en raison des voyages de noces, tenait la première place depuis longtemps. Aujourd'hui, c'est la Corée qui vient en tête, à cause des relations commerciales et des prix avantageux des golfs: en 1989, 1 400 000 visiteurs en Corée contre 1 320 000 à Hawaï et 1 200 000 aux Etats-Unis (Hawaï excepté). Un million de Japonais sont venus en France en 1991 (contre 900 000 en 1989). Hausse annuelle d'environ 15%. Pour des séjours ne dépassant que rarement cinq jours, chaque visiteur nippon dépense en moyenne 13 000F,

record de dépense par visiteur. Les Japonais apportent ainsi environ 10 milliards de francs, soit 10% du chiffre d'affaires touristique annuel.
Sur un total de 2 840 000 visiteurs étrangers au Japon, les Coréens viennent en tête avec 600 000 entrées. Le nombre élevé de Coréens vivant depuis longtemps au Japon et les relations commerciales expliquent cette place privilégiée. Les Américains (relations commerciales, militaires, culturelles et touristiques) sont à égalité avec les Taiwanais (touristes essentiellement): 530 000 visiteurs. Les Européens sont nettement moins nombreux: les Anglais arrivant en tête avec 180 000, et la France n'envoyant que 60 000 personnes, voyageurs et hommes d'affaires compris.

## Les étudiants étrangers au Japon

**En forte** augmentation depuis les années 50, le nombre d'étudiants étrangers reste encore très faible comparé à celui de l'Occident: 25 000, dont 4 000 invités par le gouvernement japonais et 1 000 envoyés par leurs pays. Avec la création de l'université de l'ONU à Tokyo et des autres systèmes d'accueil, l'objectif est de 100 000 étudiants pour l'an 2000 (130 000 pour la France et 342 000 pour les Etats-Unis en 1990). Il y a par contre beaucoup d'étudiants japonais à l'étranger: 35 000, dont 3 000 dans les universités et les centres de recherche français. Seulement 500 étudiants français sont actuellement au Japon, soit six fois moins.

## Les parcs naturels

**La plupart** des sites historiques et touristiques se trouvent dans des zones protégées ou des parcs naturels. Traditionnellement, les pèlerinages dans les sites religieux étaient considérés comme des activités de détente spirituelle et physique. Le shinto et le bouddhisme considèrent la nature comme l'expression de la sacralité. Les sites des sanctuaires et des temples, les itinéraires des pèlerinages attiraient de nombreux voyageurs, jusqu'à 5 millions par an pour Isé au début du siècle, développant les activités d'hébergement, de restauration et de distraction.
Avec l'influence occidentale, de nouveaux sites naturels ont été redécouverts, répondant aux nouveaux besoins de plein-air et de vacances. Les montagnes du centre du pays sont appelées «Alpes japonaises». Des stations estivales et hivernales s'y développent. Les plages reçoivent de nombreux vacanciers, alors que, traditionnellement, les seuls bains de détente étaient les rivières ou les sources chaudes des stations thermales et des hôtels. Les parcs nationaux, créés dès le début du siècle, occupent 10% du territoire et sont bien répartis sur l'ensemble du pays, incluant les plus beaux sites ruraux, montagneux et maritimes, y compris les petites îles perdues dans l'océan Pacifique.

## Les parcs de loisirs

**En raison** de leur succès populaire, certains parcs de loisirs prennent des allures parfois déroutantes, vus de l'extérieur. Pour les clients, ces

parcs offrent tout ce qui permet de se détendre en famille de façons très diverses, même si certains jours, il faut faire la queue de longues heures.
Les centres familiaux ou d'amusement sont des parcs de distraction imaginés à partir des foires et parcs américains ou européens, mais installés en permanence dans les villes (Korakuen de Tokyo) ou à proximité des sites touristiques (mont Fuji, Nara, Miyajima, etc.). Certains parcs ont rapidement fait faillite, mais Tokyo Disneyland, ouvert en 1983 à l'est de Tokyo, a reçu plus de 13 millions de visiteurs en 1988, environ 50 millions depuis sa création. Les touristes de l'Asie du Sud-Est représentent un bon dixième des entrées. La dépense moyenne par personne est de 350F, ce qui représente pour une famille de quatre personnes près de 1 500F. Le succès de Disneyland correspond au goût des Japonais pour les rêves, la détente et la propreté.
En raison des craintes américaines, et comme pour le projet français, le financement a entièrement été pris en charge par les banques du pays (22 établissements, 5 milliards de francs en 1981). La réalisation a été rapide: deux ans, équipements d'accès compris.
Devant ce succès, d'autres projets sont en cours d'élaboration. De nombreux parcs d'attraction s'ouvrent ou se transforment dans le pays, notamment des centres mettant en scène la vie du passé, comme le Centre de la vie de l'époque Edo à Tokyo, ouvert en 1990 et le Japan Village, près de l'aéroport de Narita. Un Holland Village a été construit près de Nagasaki. Très visité, il a été réalisé avec des objets d'époque, tout comme Little World, près de Nagoya, et le village Meiji Mura, où se trouvent de vraies maisons anciennes reconstruites après déplacement. Une douzaine d'autres projets sont en cours de réalisation, à Kobé, Osaka et aux environs de Tokyo.
Les parcs d'attraction nouveaux font appel aux technologies de pointe: robots, effets sonores et visuels, attractions électroniques, tout est fait pour fidéliser les visiteurs. Les retombées économiques sont importantes: autour de Disneyland ont été construits 2 500 chambres d'hôtels, de nombreux restaurants et commerces, des usines de souvenirs, des salles de conférences, un port de plaisance doublé d'un aquarium géant, le Marine World, et même le nouvel opéra de la télévision nationale NHK.
Les parcs permettent aussi d'assurer en douceur les reconversions industrielles: le Cosmo World, créé par Nippon Steel à Kita-Kyushu, a été construit sur le site de son aciérie restructurée.
Projets franco-japonais: le Club Med, associé à Seibu Saison et Nippon Life, va doubler ses capacités d'accueil au village de ski de Sahoro, en Hokkaido; par ailleurs, dans l'île Miyako (Okinawa), l'architecte de Port Grimaud, François Spoerry, va réaliser un village lacustre.

# La tradition renouvelée

*Peu de pays ont pu aussi bien que le Japon prolonger de très anciennes traditions dans le contexte de la modernité. Les Japonais ont su adapter les influences extérieures et les intégrer dans leur culture. Ainsi en fut-il au VIe siècle de la culture chinoise et au XIXe siècle de la culture occidentale.*
*Malgré son isolement, le Japon a pu regarder le monde avec curiosité et intérêt, et ceci pourrait expliquer en partie les succcès récents dans les domaines de la technologie, de l'économie et des arts.*

## Lire, c'est libre

**Le secteur éditorial.** Une centaine de nouveaux titres paraissent chaque jour, ouvrages japonais et traductions, montrant l'intérêt des lecteurs japonais pour l'actualité mondiale. Les publications à caractère scientifique sont nombreuses; les sciences humaines arrivent en tête, puis la littérature et les publications techniques.

L'édition japonaise comprend le secteur du livre (40%) et celui des périodiques (60%), notamment les bandes dessinées tirées chaque semaine à des millions d'exemplaires. Certains groupes de presse et de télévision, y compris la télévision nationale NHK, ont une activité éditoriale importante. Les cinq grands de l'édition (Kodansha, Shueisha, Iwanami, Shogakkan et Gakken) occupent la moitié du marché, mais les petits éditeurs restent très nombreux.

L'édition actuelle comprend des livres de grand luxe, souvent présentés en coffret et atteignant des prix étonnants, des traductions des succès étrangers, toujours très rapidement mises en vente, les livres de poche, très bon marché. Les librairies d'occasion sont très nombreuses et souvent très importantes: voir le quartier Kanda-Jimbocho à Tokyo.

La distribution est assurée pour plus de la moitié par les sociétés Tohan et Nippan. Les librairies, comme Maruzen et Kinokuniya, ont souvent de nombreuses succursales dans une centaine de villes. Ces librairies disposent leurs rayons spécialisés sur plusieurs étages, et l'on y trouve souvent un petit salon de thé.

De nouveaux types de librairies et de magasins ont été récemment installés le long des routes, à proximité des agglomérations. Ce sont souvent des «Video and Books Center», ouverts tard le soir, de manière à ce qu'on s'y arrête en rentrant du travail. La consultation des livres est libre, voire encouragée, le service des commandes efficace et bien documenté. On peut aussi commander directement chez les éditeurs: le livre et la monnaie vous reviennent par retour du courrier.

**La fièvre des prix.** Les prix littéraires sont aussi des moyens de promouvoir la littérature, surtout les romans; on compte environ 150 prix, dont les plus célèbres garantissent le succès des candidats récompensés et souvent leur traduction à l'étranger, comme Abe Kobo, Inoue Yasushi, Oe Kenzaburo ou Nakagami Kenji. Les deux plus grands prix sont le prix Akutagawa et le prix Naoki, créés il y a plus d'un demi-siècle, à l'époque de la grande diffusion populaire des romans. Depuis, les succès étrangers dépassent souvent au Japon leur tirage d'origine.

**La presse et les quotidiens.** 120 millions de Japonais lisent chaque jour plus de 60 millions de journaux. Sur 154 grands quotidiens nationaux et régionaux à faible connotation politique, cinq grands noms dominent: le *Yomiuri* (14 millions d'exemplaires), l'*Asahi* (12 millions), le *Mainichi* (6,5 millions), le *Nihon Keizai* (3,6 millions, journal économique) et le *Nihon Sankei*.

Le Japon compte 32 millions de foyers qui reçoivent souvent les éditions du matin et du soir ou une édition nationale en plus d'une édition régionale. Cinq journaux en anglais, dont certains furent fondés à l'époque Meiji, diffusent un peu plus de 100 000 exemplaires. Parmi eux, le *Japan Times*, publié par le ministère des Affaires étrangères depuis 1894, le *Mainichi Daily News*, le *Daily Yomiuri* et l'*Asahi Evening News*. La moitié environ de ces journaux est lue par la communauté étrangère vivant au Japon, l'autre moitié par les hommes d'affaires japonais désireux d'approfondir leur connaissance en anglais.

Avec les communications par satellites, les quotidiens japonais sont imprimés en Europe et en Amérique (coût de l'abonnement annuel: 8 000F). De même, quelques hebdomadaires américains, *Newsweek* notamment, sont imprimés au Japon et diffusés en Asie par satellites.

On peut estimer à environ 3 000 le nombre moyen des revues et publications périodiques. Cela comprend les éditions japonaises des grands magazines étrangers, notamment dans la mode, la décoration ou les arts... De France: *Elle*, *Marie-Claire*, *Cent Idées* et *Madame Figaro*.

La presse hebdomadaire ou mensuelle est spécialisée: actualité politique, économique ou sportive. Les publications à grands tirages mettent l'accent sur les scandales politiques, la vie privée des vedettes... l'argent et l'érotisme mêlant, souvent dans la même vulgarité, les événements purement japonais et les nouvelles venant de l'étranger.

**Les bandes dessinées.** Les bandes dessinées représentent un important marché et font partie de l'éducation de la jeunesse. *Shonen Jump (Le Saut de la jeunesse)*, hebdomadaire d'une centaine de pages, vient en tête: chaque numéro tire à plus de 4 millions d'exemplaires.

Les bandes dessinées utilisent avant tout du papier de recyclage de qualité médiocre. Néanmoins, depuis quelques années, la qualité de la présentation s'améliore, et des pages en couleur sur papier glacé apportent un peu plus d'attrait aux lecteurs et lectrices. L'humour, le rêve, l'amitié et la vie sociale sont les thèmes dominants des revues publiées pour les plus jeunes. La violence, la vulgarité et la sexualité, présentées ouvertement comme une sorte d'exorcisme ou comme réceptacle des fantasmes de la jeunesse, contribuent, selon les Japonais, à une meilleure connaissance du psychisme, et non à l'explosion de l'agressivité. Pour ces raisons, ces publications sont considérées comme utiles. Elles sont peu connues encore à l'étranger, ou souvent difficiles à traduire en raison du contexte particulier du Japon; les rares étrangers qui en ont pris connaissance émettent en général un jugement négatif compréhensible.

**Les secrets de l'économie japonaise en bandes dessinées.** Les bandes dessinées passionnent les Japonais, y compris les hommes d'affaires. Au Japon, où la lecture est fortement recommandée dans les entreprises, les bandes dessinées sur des sujets d'économie ont droit à une considération particulière. *Les Secrets de l'économie japonaise en bandes dessinées*, traduits par Albin Michel en 1989, ont été publiés d'abord en anglais par le journal économique *Nihon Keizai*, en collaboration avec l'université de Californie, sous le titre *Japanese Inc. (Japon, S.A.)*. Best-seller aux Etats-Unis, sa traduction française n'a pas eu le même succès. L'information et l'humour étaient pourtant présents dans ces images, un peu naïves mais très réalistes, de la société japonaise actuelle.

## Langage, écriture et prononciation

**Les mots pour le dire.** La langue japonaise officielle est parlée sur l'ensemble du territoire et il existe des dialectes ou des accents locaux. L'écriture comprend des idéogrammes chinois et deux alphabets (ou syllabaires). L'alphabet et les chiffres arabes sont utilisés dans l'enseignement pour les cours scientifiques et les langues étrangères. L'alphabet et les chiffres sont enseignés en anglais, ce qui permet de communiquer avec la plupart des Japonais, surtout avec les plus jeunes.

Les idéogrammes chinois sont généralement prononcés suivant deux lectures: la première est tirée de la prononciation chinoise d'origine, la seconde est la prononciation japonaise du mot japonais de même sens que l'idéogramme chinois.

Exemple: montagne se dit «*yama*» en japonais et «*shan*» en chinois, qu'on prononce «*san*». On peut donc dire «*Fuji-yama*» ou «*Fuji-san*» pour désigner le mont Fuji. De même, *Kamikaze*, le vent des dieux, se prononce en japonais «*kamikazé*» (Dieux, vent) et en japonais lu à la chinoise, «*shinpu*», selon la lecture enseignée dans les écoles.

On peut prendre également l'exemple de «*harakiri*», qui se dit plus souvent «*seppuku*»; la prononciation japonaise «*harakiri*» est souvent donnée par les Japonais pour essayer de mieux se faire comprendre des étrangers.

**Idéogrammes et syllabaires**. Les Japonais apprennent à l'école les deux prononciations transcrites dans les alphabets-syllabaires, les *kana*. Un texte japonais (journal, livre ou lettre) peut contenir cinq types d'écriture: les idéogrammes, les deux syllabaires, des lettres alphabétiques et des chiffres arabes (les chiffres traditionnels faisant partie des idéogrammes).

Les idéogrammes chinois *(kanji)* ont été introduits au Japon au cours du VIe siècle, grâce aux textes chinois sur le bouddhisme, le confucianisme et le taoïsme offerts par la Corée à l'empereur du Japon. L'écriture et la calligraphie au pinceau, la poésie et l'enseignement en général ont toujours été très bien considérés par la majorité de la population japonaise. La difficulté de l'écriture est compensée par l'impact visuel de l'attrait graphique des idéogrammes et la richesse de leurs combinaisons.

Tout Japonais sortant de l'école connaît au moins 2 000 idéogrammes dits d'usage courant, chacun ayant au moins deux prononciations, deux séries de syllabaires de 49 signes (*hiragana* et *katakana*), l'alphabet latin (*romaji*) et les chiffres arabes. Les 2 000 idéogrammes ont souvent plus de deux prononciations et se combinent par deux ou plusieurs pour former des mots. Par conséquent, on peut dire que chaque Japonais possède au moins un vocabulaire de 5 000 mots. Puisque 98% des jeunes Japonais vont à l'école jusqu'à 18 ans, deux ans de plus que la scolarité obligatoire, on peut estimer les connaissances de base à 10 000 mots ou concepts. Les idéogrammes japonais sont souvent légèrement simplifiés par rapport aux idéogrammes du chinois classique, mais beaucoup moins que ceux en usage en Chine populaire, simplifiés en 1949. Les Japonais et les Chinois peuvent donc mieux communiquer en écrivant qu'en parlant.

**Idéogrammes informatisés**. Depuis 1985, le traitement de textes (wapuro: de *word processor*) connaît au Japon un boom extraordinaire. Pour 1 000F environ, on trouve une machine à écrire à disquettes, avec clavier de type occidental, écrivant en japonais. Un système de conversion permet de taper le mot avec notre alphabet ou avec le syllabaire japonais (chaque touche du clavier comporte au moins trois signes) et de voir apparaître les idéogrammes correspondant à cette transcription: il suffit d'appuyer sur une touche pour choisir parmi ceux qui défilent l'idéogramme souhaité (il y en a environ 8 000 en mémoire).

Ces traitements de textes à faible encombrement ont révolutionné le travail des étudiants, des écrivains et des compagnies: finis les manuscrits indéchiffrables, plus besoin de faire appel à un professionnel pour la frappe ou l'impression. Avec leur clavier de 3 000 caractères, les machines à écrire traditionnelles ou les télétypes nécessitaient bien sûr la manipulation d'un professionnel, sans parler de leur coût et de leur taille.

Si vous pensez vous procurer ce genre de machine, n'oubliez pas que la notice explicative est rédigée en japonais.

## L'audio-visuel : un secteur important

**La télévision**. Le téléspectateur japonais dispose actuellement de 17 grandes chaînes de télévision. Deux chaînes nationales *(NHK)* couvrent tout le territoire. Les autres chaînes, privées, sont liées aux groupes de presse et aux radios. En moyenne, chaque foyer peut capter six à dix chaînes, y compris les réseaux câblés locaux, de 6h du matin jusque tard dans la nuit, 1 ou 2h. Certaines chaînes émettent 24 heures sur 24 (*Fuji, TBS, NTV* et *Asahi*).

Les deux chaînes nationales (*NHK* et *NHK Education*), financées par la redevance et sans publicité, offrent des programmes de bonne qualité: *NHK* propose des reportages sur le monde entier et sur la culture japonaise. Depuis 1989, les journaux d'information des grandes télévisions étrangères sont diffusés avec sous-titrage après les informations du soir (pour la France, journal de 13h d'*Antenne 2*). La chaîne éducative propose dans la journée des émissions liées aux programmes scolaires et regardées dans les écoles et les jardins d'enfants (pédagogie, jeux et chants). Le matin, le soir et aux heures de grande écoute, on peut suivre des cours de langues étrangères (anglais, allemand, français, chinois...), des cours pratiques divers (artisanat, peinture, cuisine, informatique, etc.) et des cours de culture générale donnés par des professeurs d'université.

Toutes les chaînes proposent de nombreux feuilletons (appelés «*drama*») très suivis, et programmés plusieurs fois dans la même journée: sous couvert d'intrigues amoureuses ou de drames historiques, ces séries présentent de manière réaliste tous les aspects et problèmes de la société japonaise. Le grand drame historique proposé par la *NHK* en 1991 fut une adaptation du *Taiheiki,* chronique écrite vers 1375 détaillant les faits héroïques et les trahisons qui ont accompagné la période des Cours du Nord et du Sud, dans le Japon du XIVe siècle, régi par deux empereurs. Les films de samuraïs, les policiers, les films étrangers, les transmissions de rencontres de base-ball et de sumo, les très nombreux jeux et émissions de variété constituent le menu quotidien.

Pourtant, ce sont les documentaires sur l'actualité brûlante qui attirent la majorité des téléspectateurs: selon un récent sondage, entre 30 et 50 ans, on regarde la télévision pour savoir ce qui se passe dans le monde, alors qu'entre 16 et 34 ans, on considère la télévision comme un simple divertissement.

A partir de 40 ans, la principale motivation du téléspectateur japonais est de se cultiver.

**Le cinéma.** La plupart des grands cinéastes japonais sont autant connus à l'étranger qu'au Japon: Ozu, entré dans le monde du cinéma dès les années 30, Mizoguchi, Kinugasa, Kurosawa, Oshima ou Naruse. Leurs films ne sont visibles au Japon qu'en cinémathèques ou dans les ciné-clubs. On sait aussi que Kurosawa et Oshima ne tournent plus avec des capitaux japonais: depuis la période bénie des années 50, et suite à l'arrivée de la télévision dans les foyers, le cinéma a connu une chute brutale du nombre de spectateurs.

Actuellement, les critères de production et de financement des films sont d'abord commerciaux: les producteurs sont le plus souvent les télévisions ou les éditeurs. Les deux grandes compagnies qui survivent sont la Nikkatsu (orientée vers les films pornographiques) et la Shochiku, qui bat des records d'audience et de popularité avec les comédies en série *Otoko wa tsurai yo* (C'est dur d'être un homme), dont le héros, Torasan, est extrêmement populaire.

La production japonaise comporte également le genre traditionnel de capes et d'épées.

**Dessins animés.** A cause de la télévision, le Japon est devenu le premier producteur de dessins animés, avec 1 500 épisodes de 26 minutes, contre 900 aux Etats-Unis, et bien peu ailleurs. Sur l'ensemble des chaînes, 45 heures hebdomadaires sont diffusées, entre 6 et 21h. Les enfants japonais adorent la petite Sazae-san, une des plus anciennes séries, les séries de capes et d'épée occidentales ou japonaises et les adaptations d'histoires d'enfants du monde entier, dont *Sans famille* et *Tom Sawyer*.

Les nombreuses séries de robots et de monstres, rapidement achetées et diffusées dans le monde entier en raison de leur faible coût, laissent peu à peu la place à des histoires plus intelligentes, plus sensibles ou plus pédagogiques. C'est ainsi qu'on peut voir, par exemple, les épisodes de la jeunesse du moine Ikkyu, *Tonari no Totoro*, l'histoire d'une famille s'installant à la campagne, «*Joly*» le chien des Pyrénées, ou la série *Heidi* évoquant la vie difficile dans les montagnes enneigées. Programmées sur nos écrans, ces séries sont de véritables portes ouvertes sur le merveilleux.

**Salles de cinéma.** Les grands cinémas fonctionnent par séances d'un film (1 500-2 000 yen), mais beaucoup de salles proposent trois films d'affilée pour le prix d'un, et les ciné-clubs sont nombreux. Pour les nouveaux films, il est conseillé d'acheter son billet à l'avance, surtout les samedi et dimanche: ces jours-là, les derniers arrivés peuvent payer pour une place debout!

## Art : tendances et collections

**Trésors nationaux vivants.** Sous une dénomination rendue curieuse par la traduction, les plus grands artistes des arts traditionnels sont honorés depuis 1950 par le ministère de l'Education nationale. Leur nombre est en principe limité à 70.

Actuellement, 37 personnalités parmi les plus habiles artistes de théâtre (nô, kyogen, kabuki), des marionnettes (bunraku), de la danse et de l'artisanat d'art (poterie, objets en bambou, poupées, papier à l'ancienne, teinture, ébénisterie et laques, travail du métal et forge des sabres) bénéficient de cet honneur.

Ces artistes sont soutenus et pensionnés par une institution comparable à notre académie des Beaux-Arts, et doivent perpétuer la tradition en formant des disciples et en faisant connaître leurs techniques. La moyenne d'âge des Trésors nationaux est de 78 ans.

De par leur activité, certains vivent dans les coins les plus reculés du pays, sur les lieux propres à la qualité de leur production (papier, poterie, métallurgie, bambou). La pension annuelle permet les recherches et la transmission du savoir-faire. Les Trésors nationaux jouissent d'une très bonne image auprès du grand public et leur reconnaissance officielle leur permet d'exprimer librement leur créativité, dans le cadre de leur spécialité.

**Biens culturels.** Les monuments historiques et les trésors nationaux sont classés sous le registre «importantes propriétés culturelles» par l'agence des Affaires culturelles du ministère de l'Education. Les constructions ou les objets appartiennent à l'Etat, aux temples ou à des collections privées. Des expositions fréquentes permettent au public japonais de retrouver les objets que de nombreux reportages ou ouvrages leur ont fait voir.

**Le marché de l'art.** Le marché japonais de l'art, essentiellement aux mains des sociétés nippones, représente 12 milliards de francs en 1989, soit environ la moitié des transactions mondiales. Les records de prix se sont succédés (*Les Tournesols* et *Le Portrait du docteur Gachet*, de Vincent Van Gogh, *Au moulin de la Galette*, d'Auguste Renoir) jusqu'en 1990. Les ventes de tableaux et d'antiquités se font par satellites, et Sotheby's a réalisé sa première vente à Tokyo en 1989. Souvent, les intermédiaires cachent pendant longtemps le nom de leur client. La grosse majorité des achats provient des musées privés ou des groupes financiers, désireux d'améliorer leur image de marque, et parfois leurs bénéfices, en investissant dans l'art. Même si les achats nippons sont importants, les collections ne sont pas encore comparables à celles de l'Occident.

**Les beaux-arts.** A l'époque Meiji, lorsque le Japon a repris contact avec l'étranger après presque trois cents ans de repli, l'art occidental, européen surtout, a bouleversé le monde de la peinture et réveillé celui de la sculpture. Le mot beaux-arts a suscité un néologisme *(bijutsu)*, qui fait désormais partie du vocabulaire courant.

Des écoles du même nom ont été créées, et les artistes envoyés en mission de travail à l'étranger, bien souvent en France. La peinture s'est alors scindée en deux grands genres: le style occidental *(yôga)* et le style japonais *(nihonga)*. Le premier est synonyme de peinture à l'huile. Le second conjugue un mouvement de retour aux traditions picturales et aux techniques délicates du travail des pigments naturels, broyés et mélangés à de la colle puis appliqués en couches superposées.

Jusqu'à la deuxième guerre, la peinture de style occidental est très influencée par les divers mouvements européens: l'académisme de la fin du XIXe siècle, l'impressionnisme, avec une prédilection pour Renoir, le fauvisme, le cubisme un peu, le futurisme, puis dada et le surréalisme. Cette production, souvent décriée par les Occidentaux, a offert des œuvres intéressantes, que seul un voyage au Japon permet de voir (par exemple au musée des Arts occidentaux de Tokyo et au musée Ohara de Kurashiki, pour sa collection japonaise).

**La peinture japonaise.** La peinture de style japonais ne se cantonne pas aux thèmes traditionnels (fleurs et animaux, légendes ou personnages historiques) mais a introduit les scènes de genre, les paysages nippons ou étrangers et parfois le nu. Les musées privés, dont l'origine est bien souvent la collection d'un amateur d'art, ont tendance à privilégier un ou deux peintres (par exemple, le musée Yamatane de Tokyo, qui possède un magnifique ensemble des œuvres d'Okumura Togyu, mort à 101 ans en 1990, très représentatif de «*nihonga*»), mais aussi un nombre important de peintures des grands maîtres de ce siècle comme Kawai Gyokudo, Hayami Gyoshu ou Murakami Kagaku.

L'après-guerre a connu un bouillonnement d'idées et de formes nouvelles, parallèlement à la multiplication des échanges avec l'Europe et les Etats-Unis. Le groupe Gutai d'Osaka a produit les premiers happenings du monde, alors que le High Red Center menait des actions de contestation et le Mono-ha essayait de retrouver la cohésion entre l'homme et la nature. En peinture, plus précisément, si l'informel et l'école de Paris dominent encore dans les années 60, par la suite, les artistes japonais ont participé aux grandes manifestations internationales: l'art conceptuel de Kawara On, les travaux de Saito Yoshishige, Kuroda Aki ou Noda Hiroji sont connus dans le monde entier.

**La sculpture.** Hormis la statuaire bouddhique, la sculpture commémorative ou décorative, telle que nous la connaissons en Occident, n'existait pas au Japon jusqu'à la fin du XIXe siècle. Le début du XXe siècle a été marqué par l'énorme influence qu'a eue Rodin, par exemple sur Takamura Kotaro. C'est surtout depuis les années 60 qu'une sculpture plus libre, usant de tous les matériaux (entre autres de la tradition potière) et portant ses recherches sur l'intégration à l'environnement urbain, s'est développée avec Yagi Kazuo, Tsuji Shindo, Sato Satoshi, Sekine Nobuo ou Kusama Yayoi, pour n'en citer que quelques-uns.

**La calligraphie.** La calligraphie dite d'avant-garde a explosé elle aussi après la guerre, puisant aux sources de l'écriture et de l'homme en exprimant l'énergie vitale dans des signes qui repoussent les limites de l'art calligraphique. Morita Shiryu, Inoue, Yuichi, Shinoda Toko, Okabe Sofu ou Ogawa Gaboku représentent divers aspects de ce nouveau genre calligraphique.

**Les musées et les galeries.** On peut voir les œuvres d'art dans les musées nationaux, préfectoraux, municipaux ou privés, dans les collections permanentes ou lors d'expositions thématiques. Le Japon compte plus de 350 musées d'art ou d'archéologie. Les expositions temporaires d'art occidental sont nombreuses et de qualité. Pour les grandes expositions, il est possible d'acheter son billet à l'avance: la réduction est de 100 yen et l'on évite de faire la queue. Le prix moyen d'un billet d'entrée est de 600 yen (24F). Attention, le dernier jour, l'horaire habituel est écourté d'une ou deux heures. Les nombreuses galeries exposent aussi bien l'art traditionnel que l'art contemporain, pour une courte durée (une semaine ou moins). Les centres culturels des villes, des chaînes de télévision et des grands journaux (qui sponsorisent les expositions des musées nationaux depuis longtemps) accueillent également diverses manifestations artistiques, de même que les grands magasins, le plus souvent au dernier étage.

Par ailleurs, le musée pour aveugles fête cette année sa sixième année d'existence. Créé par la famille Murayama dans le quartier de Shibuya à Tokyo, ce musée organise des expositions de sculpture où les enfants non-voyants peuvent toucher les sculptures, même lorsqu'il s'agit d'œuvres de grands artistes comme Rodin, Giacometti ou Picasso. Certaines expositions voyagent à travers le Japon.

**Les arts populaires.** Le mouvement pour les arts populaires (Mingei), conduit par Yanagi Soetsu dès les années 20, a largement contribué à la réappréciation des objets d'usage quotidien dans leur beauté et la qualité des techniques mises en œuvre. Poteries, vanneries de bambou, tissages, laques, masques de fêtes, peintures votives, etc., évoquent les aspects de la vie populaire de toutes les régions du Japon. Parallèlement, ce mouvement a suscité un renouveau de la production dite artisanale, qui compte des créateurs de grand talent. Les étoffes de Serizawa Keisuke, les poteries de Kawai Kanjiro ou les gravures sur bois de Munakata Shiko ont fait école.

**Bonsaï!** Les «plantes en pot» ont un long passé mais jouissent aujourd'hui d'un renouveau d'intérêt. On cite l'exposition d'Osaka, en 1970, comme début de cette nouvelle passion qui déferle à travers le monde. Le village des Bonsaï *(Bonsaï mura)*, à Omiya au nord de Tokyo, est une sorte de musée où l'on peut voir 100 000 plantes en pots, dans les nombreuses pépinières, ouvertes au public (et aux acheteurs).

## Une grande tradition théâtrale

**Le théâtre Nô**. Le Nô était l'art théâtral de la noblesse militaire des XIVe et XVe siècles, imprégnée de la philosophie du zen, d'où la dignité austère de ses chants monotones et la lenteur presque surnaturelle de son rythme. Néanmoins, le Nô tire ses origines des distractions et des rituels campagnards, humble théâtre coloré et tapageur, d'où l'éclat de ses costumes de brocard et la surprenante impétuosité de ses danses.

Il n'y a pas d'intrigue proprement dite dans les pièces de Nô. Le sujet dramatique est en fait la révélation de l'identité de l'acteur principal, qui apparaît d'abord sous les traits d'un personnage du peuple. C'est à l'apogée de la pièce, lors de sa transformation au cours de la danse «*kusemai*», que ce personnage revit son passé. L'atmosphère de profond mystère *(yugen)* qui caractérise le Nô est due à la sobre puissance d'interprétation, à l'austérité du décor (seuls quelques rares objets symbolisent le lieu ou l'action) et à la pureté des masques qui recouvrent les visages.

**Le théâtre kabuki.** Avec ses décors tapageurs et changeants, ses nombreux acteurs aux costumes colorés et le dynamisme de l'action, le théâtre kabuki est beaucoup plus populaire que l'aristocratique Nô. Destiné depuis ses débuts aux commerçants et au peuple, c'est avant tout un spectacle captivant.

Le répertoire comporte d'ailleurs les mêmes sujets que le Nô, ou bien encore des pièces adaptées du théâtre de marionnettes, le bunraku. En matinée ou en soirée, un spectacle de kabuki comporte trois ou quatre pièces.

**Le théâtre de marionnettes.** Dans le théâtre de marionnettes bunraku, art vieux de plus de trois siècles, l'action et les émotions sont «interprétées» par des poupées maniées à la main. Trois hommes, visibles mais vêtus de noir, sont chargés de la manipulation d'une seule poupée, dont le poids est de 20 kg: un pour le corps et la main droite, un pour la main gauche et le troisième pour les pieds. Leur parfaite coordination, la maîtrise du rendu dramatique de l'action et des émotions insufflent aux poupées une vie telle qu'on croit voir des personnages réels.

Cependant, les poupées ne peuvent s'animer vraiment sans la voix du récitant assis à la droite du public, héritier des moines aveugles qui contaient les épopées médiévales. Son texte chanté expose les faits dramatiques et les sentiments, de même que les dialogues, pour lesquels il doit sans cesse changer d'intonation: c'est un spectacle à lui tout seul par ses mimiques, grimaces et mouvements.

Ces émotions sont accompagnées et exacerbées par les variations musicales du joueur de *shamisen,* qui doit également faire en sorte que la musique, la narration, les manieurs de poupées et les poupées elles-mêmes forment un tout harmonieux et ordonné.

Le répertoire doit beaucoup au grand dramaturge Chikamatsu Monzaemon (1653-1724), auteur de nombreux mélodrames dans lesquels les héros sont partagés entre amour et devoir. Le bunraku contemporain est subventionné par le gouvernement à titre d'art traditionnel.

On peut assister à des spectacles de bunraku à Osaka et à Tokyo.

**Le théâtre moderne.** Les thèmes politiques (guerres sino- et russo-japonaises), la présence de femmes parmi les acteurs et une tentative de jeu réaliste caractérisent, à ses débuts, le *shimpa* (nouvelle école), apparu vers 1880. Ensuite, le *shimpa* a conservé sa popularité avec des mélodrames mettant en scène le monde des geishas, ou des adaptations de pièces occidentales, le tout fortement imprégné des manières du kabuki. L'autre grand courant théâtral, né lui aussi au tournant du siècle, est le *shingeki* (nouveau théâtre), dont le but était de donner au Japon un nouvel art théâtral, entièrement redevable aux conceptions et aux auteurs occidentaux. Ibsen, Tchekov furent beaucoup joués dans les années 20 et 30, le shingeki étant d'ailleurs considéré comme un théâtre d'intellectuels. L'après-guerre fut dominé par trois troupes: la troupe Shiki, qui présenta entre autres des pièces d'Anouilh et Giraudoux, le Haiyuza, qui offre des spectacles classiques occidentaux ou japonais, ainsi que le Bungakuza.

Le théâtre d'avant-garde, ou expérimental, s'est développé au cours des années 60. Il est bien représenté par de nombreuses petites troupes qui, à la suite de Terayama Shûji et de sa troupe Tenjo Sajiki, réalisent dans des créations originales une synthèse entre la tradition culturelle japonaise et le théâtre occidental. Kara Jûro et son théâtre de l'errance, installé sous une tente rouge, reste la figure dominante dans ce domaine.

Les festivals de théâtre se multiplient depuis quelques années. Entre autres, le Mitsui Festival Tokyo, patronné par le grand groupe Mitsui et dirigé par Suzuki Tadashi, et le Tokyo International Theatre Festival, né en 1988, qui a présenté, en novembre 1990, cinquante pièces japonaises et étrangères dans 20 théâtres de la ville (dont le Tokyo Geijutsu Gekijo, situé à Ikebukuro, inauguré en octobre 1990).

## L'importance de la danse

**La danse traditionnelle**. Les fêtes rituelles (repiquage du riz par exemple), les fêtes folkloriques ou religieuses (fêtes du Bon pour la célébration des morts) sont accompagnées de danses. La danse joue un rôle essentiel dans la mythologie japonaise. A la cour, dès le VIIe siècle, on interprétait des danses circulaires provenant d'Asie centrale et de Corée: c'est le *bugaku*, danse de cour à la chorégraphie lente et symétrique, que l'on peut voir pendant les fêtes annuelles.

La danse classique japonaise *(nihon buyo)* insiste sur mouvements de tête et jeux d'éventail.

Les danses présentées aux touristes à Kyoto sont les danses de geisha, colorées et «exotiques»; elles ne possèdent cependant ni l'enthousiasme des danses de fête ni la sobriété de la danse traditionnelle.

**Le buto, danse d'avant-garde.** Dans le buto, il n'y a ni livret, ni scénario, ni chorégraphie. L'inattendu est roi. Les danseurs peuvent être complètement nus, visages et corps peints de blanc. Epaules voutées, corps déformés, mouvements au ras du sol répétés avec lenteur expriment la douleur de vivre, non sans humour cependant, dans des spectacles comparables à des «happenings».

Les grands noms du buto sont Tanaka Min, qui joue presque toujours nu, Kazuo Ohno, qui danse encore à 78 ans, Tatusmi Hijikata, fondateur du «Buto des ténêbres» et Carlotta Ikeda. La troupe Sankai Juku se produit beaucoup à l'étranger. Masaki Iwano, qui danse en solo, a pour caractéristique l'impressionnante lenteur de ses spectacles. Voir les performances à l'étranger est plus facile qu'au Japon: les théâtres qui présentent du buto sont petits.

## L'empire des sons

Les Japonais sont de grand amateurs de musique, traditionnelle ou contemporaine, orientale ou occidentale, et ce n'est pas un hasard si le *walkman* est une de leurs inventions.

**La musique traditionnelle.** Elle doit beaucoup aux instruments empruntés au continent asiatique. La musique la plus ancienne, issue de la Chine, peut encore s'écouter lors des concerts de «*gagaku*» (musique de cour) mettant en œuvre une quinzaine d'instruments (luth, appelé *biwa*, flûte, ou longue cithare appelée *koto*). Le *shamisen,* en vogue depuis le XVIIe siècle, la flûte traversière et les tambours *(taiko)* accompagnent la narration dans le théâtre Nô, le kabuki et le théâtre de marionnettes, où ils jouent un rôle essentiel.

Les nombreuses fêtes populaires liées au Shinto réunissent tambours, cloches et flûtes. Les concerts de tambours donnés par les musiciens de l'île Sado sont célèbres dans le monde entier.

La musique japonaise (*hôgaku*) associe le koto, le biwa, le *shamisen* et le *shakuhachi* (flûte droite en bambou).

Le koto, joué souvent en concert, était l'instrument aristocratique par excellence. Nôguchi Mieko, Yoshimura Nanae ou Mitsuhashi Kifu sont les grands artistes actuels, qui jouent en solo ou en duo.

Le *shamisen,* guitare à trois cordes, joué au Japon avec un plectre de luth, était populaire et a longtemps été connu comme l'attribut des geishas. Il a conquis ses lettres de noblesse, par exemple avec l'artiste Takahashi Chikuzan, qui, à 80 ans, a fait salle comble au célèbre théâtre Jean-Jean de Shibuya avec des concerts en solo.

**La musique classique occidentale.** Depuis l'époque Meiji, les Japonais se sont pris de passion pour la musique occidentale. Le piano a désormais remplacé le koto dans l'éducation des jeunes filles et M. Suzuki est connu dans le monde entier pour sa méthode d'enseignement du violon aux tout-petits.

On compte neuf orchestres symphoniques à Tokyo (dont l'orchestre philharmonique, créé en 1915) et six grands conservatoires de musique et de chant.

Les artistes occidentaux, solistes ou chefs d'orchestre, sont adulés par un large public et leurs disques occupent d'immenses rayons dans les magasins. Certains cafés proposent des discothèques de musique classique à leur clients.

Le chef d'orchestre Ozawa Seiji est mondialement connu, de même que le compositeur Takemitsu Toru. Depuis 1984, Tokyo héberge un grand festival de musique.

**Le jazz.** Le jazz japonais existe et sa qualité est reconnue tant aux Etats-Unis qu'en France. Les clubs et cafés sont nombreux, surtout dans les grandes villes (200 à Tokyo, dont 30 proposent des concerts *live*), et chaque université compte souvent un groupe d'amateurs. Il y a deux grands festivals de jazz en été: en juillet, le Select Live Under the Sky à Tokyo et en août, le Mount Fuji Jazz Festival.

**Le rock.** Comme dans tous les pays du monde, le rock tient une grande place au Japon. Entre autres chanteurs de rock, on trouve Yazawa Eikichi, Fukuyama Masaharu, Kijima Hiroshi et, par exemple, le groupe The Blue Hearts. Ces quatre jeunes gens font une musique pleine d'énergie et de vitalité. Ils remplissent sans peine les grandes salles du Budokan ou de la piscine olympique de Yoyogi.

**La chanson.** *Sakura* (Les Cerisiers) et *Aka tombo* (La Libellule rouge) sont deux mélodies populaires connues de tous les Japonais. On différencie la chanson japonaise, représentée par les «*enka*» très modulés et difficiles pour les oreilles occidentales, et les «*kayo-kyoku*» ou musique de variétés.

Le mot «*shan'son*» est bien connu et les Japonais d'âge mûr vous parleront avec nostalgie de Piaf, Damia ou Cora Vaucaire.

En dehors de la musique pop et du rock, ce sont les variétés qui tiennent le haut du pavé des hit-parades. Les chansons sont interprétées bien souvent par ceux qu'on appelle les «*talento*», des adolescents «fabriqués» par le show-business puis lancés sur les chaînes de télévision. Ces idoles ont entre 13 et 18 ans. Le processus d'identification jouant, les lycéens et lycéennes grossissent les fan-clubs et... leurs recettes. Au cours de leur courte gloire, on les voit partout, comme chanteurs, présentateurs et dans les publicités. L'âge venant, la plupart disparaissent, mais certains deviennent de vrais chanteurs ou acteurs. Par exemple, la chanteuse Yamase Mami est également comédienne, présentatrice d'émissions culinaires et auteur d'une biographie.

Le «*geinokai*» (show-business) et le public chérissent actuellement le groupe Hikaru Genji, Niinuma Kenji, Koizumi Kyoko, Okamura Takako, Nagabuchi Tsuyoshi, Hamada Mari, etc.

**Le karaoke**. Pour tous ceux qui n'ont pu devenir chanteurs, le «*karaoke*» est une superbe invention. Un magnétophone, qui ne diffuse que la mélodie des airs célèbres, est relié à un micro.

Ce système est apparu dans les bars, il y a une bonne dizaine d'années. Après quelques «*mizuwari*» (whisky allongé d'eau), chacun doit pousser sa chansonnette, y compris les étrangers.

Ce type d'équipement remporte aussi un bon succès en Asie du Sud-Est, en Chine, aux Etats-Unis et même à Paris, mais avec une clientèle essentiellement japonaise.

## Les jeux et les sports

**Le pachinko.** A l'origine du *pachinko* (boîte qui fait «pa-chinn») se trouve un jeu pour enfants importé des Etats-Unis: sur une planche en pente, on fait glisser une bille entre des obstacles, suivant le principe du flipper. A la différence de ce qui se fait en France, où chaque café possède une ou plusieurs machines à sous, elles sont concentrées au Japon, dans d'immenses salles à l'architecture très voyante. Ouvertes aussi le soir mais interdites aux mineurs, ces salles peuvent accueillir plusieurs dizaines de personnes.

Le bruit des machines contraste avec le calme des joueurs. Ceux-ci gagnent parfois de grosses sommes, de 1 000 à 10 000F en quelques heures, mais d'autres perdent quelques centaines de francs.

Cette industrie représente 30 milliards de yen et est souvent soupçonnée d'être liée à la mafia. C'est la raison pour laquelle quelques patrons de *pachinko,* désirant prouver l'honnêteté de leur commerce, ont édité un catalogue permettant à leurs clients de passer commande dans les grands magasins.

**Le sumo (lutte japonaise).** Un essayiste a récemment déclaré que la lutte sumo constitue un système de communication élaboré et symbolique qui, par bien des côtés, représente un microcosme de la communication à la japonaise. Mis à part les quelques secondes d'empoignade, les lutteurs obéissent à des rituels bien précis, qui guident chacun de leurs gestes.

L'entraînement est long et dur: les garçons sont admis à l'école de lutte dès l'âge de 13 ans et vivent donc à Ryogoku, qui est le quartier du sumo (au nord-est de Tokyo). Mais les efforts fournis sont parfois trop violents pour un corps si lourd: le monde du sumo a été endeuillé en février 1990 par la mort d'un jeune lutteur de 22 ans. Cet accident, par ailleurs très rare, a suscité une belle controverse.

**Le base-ball.** Introduit au Japon en 1873 par Horace Wilson, professeur américain qui enseignait à l'université de Tokyo, le base-ball est le sport le plus populaire du Japon, avec 2,3 millions de licenciés et 28 millions de pratiquants.

On peut dire sans exagérer que tout Japonais a tenu une batte de base-ball entre ses mains: les enfants s'entraînent à l'école, au lycée ou dans la rue (dans ce cas sans lancer la balle); les adultes pratiquent dans les entreprises.

Les femmes aussi sont concernées: les grands magasins qui sponsorisent une équipe de professionnels proposent des soldes exceptionnels lorsque leur équipe a gagné.

**Le golf.** Le Japon compte 15 millions de golfeurs. Il n'y a pourtant que 1 400 terrains. Il faut donc réserver au moins un mois à l'avance pour jouer sur un terrain public. En fait, on estime à 2% les privilégiés qui jouent régulièrement.

Le terrain de golf est bien souvent considéré comme l'annexe du bureau et ce sont les cadres supérieurs, les grands patrons et les hommes politiques qui pratiquent le plus. Ils sont affiliés à des clubs dont la carte de membre peut atteindre des prix exorbitants. Pour les meilleurs clubs de Tokyo, c'est-à-dire les plus proches du centre-ville, la cotisation peut atteindre 700 000F pour l'année.

**Le ski.** La ville de Nagano a été choisie pour organiser les Jeux Olympiques d'hiver de 1998. Le ski a été introduit en 1895, et le Japon a participé pour la première fois à une compétition internationale en 1929 à Cortina d'Ampezzo. Pourtant, c'est surtout depuis les Jeux olympiques d'hiver de Sapporo (île d'Hokkaido) que le ski s'est beaucoup développé. Hokkaido (Furano et Niseko), le Tohoku (Tazawako, Zao, Tengendai, Inawashiro) et les Alpes japonaises (Kusatsu-Shirane, Togari, Nôzawa Onsen, Sugadaira Kogen, Happo One) sont les grandes régions de ski.

Japon

1992

# Annuaire pratique

# Fiche pratique

## Avant de partir

AGENCE DE VOYAGES
**Voyageurs au Japon**. 30 rue Sainte-Anne, 75001 Paris, tél. (1) 42 61 60 83, fax (1) 42 60 82 79. Le spécialiste du Japon: équipe franco-japonaise; billets d'avion toutes compagnies à prix charter, hotelpass, railpass, voyages individuels et en petits groupes, voyages d'affaires; informations générales, conférences hebdomadaires, bibliothèque japonaise. Demandez la documentation des tarifs aériens, des voyages et des prestations.

CARTES, PLANS
ET DÉPLIANTS
Les publications de l'Office du tourisme japonais sont les meilleures documents pour choisir les itinéraires et se repérer pendant le voyage.
Se procurer tout d'abord le *Petit Guide du Japon*, donnant toutes les données utiles au voyage: informations pratiques et sites à visiter. Pour ceux qui veulent voyager à bon marché, il faut demander aussi la liste des hôtels à prix modérés et celle des auberges traditionnelles *(ryokan)* économiques: *Hospitable and Economical Japanese Inn Group*. Prospectus dans les auberges de ce groupe et à Kyoto: c/o Hiraiwa Ryokan, Kaminomichi-Ninomiya-cho, Shimogyo-ku, Kyoto 600, tél. (075) 351-6748. Une liste des grands hôtels et des auberges *(ryokan)* de luxe est également disponible.
Demander ensuite:
– la brochure *Japan Travel-phone* (assistance téléphonique gratuite des TIC) comprenant aussi les plans des transports de Tokyo, Kyoto et Osaka;
– la carte touristique du Japon *(tourist map of Japan)*, avec au dos les plans des 10 principales villes du Japon et celui de Nara;
– le plan de Tokyo *(tourist map of Tokyo)*. Plan général de la ville, détail des principaux quartiers, plan des métros et trains;
– la brochure *How to Ride on Tokyo Subways* et la carte des autobus de Tokyo, *Tokyo Bus Guide;*
– le plan de Kyoto et Nara *(tourist map of Kyoto-Nara)*, avec le plan de métro et des bus de Kyoto;
– le dépliant *Transportation map of Kyoto;*
– le plan *Osaka and Vicinity* (avec carte des trains et mé-

tros);
– le plan de Yokohama (avec carte des trains et métros);
– les brochures (en français ou en anglais) Tokyo, Kyoto-Nara, Fuji-Hakone-Kamakura.
D'autres brochures, le plus souvent en anglais, sont généralement disponibles, soit à l'étranger, soit sur place: *Southern Japan* (Kyushu et Okinawa); *Hokkaido, Tohoku* (nord du Japon), *Central Japon, Hida Road-Takayama* (route des montagnes de Hida), *Western Japan, Hiroshima-Miyajima, Shikoku, Kagawa, Ishikawa, Toyama, Nagano, Chiba, Narita, Yokohama, Osaka, Kobe* et cartes des nouveaux sites à visiter (*New Sites of Discovery, Northern part of Nara,* etc.).
Il existe enfin d'autres brochures publicitaires distribuées aux Bureaux d'informations touristiques locaux et dans les grands hôtels (Tokyo, Kyoto, Osaka, Hiroshima, Miyajima, Mont Koya, etc.).
On peut se procurer également, dans les hôtels ou centres d'informations touristiques, les journaux *Tokyo City Guide-Tour Companion, Kyoto Visitor's Guide, Discover Kinki* (Osaka, Kobe, Nara, Kyoto), etc.
A Tokyo, on peut acheter le Pia-TKO (*Pia Tokyo Knock Out,* 1 200 yen dans les librairies). Il s'agit d'un guide bilingue anglais-japonais très complet, avec cartes détaillées des quartiers.
Pour Kyoto, on peut acheter la brochure *Tourist Information Map* (300 yen), qui donne toutes les informations et les plans des quartiers et des sites de la ville.
Cartes disponibles en Europe:
– *Japan: World Travel Map-Bartholomew.* 58F;
– *Japan-Japon*, Kompass. 52F.
En vente au Japon (hôtels ou librairies):
– *Great Map of Japan* et diverses autres cartes régionales ou plans de villes en anglais. De 20 à 60F (500 à 1 500 yen);
– *Road Atlas Japan*: cartes routières en lettres alphabétiques, avec plans de quelques villes et sites touristiques. Pour ceux qui osent explorer le Japon en voiture ou à moto. 120F (2 900 yen).

INFORMATIONS

**Office national du tourisme japonais** (JNTO)
– *France.* 8 rue Sainte-Anne, 75001 Paris, tél. (1) 42 96 20 29, fax (1) 40 20 92 79.
– *Canada.* 165 University avenue, Toronto, Ontario, M5H 3B8, tél. (416) 366-71-40.
– *Suisse.* 13 rue de Berne, 1201 Genève, tél. (022) 31 8140.
– *Japon.* JNTO Tourist Information Center (TIC), aéroport de Narita, rez-de-chaussée, tél. (0476) 32-8711. A Tokyo: 1-6-6 Yurakucho, Chiyoda-ku, Tokyo 100, tél. (03) 3502-1461. A Kyoto: Kyoto Tower Bldg, Shimogyo-ku, tél. (075) 371-5649.
On peut aussi se renseigner dans les services culturels des ambassades:
– *Belgique.* Avenue des Arts, 58, Bruxelles 1040, tél. (02) 513-92-00.
– *France.* 7 rue de Tilsitt, 75017 Paris, tél. (1) 47-66-02-22.

**Autres adresses utiles en France:**

*Ambassade du Japon, Chancellerie et services consulaires (visas).* 7 avenue Hoche, 75008 Paris, tél. (1) 47 66 02 22.
*Consulats du Japon en France.* A Marseille: 70, rue de Ham-

bourg, tél. 91 73 45 55, 13008. A Lyon: 51, rue Deleuvre, tél. 78 30 75 75, 69000. Au Havre: 58, rue de Mulhouse, tél. 35 26 41 61, 76600;

*Centre culturel et d'information de l'ambassade du Japon à Paris.* 7, rue de Tilsitt, 750017 Paris, tél. (1) 47 66 02 22. Conférences, cinéma, service de documentation et bibliothèque avec magazines gratuits:

- *Le Japon illustré,* revue d'informations générales;
- *Cahiers du Japon,* revue d'articles sur la société et la politique japonaise.

LIBRAIRIES SPÉCIALISÉES SUR LE JAPON

Librairies d'art et générales, les FNAC et les musées (Louvre, Guimet).

*Librairie Tokyo-do.* 8 rue Sainte-Anne, 75001 Paris, tél. (1) 42 61 08 71. Livres et revues en français et japonais.

*Librairie You-Feng.* 45 rue Monsieur-le-Prince, 75006 Paris, tél. (1) 43 25 89 98. Asie, Japon, Chine (catalogue).

*Librairie Sudestasie.* 18 rue du Cardinal Lemoine, 75005 Paris, tél. (1) 43 26 27 78. Japon, Asie.

*Librairie l'Asiathèque.* 6 rue Christine, 75006 Paris, tél. (1) 43 25 34 57.

LIRE SUR LE JAPON

**Les guides**

*Japon.* Guides Bleus Hachette, édition 1989 (239F). 832 pages, papier bible, format de poche. Dans la tradition des Guides Bleus; une petite encyclopédie très détaillée, idéal pour le voyage culturel: cartes, plans, index (mais Miyajima se trouve à Itsuku shima). Lexique, bibliographie.

*A Tokyo-Kyoto.* Guide Visa, Hachette, 1988 (78F). Quelques informations sur les environs de Tokyo (Nikko, Kamakura et mont Fuji) et de Kyoto (Nara, Osaka, Kobe).

En anglais, en vente au Japon: *Gateway to Japan.* Kodansha Guide (2 500 yen). 450 pages; cartes, plans, descriptions touristiques, nombreuses et bonnes adresses, liste de prix. Informations sur les fêtes.

**Pour parler japonais**

*Diko.* Dictionnaire français-japonais-français (230F).

*Harrap's.* Guide de conversation français-japonais, 1990 (28F).

*Parlons japonais.* Higashi-Oguma. PUG, 1989 (120F). Cassette, 80F. Economique et sérieux.

**Sur le Japon actuel**

*L'Etat du Japon.* Ouvrage collectif, La Découverte, 1988 (150F). 408 pages, bibliographie. Pour tout connaître sur le Japon.

**Culture**

*L'Empire des signes.* Roland Barthes, Champs-Flammarion. 1982-1989.

*Le Zen et le thé.* Sen Shoshitsu, Seld/Payot (59F).

*La Voie des fleurs.* G.L. Herrigel, Dervy (62F).

*Japon, la stratégie de l'invisible.* M. Random, Félin, 1985 (89F).

**Civilisation**

*Atlas du Japon.* Nathan/Phaidon, 1989 (329F). 240 pages; cartes, illustrations en couleurs.

*La Civilisation japonaise.* V. et D. Elisseeff, Arthaud, 1974-1989 (120F). 540 pages.

**Arts**

*L'Age d'or du Japon.* R. Hempel, PUF, 1983 (260F en solde).

*La Peinture japonaise.* T. Akiyama, Skira, 1961-1988

(135F).
*Japon.* Albin Michel, collection Art dans le monde (36F).
*Architecture sacrée du Japon.* D. Buisson, ACR, 1989 (600F).
*Une note japonaise dans votre jardin.* Seike Kiyoshi, Maison Rustique/Flammarion (175F).

**Histoire**
*Quand le Japon s'ouvrit au monde.* Découvertes-Gallimard (71F).
*J'ai vu brûler Tokyo* (La Guerre au Japon). Robert Guillain, Stock, 140F.

**Sociologie**
*Vivre l'espace au Japon.* A. Berque, PUF, 1982 (140F).
*D'Edo à Tokyo.* P. Pons. Gallimard. 1988 (180F).
*France-Japon: confrontation culturelle dans les entreprises mixtes.* Albane Callies, Méridiens-Klincksieck, 1986-90 (120F). 208 pages.
*Japon, l'envers du miracle.* Kamata Satoshi, Maspero, 1982 (45F).

**Economie**
*Les Entreprises japonaises.* Yoshimori, PUF, collection Que sais-je? (38F).

**Littérature ancienne**
*Le Dit de Genji.* POF, 1989 (560F).
Collection Gallimard-Unesco, chaque volume, 40F, 300 pages environ:
*La tradition secrète du Nô.*
*Collection de sable et de pierre.*
*Notes de chevet.*
*Histoires qui sont maintenant du passé.*
*Les Heures oisives.*

**Littérature contemporaine**
Nombreuses traductions de romans, notamment dans les collections de poche.

**Romans français**
Pierre Loti, *Madame Chrysanthème*, *Japoneries d'Automne ou la troisième jeunesse de Madame Prune.*
*L'honorable partie de campagne.* Thomas Raucat, NRF, 1930, réédité (45F).

**Vie quotidienne**
*La Vie au Japon.* JTB, Tokyo, 1989 (80F). 192 pages, dessins amusants, lexique (diffusion Librairie Tokyodo, Paris).
*Regard sur le Japon.* JTB, Tokyo, 1989 (80F). 192 pages. Même série que la vie au Japon, mais plus orientée sur les traditions.

**Livres pour enfants**
*Manuel pratique d'origami.* D. Buisson, Arted (120F).
*Le Japon au présent.* M. Vigoureux et D. Chavanat, Hachette Jeunesse, 1988 (88F).

**Revues économiques**
*France Japon éco.* Revue trimestrielle (abonnement annuel: 240F; par chèque: en France, Espace Japon, service FJE, 9, rue de la Fontaine-au-Roi, 75011 Paris, tél. (1) 47 00 77 47; au Japon: chambre de Commerce et d'Industrie française du Japon, Hanzomon MK Bldg, 1-8-1 Kojimachi, Chiyoda-ku, Tokyo 102).
*Revue Japon, économie et société.* Abonnement gratuit sur demande écrite: Office franco-japonais d'études économiques: 14 rue Cimarosa, 75116 Paris, tél. (1) 47 27 30 90.

LES MUSÉES A VOIR

**Musée Guimet**. 6 place d'Iéna (annexe 17 avenue d'Iéna), 75016 Paris, tél. (1) 47 23 61 65. Arts d'Orient, librairie, bibliothèque, conférences, expositions.

**Musée Cernuschi**. 7 avenue Vélasquez, 75008 Paris, tél. (1) 45 63 50 75. Archéologie Chine-Japon, expositions.

**Musée d'Ennery**. 59, avenue Foch, 75016 Paris, tél. (1) 45

55 57 96. Belle collection de Netsuke. Les jeudis et dimanches, de 14 à 17h.
**Musée et jardin Albert Kahn.** A Boulogne. Centre de documentation sur la Japon et le monde des années 1920. Expositions, conférences.
**Musée Claude Monet**. 84, rue Claude-Monet, 27000 Giverny, tél. 32 51 28 21. Collection d'estampes et jardin japonais. Du 1er avril au 31 octobre, de 10h à midi, et de 14 à 18h, sauf le lundi.
**Musée Pincé**. 32 bis rue Lenepveu, 49000 Angers, tél. 41 88 94 27. Au deuxième étage: arts du Japon. Tous les jours de 10h à midi, et de 14 à 18h, sauf le lundi.
**Musée Georges-Labit**. 43 rue des Martyrs-de-la-Libération, 31000 Toulouse, tél. 61 22 21 75. Art du Japon et d'Extrême-Orient. Bibliothèque, conférences.
**Visiter aussi:**
– *le cinéma la Pagode*. Construit en 1896 sur le modèle du temple de Nikko: agréable salon de thé créé en 1972 (ouvert de 14 à 22h);
– *le Jardin japonais du parc oriental Maulévrier*. Créé en 1900 dans le Maine-et-Loire;
– *le jardin de l'Unesco à Paris* (1960);
– *la tour japonaise de Laeken,* au nord de Bruxelles. Construite en 1902.

## AU JAPON

ADRESSES FRANÇAISES
**Ambassade de France**. 4-11-44 Minami-Azabu, Minato-ku, Tokyo 106, tél. (03) 3473-0171. Service informations, presse, culturel et scientifique.
**Consulat général** à Osaka et Kobe. Ohbayashi Bldg, 24 F 3-37 Kyobashi, Higashi-ku, Osaka, tél. (06) 946 6181.
**Agents consulaires.** A Nagasaki, tél. (0958) 23 1224; à Nagoya, tél. (052) 781 2822; à Fukuoka, tél. (092) 431 4400; à Sapporo, tél. (0134) 24 1311.
**Agence de voyages France Carrefour**. Coop Nomura, 1-502 Roppongi 3-4-2, Minato-ku, Tokyo 106, tél. (03) 3505 5321, fax (03) 3505 5324.
**Banque Nationale de Paris.** Yusen bldg, 10 F 1-11-28 Akasaka, Minato-ku, Tokyo 106, tél. (03) 3214-2882.
**Air France** Tokyo. New Aoyama Bldg, West 15 F 1-1-1 Minami Aoyama, Minato-ku, Tokyo 106, tél. (03) 3475 1511.

| | Janvier | Avril | Juillet | Octobre |
|---|---|---|---|---|
| Températures à Tokyo | | | | |
| moyennes | 5 | 14 | 25 | 17 |
| maximum | 10 | 18 | 29 | 21 |
| minimum | 0 | 10 | 22 | 14 |
| Humidité (%) | 5 | 65 | 77 | 70 |
| Précipitations (mm) | 54 | 128 | 125 | 181 |
| Nombre de jours de pluie | 5 | 7 | 9 | 11 |

CLIMAT ET SAISONS
Les quatre saisons du Japon sont bien marquées: le printemps (avril à juin) et l'automne (octobre et surtout novembre) sont les meilleures périodes pour voyager; en été, le climat est tropical, par contre il y a de nombreuses fêtes; l'hiver est froid, mais le ciel est souvent bleu. Les paysages sous la neige sont très beaux.

ÉCRIRE
Lettre pour la France, 5F (120 yen jusqu'à 20 grammes); cartes, 3F (70 yen). Courrier intérieur: lettre, 62 yen; carte, 41 yen.

FORMALITÉS
**Alimentation.** Les produits frais non emballés sous plastique ne sont pas acceptés.
**Argent.** L'argent liquide, devises ou yen, n'est pas soumis à déclaration, à l'entrée comme à la sortie.
**Change.** Taux de change au début 1992: 100 yen égalent environ 4,25 F (1 F=23 yen).
**Douane.** Hors taxes: trois bouteilles d'alcool, 400 cigarettes ou 500 g de tabac, 600 cl de parfum, deux montres de moins de 1 200F. Les échantillons commerciaux sont taxés à 10% et tous les objets d'une valeur dépassant 4 000F sont théoriquement susceptibles d'être taxés. Il n'existe aucune taxe ou limitation à la sortie du pays, y compris pour les objets d'art et les antiquités. Achats hors taxes dans les magasins spécialisés et les boutiques des hôtels.
**Plantes et animaux.** Se renseigner avant de partir.
**Vaccins.** Aucun vaccin n'est exigé en temps normal, sauf si l'on vient d'un pays où sévit une épidémie.
**Visas.** Pour la plupart des pays européens (France, Suisse, Belgique, etc.), un passeport en cours de validité permet de rester 90 jours au Japon: un visa est délivré d'office à l'entrée au Japon. Ce visa est valable pour les voyages touristiques, culturels ou d'affaires, si l'on n'est pas salarié par une entreprise japonaise durant ce séjour. Ce visa peut être prolongé de 90 jours sur demande au bureau de l'émigration à Tokyo ou Osaka. Un tampon et une fiche d'identité sont apposés sur le passeport à l'arrivée au Japon; la fiche est retirée au départ.
Les autres visas (culturel, affaires, multiples entrées) sont assez longs à obtenir: se renseigner dans les ambassades ou consulats.

HÔTELS ET AUBERGES
La TVA (3%) et le service (10% dans certains restaurants et dans les grands hôtels) sont toujours indiqués sur les notes. Dans toutes les chambres d'hôtels, des kimonos en coton *(yukata)* sont mis à la disposition des clients. On les utilise comme robe de chambre ou comme vêtement de nuit. Certains hôtels acceptent de vendre ces *yukatas* aux clients.
Les petits déjeuners sont rarement servis dans les chambres. Par contre, on peut souvent commander des boissons et des plats avec le service de chambre *(room service)*, légèrement plus onéreux. Le petit déjeuner continental propose thé ou café à volonté, toasts ou petits pains *(rolls)* et un jus de fruits. Dans les grands hôtels, on trouve aussi le breakfast américain (avec œufs et charcute-

rie); les petits déjeuners et même les repas sont parfois proposés en buffet libre service.

**Auberges japonaises**

Une expérience à tenter absolument. Dans les auberges japonaises traditionnelles, les «*ryokan*» (appelées aussi *Japanese Inn*), le service est très agréable.

Les chambres sont des pièces de style traditionnel: on y dort sur des matelas posés sur les nattes *(tatamis)*. Il s'agit le plus souvent de demi-pensions, et la cuisine est de qualité. On peut, en principe, demander un petit déjeuner occidental, mais les heures des services sont souvent limitées (dîner entre 19 et 20h).

On vous apporte du thé dans votre chambre dès votre arrivée, avec votre *yukata* et une petite serviette de toilette. Eventuellement, on vous donnera un gâteau et une petite serviette humide en tissu *(o-shibori)*, pour vous essuyer le visage et les mains.

**Hôtels occidentaux**

Confortables et très pratiques. On distingue trois grandes catégories d'hôtels: économique, confort et luxe. Les prix sont un peu plus élevés qu'en Europe, mais il existe dans la plupart des villes quelques hôtels réservés aux touristes à des prix très raisonnables.

**Hôtels deux étoiles**. Ces hôtels pour voyageurs, «*business hotels*» ou «*family hotels*» sont situés près des sites touristiques ou à proximité des gares. Les chambres, simples, doubles ou triples, à partir de 4 000, 6 000 et 9 000 yen environ (200 à 400 F), sont relativement étroites mais elles sont bien équipées: petite salle de bains, climatisation, téléphone international, télévision et réfrigérateur. Les petits déjeuners (400 à 600 yen) et les repas (800 à 2 000 yen), servis au restaurant, sont de bonne qualité. Le service, simplifié, est rapide et efficace. Dans la plupart de ces hôtels, on trouve une laverie automatique, des distributeurs de boissons et de nécessaires de toilette (rasoir, shampoing, savon). On ne parle qu'un minimum d'anglais, ce qui impose de faire des réservations par une agence ou par fax. On paie sa chambre en arrivant et les suppléments en partant. Il n'y a pas de service de bagage et rarement de parking.

**Hôtels confort ou de tourisme.** Ce sont des hôtels agréables, entre trois et quatre étoiles. Les chambres sont confortables et bien équipées, mais pas toujours spacieuses. Elles sont relativement calmes, bien climatisées (si le réglage est difficile, ne pas hésiter à réclamer). Les chambres simples coûtent entre 6 000 à 8 000 yen, les chambres doubles et triples de 8 000 à 12 000 yen.

La restauration est avant tout française ou occidentale, avec parfois un restaurant japonais. Les petits déjeuners coûtent de 600 à 1 500 yen. Pour les repas, on peut choisir entre des plats à la carte (600 à 2 000 yen) et des menus complets. Le midi, compter entre 1 000 et 3 000 yen; le soir, menu touristique à 2 500 yen et repas gastronomiques un peu plus cher. Bars, boissons et amuse-gueules, entre 600 et 2 000 yen.

**Les grands hôtels.** Les plus grands hôtels du Japon comptent parmi les plus luxueux du monde. Ce sont les lieux de rendez-vous des hommes d'affaires et des touristes soucieux de leur confort. Les bars et les restaurants offrent le meilleur service. La cuisine est française, chinoise ou japonaise. Le service de chambre est parfait. Ces hôtels proposent également des services commerciaux très utiles: secrétariat-traduction, fax, salles de conférences, bureau d'information et de réservations.

De nombreux hôtels, les plus grands surtout, sont de véritables villes dans la ville: on y trouve des galeries marchandes, des services et une restauration très diversifiée. Ils sont ouverts également aux visiteurs qui ne sont pas clients de l'hôtel: ces activités annexes assurent la moitié des revenus de ces palaces. Il ne faut donc pas hésiter à se rendre dans ces galeries pour flâner, regarder les belles vitrines, faire ses achats de souvenirs, boire un verre ou tenter de voir une cérémonie de mariage. Prix des chambres: de 10 000 à 35 000 yen (400 à 1 500F); suites à partir de 45 000 yen (2 000F). Petit déjeuner «Continental» de 1 500 à 3 000 yen (60 à 120F); «American» et «Buffet» (libre service à volonté, mets occidentaux et japonais) de 2 000 à 4 000 yen (80 à 120F). Dans les divers restaurants de l'hôtel: menus du jour à partir de 1 500 yen (60F) le midi, 3 000 yen (120F) le soir. Menus gastronomiques de 4 000 à 15 000 yen (150 à 600F) et plats à la carte de 1 500 à 4 000 yen (60 à 150F). Les vins sont souvent français: 2 500 à 7 000 yen (100 à 300F la bouteille, et parfois plus).

**O-furo : le meilleur moyen d'être dans le bain**

Le bain japonais individuel ou collectif (hommes et femmes séparés) et les sources chaudes *(onsen)* sont depuis longtemps un des agréments du voyage au Japon. Il y a encore dans chaque ville, et surtout dans les stations thermales, des grands bains publics collectifs, ouverts à tous *(sento* ou *sento-buro)*, et des bains accessibles au public dans les hôtels et les ryokans, à condition de payer un droit d'entrée ou de prendre un repas. Les Japonais se rendent souvent en groupes aux bains, entre amis ou avec leurs partenaires commerciaux.

Dans les stations thermales et touristiques, les bains sont souvent en extérieur *(roten-buro)* ou abrités sous des verrières, au milieu d'une végétation tropicale *(jungle-bath avec bains de sable et de sciure chaude de l'hôtel Suginoï à Beppu)*. Dans les quartiers anciens des villes, les bains traditionnels *(sento)* sont encore nombreux et bon marché (310 à 500 yen). Dans les grandes villes, on trouve de grandes installations comprenant des bains, mais également des saunas et des salles de remise en forme et de massage (entrée de 1 200 à 2 500 yen; massage de 2 000 à 4 000 yen).

Dans les stations thermales touristiques, de nombreuses activités et récréations sont offertes en plus du bain: parcs d'attractions, sports, restaurants et bars. En raison du succès de ces nouvelles activités, les prix peuvent être assez élevés, comme à Atami et Hakone, près du mont Fuji et dans certaines stations de montagne. En province, les prix sont encore accessibles.

**Laver ses vêtements**

Laveries automatiques.«Coin laundry» dans les petites rues

et dans les hôtels à bon marché (Ryokans Japanese Group Inn et business hotels) de 100 à 200 yen (5 à 10F) pour une machine; sèche-linge de 200 à 300 yen (8 à 12F) suivant la quantité. Service rapide de blanchisserie dans la plupart des hôtels. De 400 à 1 500 yen (15 à 60F) par vêtement.

MÉDIAS

**Journaux.** Les journaux en anglais, *Japan Times*, *Mainichi Daily News*, *Yomiuri,* sont vendus dans les kiosques des rues et des gares des grandes villes: 120 à 160 yen suivant les éditions. Ces journaux sont distribués gratuitement dans les chambres des grands hôtels; sinon les demander au portier *(Bell Captain).*

**Télévision.** Gratuite sauf dans les hôtels économiques (100 yen les 20 minutes). Attention aux programmes payants: bouton rouge *Pay TV*, 600 yen par film “chaud”.

PRIX

Les repas ne sont pas forcément chers au Japon, et quand c'est le cas, ils sont clairement indiqués sur la photo en vitrine. Dans les lieux réputés ou dans les quartiers animés la nuit, où les prix peuvent être exagérés, ils ne sont généralement pas indiqués. Les Japonais sont très prudents, et demander un prix avant d'entrer est une chose parfaitement admise.

RESTAURANTS

**Choisir un restaurant**

La solution de facilité est de dîner à l'hôtel: on ne risque pas de se perdre en route et on a le choix entre la cuisine japonaise, la cuisine occidentale et souvent la cuisine chinoise. En ville, les restaurants sont nombreux à proximité des gares et des grands magasins.

Comme il n'est pas toujours facile de repérer quelle spécialité on y sert (le nom est très souvent écrit en japonais), le plus sûr est de choisir les restaurants exposant en vitrine la reproduction en cire plastique de leurs principaux plats ou menus. Il suffit alors de montrer au serveur ou à la serveuse, toujours prêts à vous écouter, ce qu'on a choisi.

Les bons restaurants sont généralement ouverts entre 11h30 et 14h (heure de pointe entre midi et 13h). Ceux des grands magasins et des rues commerçantes restent ouverts toute la journée, ainsi que sur les sites touristiques, où l'on propose au moins une cuisine simple, bonne et bon marché, à base de nouilles ou de riz.

On dîne tôt au Japon (dès 18h), et beaucoup de restaurants ne prennent plus de clients après 21h.

En entrant, vous serez accueillis par le mot «*irrashaimase*», qui veut dire «soyez le bienvenu». Quand vous serez à votre place, on vous apportera probablement une serviette *(o-shibori),* chaude en hiver et fraîche en été, pour vous frotter les mains ou le visage. Sauf dans les restaurants de sushi, on la reprend avant d'entamer le repas. Un verre de thé ou d'eau fraîche est également servi avant la commande. On mange avec des baguettes (prédécoupées qu'il suffit de séparer), et il n'est pas toujours facile d'obtenir une fourchette et un couteau.

On peut manger à la carte ou commander un plateau-repas (souvent exposé en vitrine) ap-

pelé «*teishoku*» ou «*lunch*», comprenant un plat principal, du riz ou du pain, une soupe japonaise au *miso* (soja), des légumes salés *(tsukemono)* ou une salade. Ces repas sont plus rarement servis le soir.
Les restaurants traditionnels proposent du saké, de la bière et du thé. Dans les restaurants de cuisine occidentale, on peut boire de la bière (la boisson la plus courante), du vin japonais ou importé (au verre ou à la bouteille) et des jus de fruits. L'eau minérale est rare, mais il est très facile d'obtenir de l'eau fraîche. On commande généralement la boisson avant la nourriture.
On règle le plus souvent à la sortie. Une taxe de 10% est souvent perçue sur les repas de plus de 2 500 yen, ainsi que dans les restaurants des hôtels. Tous les autres restaurants pratiquent des prix nets: ne jamais laisser de pourboire ou de petite monnaie.

### La cuisine japonaise traditionnelle

***La cuisine dite «kaiseki».*** C'est une cuisine très délicate et recherchée. Les plats, en petite quantité mais nombreux, sont servis dans de la vaisselle raffinée. On y déguste du poisson frit et cru, des légumes bouillis, des fruits de mer et des plantes des montagnes. Les restaurants, appelés «*ryotei*», sont renommés et excessivement chers. Très discrets aussi; il est préférable d'y être invité par un ami japonais. La cuisine *kaiseki* est aussi servie dans certains temples (mont Koya), dans les auberges japonaises et dans les grands hôtels, notamment ceux de la chaîne Ana Hotels. A Kyoto, elle se confond avec la célèbre cuisine de *Kyoto (Kyo-ryori).* On conseille comme boisson du saké chaud demi-sec *(kara-kuchi).* Cela coûte de 2 000 à plus de 10 000 yen, suivant les restaurants.
***Izaka-ya ou Robatayaki***: cuisine populaire pour bien boire et bien manger. *Izakaya* signifie «maison de saké» et *Robatayaki* désigne le grill japonais. On retrouve dans ces restaurants, spécialisés dans les viandes ou les poissons grillés au charbon de bois, l'atmosphère des grandes fermes campagnardes. On y sert également des légumes grillés et du *tofu* (pâté de soja). La coutume veut qu'on commande les boissons avant les plats: bière, saké ou l'alcool blanc, le *sochu,* qu'on sert aussi avec du citron et de la limonade, la lime (*laïmu*).
Très fréquentés par les jeunes, ces restaurants sont généralement assez vastes, bruyants, et il y règne une ambiance des plus sympathiques. On y sert de tout (ce qui est très pratique quand on a des difficultés à distinguer les restaurants spécialisés): cuisine japonaise ou à l'occidentale, poisson cru, salade, saucisses, légumes, poisson, poulet, fruits de mer cuits au beurre, au sel ou grillés. Pourtant nombreux, ils sont assez difficiles à trouver, car souvent situés au sous-sol des immeubles de bureaux. Les enseignes sont toujours en japonais, gros idéogrammes noirs sur fond rouge ou jaune.
***Sushiya ou comptoirs à sushi.*** Les *sushi* sont des boulettes de riz vinaigré surmontées d'une tranche de poisson cru (le raifort caché sous le poisson monte au nez). On les mange à la main ou avec les baguettes, après les avoir trempées légèrement dans la

sauce de soja. On trouve des *sushiya* à tous les prix, mais ils ne sont pas faciles à repérer; un endroit de simple apparence peut être réputé et très cher (surtout lorsque les prix n'y sont pas mis en évidence, c'est la coutume). Les *sushiya* des hôtels sont très convenables et on peut passer la commande en anglais. Pour un repas de *sushi,* compter autour de 2 000 yen le midi, autour de 5 000 yen le soir. Il existe aussi des restaurants avec comptoirs tournants (*Kaiten-sushi* ou *kuru kuru sushi*): on choisit les assiettes (avec deux *sushis*) lorsqu'elles passent devant soi. La note est calculée d'après le nombre et la couleur des assiettes. Le thé est à disposition des clients, il suffit de se servir aux robinets placés en face. On peut commander de la bière et du saké. Ce système est peu coûteux (120 à 300 yen par assiette, suivant la couleur, soit 5 à 12F) et la nourriture est toujours de bonne qualité.

Les *sushiya* servent aussi du *sashimi,* poisson cru à tremper dans la sauce de soja à laquelle on mélange du raifort *(wasabi),* ainsi que d'autres sortes de *sushi:* les *maki-zushi* (rouleaux de riz entourés d'algues et fourrés de légumes ou de poisson) et le *te-maki,* un cornet de riz entouré d'algues, avec poisson ou légumes. Boire au choix: saké chaud ou froid, bière ou même vin.

***Unagi-ya.*** Restaurants spécialisés dans la cuisine de l'anguille. Celles-ci sont grillées puis assaisonnées dans une sauce douce et grillées de nouveau.

***Restaurants de «fugu».*** Le poisson-globe est aussi réputé pour la qualité de sa chair que pour le risque d'empoisonnement (s'il est mal découpé) qu'il fait encourir. C'est un plat d'hiver, meilleur de décembre à février. Les restaurants de *fugu* proposent aussi des plats de crabe ou autres fruits de mer. Cuisine de luxe et prix en conséquence: 5 000 à 10 000 yen.

***Teppan-yaki, steak grillé.*** C'est d'abord un spectacle qui met en valeur l'habileté du cuisinier... et le prix de la viande. Comme les pièces (dont le célèbre bœuf de Kobe) sont de bonne taille, le repas est plutôt coûteux: 3 000 à 6 000 yen.

***Tonkatsu, viande panée frite.*** On fait un repas très correct, avec un petit goût occidental, en prenant un menu «*tonkatsu teishoku*»: porc ou poulet pané, servi avec du riz ou des croquettes de pomme de terre et une petite salade. Environ 1 500 yen (60F).

***Yakiniku, barbecue coréen.*** Restaurant de viande préparée à la coréenne. Un gril est placé au centre de la table où l'on fait cuire la viande de bœuf, les abats marinés et des légumes. Le tout est accompagné de *kimchi* (chou à l'ail et au piment mariné).

***Yakitori et kushiage (koushi-agué).*** Restaurants de poulet grillé et de brochettes. Les *yakitori* sont des brochettes de poulet (toutes les parties de l'animal) et les *kushiage,* des brochettes frites (crevettes, coquilles Saint-Jacques, encornets, aubergines, œufs de caille, etc.). On peut choisir un assortiment (*kôsu*, de l'anglais *full-course*) accompagné de riz nature. L'enseigne des *kushiage-ya* porte le signe «*kushi*», qui est exactement le dessin d'une brochette. Petites brochettes à partir de 100 yen, grandes à partir de 500 yen.

**Cuisine variée**

***Tempura-ya, restaurants de beignets***. Crevettes, poisson blanc, légumes (aubergines, champignons, patates douces, lotus) sont enrobés d'une légère pâte à beignets. Les menus *(teishoku)* permettent de goûter une bonne variété. Il faut manger très chaud après avoir trempé les beignets dans la sauce de soja mélangée au radis râpé. De 2 000 à 8 000 yen, suivant les restaurants. Accompagner avec de la bière ou du saké, chaud ou froid.

***Nabemono, sukiyaki, shabu-shabu (fondues japonaises et marmites).*** Ce sont des plats d'hiver, très agréables à consommer à plusieurs: la marmite de terre est posée au centre de la table, et chacun y fait cuire les ingrédients. Suivant le même principe, le *sukiyaki* est composé de viande de bœuf et de légumes cuits dans un bouillon additionné de saké, sauce de soja et sucre. Le *shabu-shabu* (fines tranches de bœuf) et les «marmites» au crabe sont plus coûteux que les autres fondues. De 2 000 à 8 000 yen suivant les restaurants.

***Nouilles en soupes: soba et udon.*** Les *soba-ya* sont des restaurants de nouilles (cela va de la gargote à la très belle maison traditionnelle) qui proposent des bols de *soba* (fines nouilles brunes de sarrazin) et d'*udon* (grosses nouilles blanches de froment), dans une soupe avec des légumes, des petits morceaux de viande ou de crevette. En été, les nouilles, servies froides sur un tamis de bambous, doivent être trempées dans un bouillon. Ouverts à toute heure, les *soba-ya* permettent de manger rapidement sans dépenser beaucoup (à partir de 500 yen, ou 20F). Certains *soba-ya* servent aussi des grands bols de riz *(domburi)* aux légumes, aux œufs, à la viande ou à l'anguille et du riz au curry *(kare-raïsu):* environ 1 000 yen ou 40F.

***Crêpes salées japonaises: Okonomiyaki et nouilles grillées.*** Les *okonomiyaki-ya* ne servent que des crêpes japonaises et des nouilles grillées. On fait la cuisine soi-même sur la table chauffante placée devant soi. On vous apporte un bol de pâte à crêpe épaisse dans laquelle vous mélangez des dés de porc, bœuf, encornets ou légumes de votre choix. De la même façon, on fait griller les nouilles *(yaki-soba).* Ce n'est pas de la haute gastronomie, mais c'est rapide, bon et économique. Ces restaurants sont plus nombreux dans la région d'Osaka. On peut y boire de la bière, du saké ou des boissons sans alcools. Environ 1 000 yen, ou 40F.

***Oden ou le pot-au-feu japonais.*** On le consomme dans les restaurants ou dans la rue, acheté aux échoppes qui s'y installent au début de l'automne jusqu'à la fin de l'hiver. Gros radis, pommes de terre, œufs durs, gâteaux divers de soja et de poisson sont longuement cuits dans un bouillon et servis avec de la moutarde.

***Le bento, plateau-repas de voyage.*** C'est le populaire pique-nique japonais: on l'achète principalement dans les kiosques des gares et quelquefois dans les trains. Economiques et de bonne qualité. Il faut tenter l'expérience: ce sont des boîtes emballées où l'on trouve, avec une paire de baguettes, du riz, un peu de viande, du poisson grillé, quelques légumes et un morceau de fruit. Les *bento* coûtent entre 500 et 1 000 yen (20 à 40F). On peut acheter aussi un pot en plastique contenant du thé vert japonais chaud: 100 yen (4F). A accompagner, éventuellement, de bière ou de saké.

***La cuisine chinoise***

En haut de l'échelle, on trouve les très bons restaurants de cuisine chinoise, relativement chers mais toujours très bons. On en trouve souvent dans les grands hôtels. A l'autre extrémité, les restaurants ou gargotes de cuisine chinoise populaire, ouverts très tard dans la nuit, proposant des nouilles *(ramen)* ou des raviolis grillés *(gyoza)* à très bon marché. Les China Towns de Yokohama, Kobe et Nagasaki sont réputées pour leur cuisine.

## Cuisine française et autres

La cuisine française est très renommée au Japon, donc très chère, et le service est toujours accompagné d'un certain décorum. Les restaurants italiens sont bien représentés (sans parler des spaghettis et des pizzas, qu'on trouve dans presque tous les cafés). La cuisine allemande, sans doute la plus largement appréciée, se trouve dans les *beer garden*, installés en été sur les terrasses des grands magasins. Les cuisines indienne, thaïlandaise ou vietnamienne ont gagné beaucoup de terrain ces dernières années. Et bien sûr de nombreux restaurants à l'américaine, très en vogue chez les jeunes.

***Cafés et salons de thé***

Il existe de très nombreux cafés et salons de thé (*coffee-shop* et *kissaten*) dans les villes, les banlieues et la campagne: ce sont de tout petits cafés ou salons de thé, ou alors de grands salons brasserie. On est toujours très bien accueilli: on vous apporte spontanément un verre d'eau glacée et une serviette pour le visage et les mains. Dans les petits établissements, les menus sont limités: thé, café, café au lait, lait, jus frais ou en boîte, boissons non alcoolisées ou gazeuses (Cola, Sprite, Fanta, etc.), de même que bière ou du saké. On peut en général y manger de petits sandwichs de pain de mie, des salades, des spaghettis, des soupes et quelques desserts (glaces et yaourts). Les grands cafés-brasserie sont nombreux dans les villes et le long des grandes routes. Le service est rapide, les boissons et les plats très variés. La carte des menus est en général écrite en japonais et en anglais.

***Pâtisseries locales***

La pâtisserie traditionnelle *(wagashi)*, principalement à base de riz et de haricots, est rarement mangée en dessert. Elle accompagne le thé ou les cérémonies entre les repas. Très délicate, mais souvent trop sucrée au goût occidental, elle est faite de gâteaux individuels ayant la forme de fleurs ou d'animaux symboliques, qui évoquent le rythme des saisons. On les déguste avant de boire le thé vert amer, *macha* (feuilles de thé broyées et non infusées). Parmi les desserts habituels, on sert des haricots rouges avec de la gelée et des fruits, ou de la glace, au thé vert par exemple.

***Pâtisseries occidentales***
De nombreuses boulangeries françaises ou viennoiseries offrent du pain et des gâteaux de bonne qualité. Souvent un salon de thé ou un comptoir permet de consommer sur place une boisson et un sandwich ou un gâteau pour un prix avantageux (*cake-set* ou *sandwich-set*). Ces gâteaux, pâtisseries ou gâteaux secs, sont des cadeaux pratiques lorsqu'on rend visite à quelqu'un.
***Marchands de glaces***
Les glaces s'appellent «ice-cream» *(aïsu-kurîmu)*. Les glaciers à l'américaine font recette: certains proposent en plus des glaces aux parfums japonais les plus divers comme *macha* (thé vert), *soba* (sarrasin) ou autres plantes aromatiques.
**Boissons en distributeurs**
Les distributeurs automatiques sont très nombreux dans tout le Japon. On les trouve dans les rues, les gares, les couloirs des immeubles ou des hôtels. On peut y acheter des boissons sucrées ou salées et même des glaces. Les plus souvent, on trouve du Coca-Cola, Seven Up ou Fanta, du whisky, de la bière ou du saké, du thé du café au lait chaud ou froid (une bande rouge indique les boissons chaudes, une bande bleue les boissons froides).
***Le prix des boissons***
Il existe des stands où l'on peut boire au comptoir ou debout *(stand-coffee)*. Le prix de la boisson de base (café, thé, boisson gazeuse) est d'environ 150 yen (6F).
Dans les cafés et salons de thé courants, la consommation de base est d'environ 300 à 400 yen (12 à 15F) en province; 450 à 500 yen (15 à 20F) dans les grandes villes. La bière pression *(nama biru)* coûte environ 500 yen (25F) en demi, 900 yen (36F) en bouteille. Le flacon de saké, chaud ou froid, varie entre 600 et 1 000 yen (de 25 à 40F).
Réfrigérateurs garnis dans la plupart des hôtels: le prix des boissons est inscrit sur la liste. Par contre, thé et eau chaude sont mis à la disposition des clients gratuitement presque partout.

SANTÉ
**Consultations.** Entre 150 et 250F dans les hôpitaux ou les cliniques (se renseigner dans les hôtels).
On y parle un peu anglais.
**Massage médical traditionnel Shiatsu.** A commander dans l'hôtel: 2 500 à 4 000 yen (de 100 à 150F) la séance de 40 minutes: très agréable après le bain, avant de se coucher.

SOUVENIRS
T-shirt avec idéogramme ou dessin (arcades internationales à Tokyo et Handicraft Center à Kyoto): de 60 à 100F.
Kimono en coton *(yukata)*: de 100 à 200F
Kimono-robe de chambre en synthétique: de 200 à 400F; en soie, de 300 à 600F.
Ceinture de kimono Obi (si non fournie): de 60 à 200F.
Kimono d'occasion (Oriental Bazar à Tokyo): de 300 à 5 000F.
Sandales pour kimono *(zori* ou *geta)*: de 100 à 300F.
Chaussettes pour kimono (*tabi*): de 25 à 50F.
Epingles ou barette à cheveux (bois laqué, écaille): de 60 à 800F.
Eventail peint, suivant qualité et taille: de 20 à 3 000F.
Estampes anciennes: de 1 000

à 10 000F.
Parapluie en papier huilé, avec ou sans dessins: de 50 à 200F.
Lanterne en papier (suivant taille): de 50 à 600F.
Poupées en bois, papier, habillées en kimono brodé: de 20 à 1 000F.
Epées et support: de 400 à 4 000F.

TÉLÉPHONE
**Attention,** depuis le 1er janvier 1991, les numéros de Tokyo comportent 8 chiffres. Si vous avez un numéro de téléphone de Tokyo avec 7 chiffres, ajoutez un 3 devant. Par exemple, pour téléphoner à France-Carrefour:
– de Tokyo, faire les 8 chiffres, 3505 5321;
– d'une autre ville, faire le 03 avant;
– de la France, faire le 19 (international), attendre la tonalité, faire ensuite le 81 (indicatif du Japon), puis, sans attendre, le 3 (de l'indicatif 03 de Tokyo mais sans le zéro); alors, toujours sans attendre, le 3 (nouveau chiffre) et les 7 chiffres de l'ancien numéro: 505 5321, soit (19) 81-3 3505 5321.
**Pour appeler du Japon.** Choisir une cabine internationale (verte avec plaque dorée et indications en anglais); mettre une carte ou des pièces; composer le 001 ou le 0041 pour avoir la ligne internationale; faites le numéro de code du pays demandé (33 pour la France), puis le numéro demandé (8 chiffres pour la France, précédés du 1 pour Paris).
Les téléphones publics sont très nombreux: dans les rues, dans les magasins et dans les halls des hôtels. On en trouve même sur les quais des gares et dans les stations de métro... Les téléphones internationaux sont plus rares.
Ces téléphones fonctionnent avec des pièces, des cartes, ou ces deux modes de paiement. On achète les cartes dans certaines cabines: 500, 1 000 ou 2 000 yen, ou encore chez le marchand de tabac ou dans les sites touristiques (les cartes vendues dans les sites touristiques sont souvent plus chères... mais plus jolies).
Dans les cabines internationales aux grands carrefours ou dans le hall des grands hôtels, il faut compter 30F par minute avec la France. Par le téléphone des chambres d'hôtel, le prix est plus ou moins doublé.
Communication urbaine de base: 40 centimes (10 yen). Communication interurbaine: 5 à 10F la minute suivant la distance et l'heure.

VOLTAGE
ET PRISES DE COURANT
Le courant électrique est de 110 volts, 50 hertz à Tokyo et dans le Nord; 60 hertz à Kyoto et dans le Sud. De plus, les prises sont de type américaine. Il faut donc partir avec des adaptateurs. Les grands hôtels prêtent, louent ou vendent ces adaptateurs (200 à 500 yen).

## CHOISISSEZ VOS TRANSPORTS INTÉRIEURS

Pour les réservations, s'adresser à **Voyageurs au Japon**, 30 rue Sainte-Anne, 75001 Paris, tél. (1) 42 61 60 83; ou à Tokyo: **France-Carrefour**, Roppongi, tél. (03) 3505 5321. Prix sous réserve de modifications.

AVIONS
Paris-Tokyo, ou Osaka, Nagoya, Fukuoka. Ligne directe: 13 heures de vol. Départ tous les jours, retour libre dans l'année: à partir de 7 800F. Aller simple: à partir de 4 300F. Les enfants paient demi-tarif jusqu'à 12 ans.
Tokyo-Osaka: 1 heure, 600F.
Tokyo-Sapporo: 1 heure 30, 900F.
Tokyo-Fukuoka: 2 heures, 1 200F.
Tokyo-Okinawa: 3 heures, 1 800F.

**Transferts aéroports**
***Narita***
Narita est à 65 km de Tokyo. Il faut compter plus d'une heure pour le trajet. Attention, les embouteillages aux heures de pointe peuvent en doubler la durée.
*Limousine bus.* Achat du billet et choix du terminus au comptoir Airport Limousine Bus, dans le hall d'arrivée. 2 500 à 2 900 yen (80 à 100F) suivant la destination dans Tokyo. Les bagages sont enregistrés au moment de l'achat du billet et mis dans le coffre du bus.
*Trains JR*: Narita Express:de la gare de Tokyo à l'aérogare de Narita fréquence 30 minutes à 1 heure. Prix 2 500 yen, nouveau service très pratique.
*Train Skyliner.* De Narita à Uéno-Keisei: départ toutes les 20 minutes pendant la journée; en soirée, départ toutes les heures jusqu'à 21h30. Prix: 1 650 yen (70F). Attention aux escaliers des gares si vous avez beaucoup de bagages.
*Taxi.* Narita-Tokyo ou l'inverse: 20 000 yen (800F).

***Transferts de l'aéroport d'Osaka-Itami vers Osaka, Kobe et Kyoto***
*Limousine bus.* 500 yen (20F) jusqu'à Osaka-Umeda (30 minutes à une heure trente suivant la circulation); 1 000 yen (40F) jusqu'à Kyoto; gare JR ou hôtels: une heure à une heure quarante-cinq suivant la circulation; 700 yen (28F) jusqu'à Kobe.
*Taxi.* Jusqu'à Osaka: 4 500 yen (150 à 200F). Jusqu'à Kyoto: 10 000 yen (400F).
Fukuoka, Nagoya, Hiroshima et la plupart des autres villes, sauf Sapporo et Kanazawa: 5 à 10 minutes en taxi, 1 500 à 3 000 yen environ (60 à 120F).
*Bus:* 300 à 600 yen (12 à 25F).

TRAINS :
LIAISONS INTERURBAINES
**Japan Railpass.** Valable sur toutes les lignes du réseau national, mais ne s'achète qu'en dehors du Japon (à Voyageurs au Japon, par exemple). Valable sur les lignes JR (90% des lignes du Japon), y compris le Shinkansen (TGV), les trains urbains de Tokyo et Osaka, ou encore pour les ferry et les bus JR: le railpass est donc très vite amorti.

| *Prix en francs au 22. 04. 92* | 7 jours | 14 jours | 21 jours |
|---|---|---|---|
| 1re classe | 1 550 | 2 500 | 3 300 |
| 2e classe | 1 200 | 1 850 | 2 400 |

MÉTRO
Dans six grandes villes du Japon (Tokyo, Osaka, Kyoto, Nagoya, Sapporo et Fukuoka): carte de transport journalière, 32F à Tokyo, 40F à Kyoto; billets à l'unité de 6 à 12F suivant la distance et les villes.

BUS
Billets à l'unité à prendre dans l'autobus ou verser la somme équivalente, soit en montant, soit en descendant, dans la boîte à côté du conducteur. A partir de 160 à 180 yen (6 à 8F) et plus suivant la distance.

TAXIS
Très nombreux et très rapides. Cela revient rapidement cher à Tokyo, surtout lorsqu'il y a des embouteillages. Prix au départ, 540 yen (22F); prix d'une petite course, de 800 à 1 500 yen (40 à 60F). Compter de 100 à 150F pour une course à Kyoto ou Osaka, de 200 à 250F pour une grande course (traversée de Tokyo par exemple).

LOCATION DE VOITURE SANS CHAUFFEUR
Dans la plupart des gares (Eki-rent-a-car), on peut louer des voitures de tourisme ou des minibus (jusqu'à neuf passagers). Il faut un permis de conduire international et une carte de crédit. La location de voiture doit inclure une assurance tout risque. Tout accrochage, même s'il n'implique pas une autre voiture, doit être signalé à la police, qui fait le constat. Sinon l'assurance refuse de rembourser. Prix pour la journée ou la demi-journée: à partir de 8 000 yen (320F) par jour pour une petite voiture, le double pour un minibus. N'oubliez pas qu'on conduit à gauche et que les limites de vitesse sont très strictes: 25 près des écoles, 40 en ville, 50 ou 70 sur les petites routes, 100 sur les autoroutes. Au-dessus de 20 km d'excès de vitesse, risque de retrait immédiat du permis, imobilisation de la voiture et amende conséquente (10 000 à 30 000 yen, 400 à 1 200F).
**Se déplacer en voiture**. On conduit à gauche, et les limites de vitesse sont strictes. Il est possible de louer des voitures dans presque toutes les gares (Eki-rent-a-car), à partir de 320F par jour pour une petite voiture: essence à la charge du conducteur, kilométrage illimité.

## DÉTERMINEZ VOTRE BUDGET

| BUDGET LUXE | |
|---|---|
| Hôtels, 7 nuits à 1 000 F | 7 000 |
| Restaurants (7 dîners à 500 F, 7 déjeuners à 300 F) | 5 600 |
| Transports interurbains (aller-retour Kyoto-Osaka en avion ou railpass 7 jours) | 1 500 |
| Taxis (usage modéré), bus, métro | 2 100 |
| Divers (boissons, visites) | 1 300 |
| **Total hebdomadaire pour une personne en FF** | **17 600** |

***Indice Voyageurs "jour Luxe" 2 500 F***

| BUDGET CONFORT | |
|---|---|
| Hôtels, 7 nuits à 500 F | 3 500 |
| Restaurants (7 dîners à 300 F, 7 déjeuners à 200 F) | 3 500 |
| Transports interurbains (railpass, 7 jours) | 1 500 |
| Taxis, bus, métro | 1 000 |
| Divers (boissons, visites) | 1 000 |
| **Total hebdomadaire pour une personne en FF** | **10 500** |

***Indice Voyageurs "jour Confort" 1 500 FF***

| BUDGET ECONOMIQUE | |
|---|---|
| Hôtels, 7 nuits à 200 F | 1 400 |
| Restaurants (7 dîners à 80 F, 7 déjeuners à 60 F) | 980 |
| Transports interurbains (railpass, 7 jours) | 1 500 |
| Bus, métro | 210 |
| Divers (boissons, visites) | 810 |
| **Total hebdomadaire pour une personne en FF** | **4 900** |

***Indice Voyageurs "jour Economique" 700 FF***

## Le prix des produits et des services

Suivant les magasins et leur situation, les prix varient facilement du simple au double; on ne laisse jamais de pourboire.

| CONSOMMATIONS | |
|---|---|
| Boissons en boîte, en distributeur | 4 à 8F |
| Café au comptoir (rare) | 5F |
| Café en salle | 12 à 18F |
| Café dans un grand hôtel | 20 à 30F |
| Jus de fruits, Coca-Cola, etc. | 18 à 25F |
| Jus de fruits, Coca-Cola, etc. dans un grand hôtel | 25 à 40F |
| Demi de bière (rare) | 20 à 30F |
| Bière en grande bouteille | 20 à 30F |
| Whisky, alcools | 25 à 60F |
| Sandwich | 20 à 30F |
| Club sandwich | 25 à 50F |
| Salade composée | 25 à 50F |
| Plat du jour | 30 à 70F |

| ACHATS ORDINAIRES | |
|---|---|
| Baguette de pain | 4 à 8F |
| Croissant | 3 à 6F |
| Litre de lait | 15 à 25F |
| Litre de vin | à partir de 35F |
| Poulet au kilo | 35F |
| Steack au kilo | 100 à 250F |
| Beurre au kilo | 50 à 70F |
| Litre de super | 6 à 8F |

| LES SERVICES | |
|---|---|
| Journal en japonais | 2,50F |
| Ticket de métro et bus | 6 à 10F |
| Taxi, prise en charge (12F le km) | 15 à 25F |
| Timbre, carte postale | 1,50F |
| Timbre, lettre | 2,50F |
| Lettre par avion | 6 à 8F |
| Téléphone urbain | 0,50F |
| Téléphone international, 1 mn | 15 à 30 F |
| Billet d'avion, Paris-Tokyo, aller-retour. | à partir de 7 700 F |

## Quelques conseils pour améliorer votre séjour

ACCUEIL CHALEUREUX

Dans les hôtels, les magasins, les services, l'accueil est toujours aimable et la volonté de résoudre les problèmes des voyageurs étrangers laisse une bonne impression.

Pour faciliter la communication avec les Japonais, ayez des documents écrits précis ou écrivez en anglais sur un papier. Si celui à qui vous tendez ce papier ne comprend pas, il questionnera d'autres personnes, ou même téléphonera pour vous.

Soyez patients, n'insistez pas si la personne questionnée ne sait pas vous renseigner. Après quelques essais, il y a de fortes chances pour que vous soyez remis sur votre chemin.

## PARLER ET PRONONCER LE JAPONAIS

La prononciation du japonais n'est pas aussi difficile qu'on l'imagine: on peut dire, en simplifiant, que les voyelles se prononcent comme en italien et les consonnes comme en anglais. Les «r» sont roulés, approchant la prononciation de «l». Les «h» sont toujours fortement aspirés, comme en anglais dans «*home*».
On doit dire «foudji» pour Fuji, «Guin'za» pour Ginza (et non pas jinza), «guéïcha» pour geisha (et non pas jécha), «H'akoné» pour Hakone (et non A-konn'), «shin'joukou» pour Shinjuku, «Oçaka» pour Osaka (et non pas Ozaka), bonsaï pour les petits arbres (et non bonzaï, même si cela est écrit ainsi dans certaines publicités). Deux voyelles qui se suivent sont prononcées distinctement: «samoura.ï» pour samurai, «O-ita» pour Oita, «Daïmarou» pour Daimaru (et non démaru).

## PHOTOGRAPHIER, FILMER, ENREGISTRER

A l'extérieur, on peut photographier, filmer et faire tous les enregistrements sonores possibles. Dans les musées, monuments historiques ou temples, la photographie des œuvres d'art est souvent interdite. Il en est de même pour certaines cérémonies religieuses.

## RENCONTRES AVEC LES ÉCOLIERS

Les étrangers, surtout les Européens, sont très bien vus au Japon. De nombreux Japonais ont étudié la littérature et les arts de ces pays avec lesquels, bien sûr, ils font commerce. Il arrivera donc souvent au voyageur d'être abordé poliment dans la rue par des adultes ou des étudiants désirant entendre quelques mots des langues et des pays dont ils rêvent.
Lorsqu'on se trouve au Japon pendant la saison des voyages scolaires, mille éclats de rire s'échappent des grappes d'écoliers en uniformes, qui ne demandent qu'à rompre les rangs pour vous aborder. Il faut quelquefois consacrer un certain temps et utiliser beaucoup de diplomatie pour échapper à cette joyeuse marée, mais le souvenir de tant de bonne humeur, de sourires, d'innocence, de complicité reste longtemps comme un des moments forts du voyage au Japon.

## RENDRE VISITE À UNE FAMILLE JAPONAISE

Que ce soit par l'intermédiaire du système «Home visit» de l'Office du tourisme ou par relation personnelle, rendre visite à une famille japonaise demande de la retenue et une bonne connaissance des usages. Du reste rien ne vous interdit d'agir comme vous le feriez chez vous. Cependant, vous aurez de meilleures relations si vous obéissez à certaines coutumes: par exemple, n'hésitez pas à remercier et à complimenter plusieurs fois, ce sera très apprécié.
Il ne faut pas se formaliser de certaines habitudes japonaises qui nous choquent, entre autres le fait que les hommes passent devant les femmes. Il peut arriver qu'on vous pose des questions que vous jugerez

indiscrètes: vous pouvez ne pas répondre et sourire si on vous demande combien vous gagnez, quel âge vous avez, si vous êtes marié, etc.
Lorsqu'on est invité au domicile d'un Japonais, il faut tout d'abord savoir si l'invitation est impérative ou simplement formelle ("venez tel jour, à telle heure, avec telle personne" ou bien "venez un jour à la maison"). Dans ce dernier cas, il vous appartient de dire que vous aimeriez bien répondre favorablement, mais que vous ne voulez pas déranger.
Lorsque les Japonais rencontrent des étrangers, ils leur tendent généralement la main; entre eux, ils se font des courbettes. Puis vient la carte de visite (petit format), qu'il faut prendre et lire après avoir tendu la sienne.
Il est d'usage d'apporter un cadeau, qu'on offre en arrivant: un bouquet de fleurs, une bouteille de vin, des gâteaux ou même des jouets pour les enfants. Il arrive qu'on vous en fasse un à votre départ; sachez l'accepter après un premier refus. N'oubliez pas de remercier votre hôte dès que vous le reverrez.
Après avoir frappé à la porte, on vient vous ouvrir: vous avez alors accès à un petit vestibule où il faut généralement enlever ses chaussures, puis les ranger, pointe tournée vers la sortie, ou les placer sur une étagère. On vous invitera ensuite à franchir la petite marche donnant accès au sol couvert d'une moquette ou de nattes *(tatamis).* Si on vous a proposé des pantoufles *(slipper),* il faut les laisser à la porte des *tatamis.*
Les pièces japonaises à cloisons de papier ont une hauteur limitée, généralement 1,80m. Il faut donc faire attention en entrant et en sortant.
Dans les pièces traditionnelles, on vous offre fréquemment un coussin sur lequel on peut s'asseoir en tailleur ou sur ses talons.
Avant le repas, il vous faudra trinquer à l'invitation du maître de maison, et répondre. Ne pas oublier de souhaiter à tous un bon appétit *(itadakimas)* et, après le repas, remercier *(gochisô-sama).* Attention: ne jamais planter les baguettes dans le riz ni les diriger vers quelqu'un; c'est un signe de malheur auquel les Japonais sont parfois très sensibles. La coutume est de remplir les verres avant qu'ils ne soient vides, et de servir l'hôte après avoir été servi, s'il ne refuse pas.
On ne vous fera voir probablement qu'une partie de la maison ainsi que le jardin ou les objets d'art, s'il y en a. Des compliments s'imposent, de même que si l'on vous présente l'album de photo, avec les inévitables images de voyages ou de cérémonies familiales.
Il peut arriver que votre interlocuteur reste silencieux un moment. C'est une coutume, et il ne faut y voir aucune signification particulière. Les secrets et les apartés sont tolérés: il ne faut pas s'en offusquer. Il est souvent difficile de savoir quand partir; il est peut-être utile de prévenir à l'avance si vous avez un horaire impératif. N'hésitez pas à prévoir des marges horaires, pour ne pas risquer de rater votre train ou le dernier métro.
En principe, on doit rendre les invitations, chez soi ou bien dans un restaurant.

TROUVER UNE ADRESSE
Les adresses sont indiquées avec les numéros des blocs: il n'y a pas de numéros successifs par rue.
Il faut donc généralement se renseigner avant de se rendre quelque part, et éventuellement redemander une fois sur place ou téléphoner pour qu'on vienne vous chercher.
Les commerçants connaissent généralement bien le quartier, mais pourront-ils vous comprendre? Il peut arriver qu'un passant vous accompagne vers votre destination. Le mieux est de se faire dessiner un plan avec des indications en japonais.
Voici quelques mots qui pourront vous être utiles.
*Banchi:* numéro dans le bloc.
*Cho* (tcho) ou *chome* (tchomé): quartier.
*Dori:* boulevard, avenue ou rue.
*Ku* (cou): arrondissement.
*Mura:* village.
*Shi* ou *machi* (matchi): ville.
Les adresses contiennent souvent l'indication de l'étage, compté à l'anglaise: rez-de-chaussée se dit *first floor* ou *F. one (F1)*; notre premier étage est le *second floor* ou *F. two (F2)*, etc. Le sous-sol se dit *B. one (bi one)* et s'écrit *B1*, le second sous-sol est *B. 2* ou *B two (bi tou)*, etc.

VIVRE LA NUIT
Les grandes villes ont depuis longtemps des quartiers animés la nuit: on y trouve des restaurants, des bars, des lieux de distraction et aussi des commerces ordinaires. De nouveaux types de magasins ont fait leur apparition en 1974: ce sont des sortes de superettes, en majorité ouvertes 24 heures sur 24, sinon de 7h à 23h. Conçus sur le modèle américain ou créés en franchise par les sociétés de supermarchés japonais, ces «*Convenience stores*» (Niko-mart, Seven-Eleven, Lawson's, etc.) ont connu un succès rapide. On en compte actuellement une vingtaine de milliers. Les prix sont avantageux et les produits de bonne qualité: on y trouve des aliments frais et des plats préparés, des objets de ménage, des vêtements, quelques livres et journaux. Enfin, divers services sont aussi proposés: photocopie, réservations de places pour les spectacles, livraisons... Ces magasins se singularisent par leur éclairage très fort contrastant avec les magasins traditionnels, en voie de disparition.

VOYAGER
EN TOUTE SÉCURITÉ
Le Japon est une démocratie couronnée, comme les pays de l'Europe du Nord. Sur les plans politique et social, l'esprit démocratique et la liberté sont les atouts du succès du Japon, ainsi que du plaisir qu'on ressent en voyage dans ce pays, à nos yeux parfois si étrange.
Comme dans toutes les démocraties, les contraintes sociales et les abus existent, témoin les derniers scandales politiques. Mais le rituel des relations humaines, les implications de la religion dans la vie de tous les jours font du Japon l'expérience le démontre et les statistiques le prouvent le pays le plus sûr au monde.
On peut donc aller librement partout au Japon, à toute heure de la journée et de la nuit, et dans tous les quartiers des villes et des campagnes. Les femmes ne sont jamais abor-

dées ou critiquées le soir dans les rues, seules ou entre amies. Les taxis sont absolument sûrs, comme le personnel des hôtels, des restaurants, des magasins ou des services: banques, poste ou chemins de fer.
Si vous oubliez quelque chose, même sans valeur, vous le retrouverez rapidement; on vous le rendra enveloppé, éventuellement contre signature d'un reçu.

# Abashiri et Hokkaïdo (partie Est: Kushiro, Akan et Nemuro)

Dans la partie Est de l'île de Hokkaïdo, on peut faire étape à Abashiri (six heures de Sapporo par train JR), au bord des lacs Akan et Mashu: parc national et communauté Aînou, sites très touristiques accessibles en bus depuis Abashiri. Kushiro, sur la côte Sud, est connu pour la danse des grues blanches, oiseaux sacrés et protégés. Des caps Shiretoko et Nemuro, accessibles en autobus, beaux paysages marins et vue sur les quatre îles Kouriles, occupées en 1945 par l'URSS, et sans cesse réclamées depuis.

## LES FETES A ABASHIRI

Février. *Festival de sculptures de glace.*
4 juillet. *Fête du feu*, danses chamaniques *(Orochon no Himatsuri).*

## CHOISISSEZ VOS HOTELS

**Confort**
*Abashiri Sunroute Hotel.* Futatsu-Niwa Kaigan, Abashiri 099-24, tél. (0152) 43 4581. Cinq minutes en taxi de la gare, au bord de la mer. Chambre simple de 250 à 350F; double de 350 à 450F.
**Economique**
*Minshuku Sakura-so.* 27-41 Omagari, Abashiri 099-24, tél. (0152) 44 2337. Près du mont Tento-san, cinq minutes en taxi de la gare JR. Chambres japonaises, 5 200 yen par personne en demi-pension.
*Ryokan Akanko-So.* Akanko-onsen, 085-04 Hokkaido, tél. (015467) 2231. Au bord du lac Akan. Chambres japonaises en demi-pension, de 350 à 500F par personne.
*Kushiro Sunroute Hotel.* 13-26 Kurogane-cho, Kushiro 085, Hokkaido. Chambres occidentales, restaurant. Chambre simple, 300F; double, 450F.

# Aizu-Wakamatsu

Ancienne ville féodale, produisant du saké et des laques, détruite par la guerre civile de 1868, Aizu-Wakamatsu a conservé un quartier ancien authentique (Bukke-yashiki). Le château, reconstruit en 1965, abrite le musée local. De nombreux magasins vendent des produits d'artisanat.
**Population.** 100 000 hab.

## COMMENT S'Y RENDRE ?

**Train.** Trois heures de Tokyo, Shinkansen jusqu'à Koriyama, correspondance pour Aizu-Wakamatsu.

## OU TROUVER DE L'INFORMATION ?

*Office d'informations touristiques.* A côté de la gare JR (Bus Tourist Information Center) et au *musée du Folklore Aizu-Machikata*, 8-8-2 Omachi, tél. (0242) 32-0688.

## LES FETES

7 janvier. *Pèlerinage des Jeunes Gens nus (Hadaka Mairi).*
22 au 24 septembre. *Grande fête avec défilé de soldats* en costumes de l'ère Meiji *(Aizu-Byakko Matsuri).*

## A VOIR

Le *temple Sazae-do*, pagode en forme d'hélicoïde double, est un monument unique, un chef-d'œuvre de l'architecture bouddhique en bois. Cet édifice en forme de conque (*sazae*) date de 1796. A l'intérieur, sont présentées les 33 maquettes des temples du pèlerinage à Kannon, situés dans la région de Kyoto.
On peut visiter aussi les deux musées de l'*industrie du saké*, le musée des *Poteries laquées* et le jardin de *plantes médicinales*, Onyaku-en.
Le *parc national Bandai-Asahi* et la ville de *Kitakata* (anciennes maisons et greniers) sont accessibles en une demi-heure de bus ou de train JR.

## CHOISISSEZ VOS HOTELS

**Confort**
*Washington Hotel.* 201 Byakko-cho, Aizu-Wakamatsu 965, tél. (0242)-22-6111, fax (0242) 24 7535. Restaurant, cafétéria. Chambre simple de 250 à 300F; double de 300 à 400F.
*Ryokan Tagoto.* 5-15 Johoku-cho, Aizu-Wakamatsu 965, tél. (0242)-24-7500. Chambres japonaises en demi-pension, repas rural servis autour du feu. 300F par personne.
**Economique**
*Green Hotel Aizu.* 3-7023 Chuo, Aizu-Wakamatsu-shi 965, tél.

(0242) 24 5181. Cinq minutes à pied de la gare. Restaurant-café. Chambre simple, 160F; double, 300F.

### CHOISISSEZ VOS RESTAURANTS

Autour de Ichinomachi et Nanikamichi, au sud de la gare JR.
*Mitsutaya.* Tél. (0242) 27-1345. De 9 à 18h, fermé le mercredi. Cuisine campagnarde au soja. Menu à partir de 1 000 yen.
*Tsuruizutsu.* Tél. (0242) 26-5629. De 11 à 23h, fermé de janvier à mars. Dans une ancienne maison. Cuisine locale. Menu à partir de 1 300 yen.

## Akita

Capitale de la préfecture du même nom, Akita conserve les vestiges de son château dans le parc Senchu (allée de cerisiers, azalées et lotus).
**Population.** 300 000 hab.

### COMMENT S'Y RENDRE ?

**Train.** Quatre heures trente de Tokyo, par Shinkansen jusqu'à Morioka puis ligne JR.
**Avion.** Une heure trente de Tokyo.

### OU TROUVER DE L'INFORMATION ?

*Office d'informations touristiques.* A la gare JR.

### LES FETES

Il faut visiter Akita pendant la *fête des Lanternes (Kanto-Matsuri),* du 5 au 7 août. Comme à Hirosaki (du 2 au 6 août), Aomori (du 5 au 7 août), Sendai (du 6 au 8 août), ce sont des fêtes extraordinaires pour les spectacles et par l'ambiance. Les lanternes sont accrochées sur de longues perches en bambous, et les porteurs les tiennent en équilibre à bout de main, sur la tête ou la hanche. Il peut même arriver qu'on vous propose d'essayer.

Le défilé commence à la tombée de la nuit et dure jusque vers 22h.

### CHOISISSEZ VOS HOTELS

**Confort**
*Akita Castle Hotel.* 1-3-5 Nakadori, Akita 010, tél. (0188) 34 1141, fax (0188) 34 5599. Huit minutes à pied de la gare JR. Restaurant, cafétéria, bar. 200 chambres: simple de 300 à 450F; double de 500 à 700F.
*Hotel Hawai Ekimaeten.* 2-2 Senshu-kubota-machi, Akita-shi 010, tél. (0188) 33 1111. A trois minutes à pied de la gare JR.

360 chambres, restaurant. Deux annexes: Hawai Shin-honten (240 chambres) et Hawai Lagoon (215 chambres), avec restaurants, cafétéria, bar. Chambre simple, 200F; double, 320F.
**Economique**
*Sun Route Akita.* 3-4-18 Omachi, Akita 010, tél. (188) 65 2111, fax (188) 63 5776. Cinq minutes en taxi de la gare JR. Restaurant-cafétéria. Chambre simple, 400F; double, 600F.
*Kohama Ryokan.* 6-19-6 Nakadori, Akita 010, tél. (0188) 32-5739, fax (0188) 32 5845. Petite auberge traditionnelle, à deux pas de la gare JR. Huit chambres japonaises, une occidentale, bain collectif. Petit déjeuner japonais, 30F; dîner, 60F. Chambre simple, 120F; double, 250F; triple, 400F.

### RESTAURANT

*Suginoya.* Nakadori 2 chome, tél. (0188) 35-5111. Ouvert de 11 à 21h30. A cinq minutes de la gare. Cuisine japonaise à la vapeur.

## Aomori

Principale ville du Nord du pays, Aomori est la dernière avant l'île de Hokkaïdo (tunnel ferroviaire Sekkan). On y fait étape sur le chemin du mont Osore-zan (sanctuaire shinto avec cérémonies chamaniques).

D'Aomori, on se rend au lac Towada: station de ski et de montagne, sources chaudes et auberges traditionnelles. On peut louer des bicyclettes pour parcourir la jolie vallée Oïrase.

**Population.** 400 000 hab.

### COMMENT S'Y RENDRE ?

**Train.** Cinq heures de Tokyo. Shinkansen jusqu'à Morioka (trois heures), correspondance JR jusqu'à Aomori.

### OU TROUVER DE L'INFORMATION ?

*Office d'informations touristiques.* A la gare JR.

### LES FETES

20 au 24 juillet. *Fêtes de Jizo.*
2 au 7 août. *Grand festival Nebuta Matsuri.* Si les hôtels sont pleins, on peut réserver des couchettes à la gare JR.

### A VOIR

*Le musée mémorial Munakata Kinenkan.* Belles gravures sur bois de Munakata Shiko, célèbre artiste ayant participé au re-

nouveau de l'art populaire traditionnel. Ouvert de 9h30 à 16h, fermé mardi et fêtes.
*Musique folklorique en soirée au cabaret Jintako (Minyo-sakaba).* A cinq minutes de la gare, tél. (0177) 73-3522. Fermé le dimanche.

### CHOISISSEZ VOS HOTELS

**Confort**
*Sun Route Hotel.* 1-9-10 Shin-machi, Aomori 030, tél. (177) 75 2321, fax (177) 75 2329. cinq minutes à pied de la gare JR. Restaurant-cafétéria, chambre simple, 440F; double, 660F.
*Aomori Dai-Ichi Hotel.* 2-5-6 Shinmachi, Aomori-shi 030, tél. (0177) 75 4311. Cinq minutes à pied de la gare JR Aomori. Restaurant-cafétéria. Confort et service de la chaîne Dai-Ichi. 90 chambres: simple, 200F; double, 350F.
**Economique**
*Aomori Green Hotel.* 1-11-22 Shin-machi, Aomori-shi 030, tél. (0177) 23 2001. Trois minutes de la gare JR Aomori. Cafétéria. 88 chambres: simple, 180F; double, 320F.
Dominique Buisson (août 1991) témoigne:
*L'ambiance de la fête, les costumes, les chars illuminés et la douceur de la nuit: voilà de beaux souvenirs.*

## Aso (mont Aso)

A deux heures de Kumamoto ou Beppu, le mont Aso, au centre de l'île Kyushu, est un volcan actif dans un très beau paysage protégé (parc national).

Sur la place, magasins de souvenirs, restaurants et cafés.

On accède jusqu'au bord du cratère central de Nakadake (1 592 m), en une heure aller-retour en utilisant le téléphérique (20F) ou par le sentier. Très beau panorama et vue sur le lac du cratère et ses volutes de vapeur.

### COMMENT S'Y RENDRE ?

**Cars.** Services de cars à partir de Beppu (route panoramique Yamanami) ou de Kumamoto, faisant étape au mont Aso.
**Train.** Par le train on arrive au pied du volcan (gare de Miyaji, à 3 km de la gare Aso); de là, on prend un autobus jusqu'à la gare du téléphérique (Aso-zan Ropeway).

### LES FETES

28 juillet. *Onda matsuri.* Défilé de palanquins et tambours.
25 septembre. *Aso Tanomi Shinji.* Archerie à cheval, musique sacrée.

### A VOIR

*Le musée du Volcan (Aso-zan Shiryokan).* A 1 km du parking. Intéressant, film sur écran géant. Visite, 1 heure. Entrée, 20F.

### CHOISISSEZ VOS HOTELS

Hébergement possible à Ichi-no-Miya ou Uchi-no-Maki, mais on fait souvent l'étape Kumamoto-Beppu en une journée, dans un sens ou dans l'autre, ce qui est possible même si on passe par Usuki pour voir les statues bouddhiques sculptées dans les rochers.

**Luxe**

*Aso Kanko Hotel.* Yunotani, Choyo-mura, Aso-gun, Kumamoto 869-21, tél. (0967) 67 03 11. A 8 km de Ichi-no-Miya, dans la montagne. Demi-pension, cuisine occidentale. Sources chaudes et bains. 150 chambres occidentales et japonaises.

*Ryokan Aso-no-Tsukasa.* 1230 Kurokawa, Aso-machi, Kumamoto 869-22, tél. (09673) 4 0821. A cinq minutes en taxi de la gare JR Aso. Auberge japonaise traditionnelle. Demi-pension, cuisine japonaise. 120 chambres japonaises avec bain.

**Confort**

*Ryokan Aso Hotel.* Uchi-no-Maki. Oaza, Aso-machi, Kumamoto 869-23, tél. (09673 2 0525). Demi-pension. Situé dans la station thermale Aso-Onsen. 60 chambres japonaises.

**Economique**

*Minshuku Marufuku.* Miyaji, Ichi-no-Miya-cho, Aso-gun, Kumamoto 869-23, tél. (09673 2 1130). Auberge agréable, bon accueil. Demi-pension, cuisine japonaise. 9 chambres japonaises.

## Atami

Station balnéaire à l'ouest de Tokyo, connue pour ses sources chaudes. Du port d'Atami, ferries pour l'île Oshima et l'archipel Izu.

**Population.** 100 000 hab.

### COMMENT S'Y RENDRE ?

**Train.** Une heure de Tokyo par le Shinkansen.

### A VOIR

*Musée Moa (Moa Bijutsu-kan).* A cinq minutes de la gare. Arts traditionnels du Japon et art chinois. Ouvert de 9h30 à 16h, sauf jeudi.

### CHOISISSEZ VOS HOTELS

Hébergement difficile et généralement cher, surtout en saison.

*Nanzantei.* 1-14-8 Doi. Yugawara 259-03 (7 km au nord), tél.

(0465) 62 5188. Petite auberge traditionnelle, calme, vieillotte et économique. Petits déjeuners de 14 à 20F. Chambre simple de 180 à 280F; double de 280 à 400F.
Claire Allouz (mai 1991) témoigne:
*Une minuscule maison japonaise et l'accueil de nos hôtes assez âgés: c'est tout le charme du minshuku Nanzantei réservé aux voyageurs à l'âme sensible.*

# Awaji (île)

Ile légendaire en face de Kobé. Relai entre Honshu et Shikoku, petits villages de pêcheurs et paysages ruraux.

### COMMENT S'Y RENDRE ?

Une heure dix de Kobé par train jusqu'à Akashi, puis ferry, ensuite bus locaux.

### OU TROUVER DE L'INFORMATION ?

*Bureau touristique de la ville de Awajicho.* Awajicho-Yakusho Kankoka, tél. (0799)72 3111 (en japonais seulement).
Hébergement limité: voir les villages de gîtes ruraux *(minshuku).*

# Beppu et Oita

Etape classique du voyage au Japon, Beppu est connue pour ses mille sources chaudes, ses geysers, ses bains sous verrières *(jungle bath)* et dans le sable chaud. La ville est située au bord de la mer, au pied du mont Tsurumi. Oita est à 12 km: c'est un port actif et la capitale de la préfecture.
**Population.** 600 000 habitants à Beppu, 400 000 à Oita.

### COMMENT S'Y RENDRE ?

**Train.** 2 heures de train de Kokura puis Shinkansen; 4 heures jusqu'à Osaka ou Kyoto; 7 heures jusqu'à Tokyo.
**Avion.** 1 heure d'Osaka, 2 heures de Tokyo (aéroport à Oita).
**Ferry.** Au départ de Kobé (16 heures, trois services de jour et de nuit).

### LES FETES

1er - 4 avril. *Fête des sources chaudes* (*Onsen matsuri*). Défilé de masques et costumes anciens dans les rues de Beppu.

## A VOIR

Quelques geysers et sources chaudes se visitent: on les appelle «enfers» *(jigoku)*.
*Umi-jigoku (enfer de la mer)*. C'est le plus joli et le plus complet: dans un jardin de lotus, une source émeraude et de nombreuses fleurs: la *serre des nénuphars Victoria* et la *source rouge* dite «source de sang» *(Chi-no-Jigoku)*.
*Geyser du Dragon (Tatsumi-jigoku)*. Il jaillit toutes les vingt minutes.
On peut visiter d'autres «enfers», mais il faut surtout expérimenter les bains tropicaux *(jungle-bath)*, au Suginoï Hotel, qui fut longtemps le plus grand hôtel du monde. Dans les deux salles (hommes et femmes séparés), bassins chauds, tièdes et froids, cascades, bains de sable et de sciure, douche et végétaux tropicaux. La nudité est de rigueur, mais ne constitue pas une gêne, en raison de la discrétion des Japonais. Rares pourtant sont les étrangers qui osent cette étonnante expérience. Ouvert de 6 à 24 h. L'entrée des grands bains est gratuite pour les clients de l'hôtel mais les visiteurs doivent payer 50F.
*Le bain Takagawara Onsen*. A 500 m au sud de la gare de Beppu, près de la plage. Pour se faire recouvrir de sable chaud.

## CHOISISSEZ VOS HOTELS

**Luxe**
*Suginoï Hotel*. 2272 Oaza, Minami-Tateishi, Beppu, Oita 874, tél. (0977) 24 1141. Dix restaurants, quatre cafétérias, galeries marchandes, gymnase, massages, salles de jeux parfois bruyantes. Il faut faire l'expérience des plus grands bains en verrière du Japon. 600 chambres occidentales et japonaises, avec bains.
Marie-France Lamé (avril 1991) témoigne:
*J'ai beaucoup aimé les grands bains de l'hôtel Suginoï: c'est une expérience unique que se détendre dans les bains collectifs, conviviaux, sous les immenses serres et la verdure tropicale.*
**Confort**
*Kamenoï Hotel*. 5-17 Chuo-machi, Beppu, Oita 874, tél. (0977)-22 3301. fax (0977) 21 1232. Restaurant, cafétéria, boutiques, bain extérieur dans un joli jardin japonais. 130 chambres occidentales et japonaises: simple, 400F; double de 500 à 700F.
**Economique**
*Business Hotel Star*. 10-29 Tanoyu-machi, Beppu 87, tél. (0977) 25 1188. A deux pas de la gare JR de Beppu. Restaurant-cafétéria. 50 chambres occidentales avec bain: simple, 150F; double, 250F.
*Minshuku Kokage*. 8-9 Ekimae-cho, Beppu. Oita 874, tél. (0977) 23 1753, fax (0977) 23 3895. Deux minutes à pied de la gare JR de Beppu, cinq minutes en taxi du port (ferry pour Kobe, Hiroshima et Shikoku). Bain thermal collectif (6F). Petit

déjeuner, 25F; dîner de 60 à 80F. 15 chambres occidentales et japonaises, avec et sans bains: simple, 120F; double, 250F.

### A VOIR DANS LES ENVIRONS

**Mont Aso**
Au départ de Beppu, en passant éventuellement par Usuki, 45 minutes par le train JR puis 15 en bus. Pour les statues bouddhiques en pierre *(sekibutsu)* dans un joli site campagnard.

## Fuji-Hakone – les cinq lacs (mont Fuji, Hakone, Kawaguchi-ko)

Bien que visible depuis Tokyo (du haut des tours), de Kamakura ou de Shizuoka, le mont Fuji mérite qu'on le regarde de près, voire d'en faire l'ascension (autorisée en juillet et en août). A défaut, une excursion jusqu'à la cinquième étape *(Gogome),* possible d'avril à novembre, offre une belle vue jusqu'au sommet et sur les montagnes qui entourent le cône.

Dominant de ses 3 776 m les montagnes boisées autour des lacs, le mont Fuji est surtout beau lorsqu'il est couvert de neige: on le contemple aussi des rives des lacs Kawaguchi et Yamanaka, les deux plus grands des cinq lacs du mont Fuji (Fuji-goko).
**Population.** Hakone, 5 000 hab.

### COMMENT S'Y RENDRE ?

**Train.** Deux heures de Tokyo (trains Odakyu au départ de Tokyo-Shinjuku et correspondance en bus, trains JR ou Shinkansen jusqu'à Odawara, puis bus).
**Bus.** Trois heures de Tokyo.

### LES FETES

1er juillet au 31 août. *Saison des ascensions* au mont Fuji.
31 juillet. *Feu d'artifice* à Hakone, sur le lac Ashi.
16 août. *Feux dans la montagne (Daimonji-yaki).* Feux d'artifice et animations à Hakone.
3 novembre. *Procession en costumes anciens (Daimyo-gyoretsu).* A Yumoto-Hakone.

### A VOIR

**Hakone.** A 800 m d'altitude. Au bord du lac Ashi, Hakone est

le site le plus favorable pour bien voir le mont Fuji, et il est facilement accessible de Tokyo. C'est aussi une étape commode sur la route de Tokyo vers le Japon de l'Ouest (Kyoto). Pour bien voir le mont Fuji, faire la traversée du lac Ashi en bateau (30 à 50F), de Hakone ou de Moto-Hakone vers Togendai. De là, prendre le téléphérique (40F) jusqu'à la vallée des fumerolles, Owakudani. Très belle vue sur la totalité du mont Fuji et vers la baie de Suruga, au loin.
*Accès.* De Tokyo, ligne privée Odakyu au départ de Shinjuku (2 heures; 120F en express Romance-car) jusqu'à Hakone-Yumoto, puis bus pour Moto-Hakone (30 minutes, 20F). De Yumoto, on peut aussi prendre le train à crémaillère Hakone-Tozan-Densha jusqu'à la station Gora, puis le funiculaire et enfin le téléphérique pour Owakudani. Billet combiné, 60F; deux heures de trajet. (Billets combinés au départ de Shinjuku: 500F avec traversée du lac en bateau.)
A Moto-Hakone, on peut voir l'ancienne route du Tokaïdo et ses grands cryptomères. A Hakone, dix minutes à pied par le bord du lac: *petit musée historique de la barrière (Hakone-Checkpoint Museum).*

**Kawaguchi.** 10 000 hab, 800 m d'altitude. Situés au pied du cône, le lac et la ville de Kawaguchi offrent une belle vue sur le mont Fuji. On accède en autobus ou en voiture particulière jusqu'à la cinquième station *Gogome* (Gogomé), 2 550 m, par une route panoramique payante (Subaru-line, 60F).
**Accès.** *Trains JR.* Deux heures en express de la gare de Tokyo-Shinjuku, 60F. Bus pour la cinquième station: une heure; 40F.
*Autobus.* Environ trois heures de Tokyo (gare routière Odakyu de Shinjuku, 60F). Bus directs Shinjuku-Gogome (quatre heures; 100F).
**Ascension du mont Fuji.** Ouvert en juillet et août, le mont Fuji peut être gravi dans la journée en partant de Tokyo tôt le matin (se renseigner sur les horaires de retour, le jour même ou le lendemain).
Les deux voies principales d'ascension débutent aux cinquièmes stations, *Gogome nord et sud*, terminus des routes panoramiques partant de Gotemba, sur l'autoroute Tokyo-Nagoya ou de Kawaguchi. La *route Subaru-line*, partant de Kawaguchi est plus fréquentée (ouverte de 6 à 22h pour la montée).
A la cinquième station, se trouvent quelques hôtels-refuges, des restaurants et des cafés. Nombreux magasins de souvenirs, de vêtements et d'équipements de montagne, entre autres des torches pour ceux qui veulent faire l'ascension de nuit. Les cannes en bois sont très utiles pour les chemins de lave où alternent rochers et gravillons glissants. L'ascension exige une bonne forme physique: il fait très chaud pendant la journée, mais le mauvais temps peut arriver en quelques heures, avec un rapide rafraîchissement et même de la neige

au sommet. Les nombreux refuges (paillasses sommaires: 50F pour s'y reposer; 150F pour la nuit) offrent de bonnes soupes de nouilles (30F), du thé et des boissons en boîte (20F).
Joëlle Laurent (août 1991) témoigne:
*L'impression d'être un pèlerin japonais parmi la foule qui part à l'assaut du mont Fuji. Spectacle inoubliable et sens du sacré.*

## CHOISISSEZ VOS HOTELS

Réserver à l'avance, surtout en été et en automne.

**Luxe**

*Hakone*. Hakone-Machi, tél. (0460) 3 6311. Au bord du lac, vue sur le Fuji. Vieillot mais confortable.
*Hakone Kanko*. Sengokuhara, tél. (0460) 4 8501. Au bord du lac, dans les bois. Vue sur le Fuji.
*Kowaki-en*. 1297 Ninotaira, Hakone-machi. Kanagawa 250-04, tél. (0460) 2 4111. Immense complexe hôtelier comprenant plusieurs bâtiments, restaurants, bars, magasins de souvenirs, distractions, piscines, etc. Pas de vue directe sur le Fuji. Chambres occidentales et japonaises.
Dominique Buisson (août 1991) témoigne:
*Hôtel Kowaki-en. Un des plus grands hôtels du Japon. Dans la forêt, au milieu des fumées des sources chaudes: bains et massages traditionnels; c'est très reposant.*

**Confort**

*Hakone-Kagetsuen*. Sengokuhara, Hakone-machi, Kanagawa Pref, tél. (0460) 4 8621. Sur la pente de la montagne, vue sur le Fuji.

**Economique**

*Fuji-Hakone Guest House*. 912 Sengokuhara, Hakone, Kanagawa 250-04, tél. (0460) 4 6577, fax (0460) 4 6578. Bon accueil, très correct. Bus n° 4 de la gare d'Odawara, arrêt Senkyoromae, 30 m à gauche dans la ruelle qui descend. Petit déjeuner, 30F. 12 chambres japonaises, bain collectif: simple, 200F; double de 300 à 400F; triple de 400 à 500F.
*Ryokan Matsuzakaya*. 64 Moto-Hakone, Kanagawa 250-0, tél. (0460) 3 6315. 20 chambres, bain collectif: 150F sans repas; de 300 à 400F en demi-pension.
*Ryokan Yugiriso*. 138 Hakone, Kanagawa 250, tél. (0460) 3 6377. 8 chambres, bain collectif: 200 à 250F par personne sans repas; de 300 à 400F en demi-pension.
*Minshuku Hotel Ashiwada*. Au lac Kawaguchi, Nagahama, Yamaguchiko, Yamanashi, tél. (0555) 82 2321. Cinq minutes en taxi de la gare JR Kawaguchiko. Chambres japonaises, demi-pension, 200F par personne.
*Minshuku Fuji-sô*. Au lac Kawaguchi, 735 Kodachi, Kawaguchiko, Yamanashi, tél. (05557) 2 1869. Dix minutes en bus de la gare de Fujikyuko-Kawaguchiko. 200F en demi-pension.
Nombreux restaurants et boutiques à proximité des sites et dans les divers hôtels.

Joëlle Bellamy (novembre 1991) témoigne:
*Msu-no-ié. Oshino-mura, entre les villes de Kawaguchi et de Yamanaka-ko, tél. (0555) 84 2013 Avec le circuit minibus de Voyageurs au Japon, nous avons fait étape dans cette merveilleuse auberge traditionnelle: jardin japonais, vue sur le mont Fuji, maison au toit de chaume, accueil très chaleureux, cuisine familiale délicate, salle de bain traditionnelle.*

# Fukuoka

Porte du Japon sur l'Asie depuis longtemps, Fukuoka est une étape agréable. Partageant avec Kitakyushu le titre de plus grande ville de Kyushu, c'est en fait la véritable capitale touristique et culturelle de l'île.
**Population.** 1 million d'hab.

## COMMENT S'Y RENDRE ?

**Train.** Sept heures en train Shinkansen de Tokyo, quatre d'Osaka ou Kyoto.
**Avion.** Deux heures de Tokyo, une heure d'Osaka. L'aéroport est à 10 km seulement de la ville, soit 10mn de taxi (100F) pour se rendre au cœur de Fukuoka. Les bus partent toutes les 5mn pour la gare de Fukuoka-Hakata (15F).

## OU TROUVER DE L'INFORMATION ?

*Tourist Information Center.* Dans la gare de Hakata-Fukuoka, tél. (092)-473-6696.

## LES FETES

3 et 4 mai. *Parade au son de musique traditionnelle (Dontaku Matsuri).*
1er au 15 juillet. *Exposition et défilé de chars (Gion Yamagasa Matsuri).*

## A VOIR

*La gare de Hakata.* Centre de transit avec hôtels, restaurants et magasins.
*Le quartier Tenjin.* C'est le véritable centre-ville, accessible en métro de la gare de Hakata. C'est là que se trouvent les grands magasins et les galeries marchandes, autour de la gare Nishitetsu, qui conduit à Dazaifu, ville historique.
*Le parc public Ohori-koen.* Plus à l'ouest, avec un joli lac, des ponts et un pavillon rouge. Un agréable jardin japonais de style traditionnel se trouve devant le Musée municipal (entrée 6F).

## CHOISISSEZ VOS HOTELS

**Luxe**

*ANA Hotel.* 3-3 Hakata-ekimae, Hakata-ku, Fukuoka 810, tél. (092) 471 7111, fax (092) 472 7707. A deux pas de la gare JR Hakata. Restaurant, bar, cafétéria. 200 chambres: simple de 400 à 500F; double de 700 à 1 000F.

*Tokyu Hotel.* 16-1-1 Tenjin, Chuo-ku, Fukuoka 810, tél. (092) 781 7111. Bien situé entre Tenjin et Nakasu (cinq minutes en taxi de la gare JR). Belle vue du restaurant et du bar au dernier étage. 13 suites, trois restaurants, bar, cafétéria. 253 chambres: simple, 400F; double, 800F.

**Confortable**

*Clio Court Hotel.* 5-3 Hakata-eki Chuo-gai, Hakata-ku, Fukuoka 812, tél. (092) 472 1111. Restaurant pivotant sur le toit. Galerie marchande.

*Ryokan Wakazuru.* Kiyokawa, Chuo-ku, Fukuoka 812, tél. (092) 531-2861. Situé à dix minutes en taxi de la gare JR Hakata. Auberge traditionnelle. Chambres avec bains, demi-pension (cuisine japonaise), 450F.

**Economique**

*Hakata Dai-Ichi Hotel.* 2-1-27 Hakata-eki Higashi, Fukuoka 812, tél. (092) 411 35011. Deux minutes de la gare JR Hakata. 180 chambres, restaurant-cafétéria. Chambre simple, 200F; double, 320F.

*Suehiro Inn.* 2-1-9 Minami-Honmachi, Hakata-ku, Fukuoka 816, tél. (092) 581 0306. Petite auberge traditionnelle, bon accueil. Dix minutes en taxi de l'aéroport ou de la gare JR de Hakata. Accès en train par la ligne Nishitetsu, gare Zasshonokuma: 10 minutes de Fukuoka Tenjin. Petit déjeuner possible. 13 chambres japonaises, salle de bain collective ou privée.

## CHOISISSEZ VOS RESTAURANTS

**Luxe**

*Tashiro.* 3-25-25 Hakata-eki-mae, tél. (092) 431 5995. Plats à la carte. Pour dîner léger et boire, ambiance club.

*Goemon.* 14-27 Kamikawabata, Hakata-ku, tél. (092) 291 0593. Plats à base de tofu (pâte de soja) léger et diététique.

*Steak house de l'hôtel Shiroyama.* Au neuvième étage, tél. (092) 281 2211. Sur réservation, surtout le soir. Menu touristique à midi.

## BARS

*Sky Bar du Nishitetsu Grand Hotel.* Au quatorzième étage, 2-6-60 Daimyo, Chuo-ku.

*Bar Wine House Fujita.* 4-1-6 Nakasu, Hakata-ku. Alcools et plats à la carte.

### LES ACHATS ET SERVICES

Achats autour de la gare de Hakata et le quartier Tenjin (grand magasin Iwataya et galeries marchandes Nishitetsu) et dans l'aérogare (cafétéria, boutiques et change).
Location de voiture. Nippon Rentacar, en face du parking.

## Hagi

Ancienne petite ville de château, connue pour sa céramique de couleur blanche, Hagi est au bord d'une plage de sable de la mer du Japon.
**Population.** 40 000 hab.

### COMMENT S'Y RENDRE ?

Deux heures de train de Shimonoseki ou Hiroshima, desservie par les lignes nationales JR reliant Matsue à Shimonoseki, Hagi est aussi accessible par le Shinkansen et la correspondance par autocar à la gare d'Ogori.

### A VOIR

Ses quartiers anciens, où l'on peut visiter quelques vieilles maisons en bois, sont très agréables. Il faut visiter la ville en descendant à la gare de Higashi-Hagi (Hagi-est) et louer des bicyclettes en face de la gare. On longe les canaux en regardant les bateaux de pêche et les étalages de poissons du port. Une promenade dans la campagne conduit rapidement vers *le temple Tokoji* ou bien vers les petites criques du bord de mer.
*L'île Omishima*, le *gouffre calcaire Akiyoshidai* et la petite ville de *Tsuwano*, célèbre pour ses maisons en bois et ses iris, sont les sites agréables des environs.

### CHOISISSEZ VOS HOTELS

**Luxe**
*Hagi Grand Hotel*. 25 Furuhagicho, Hagi, Yamaguchi-ken. tél. (08382) 5 1211. Restaurant, cafétéria. 100 chambres de 400 à 600F.
*Hagi Kanko Hotel*. 1189 Oaza, Chinto, Hagi, Yamaguchi-ken, tél. (08382) 5 0211. 20 minutes en bus de la gare Higashi-Hagi. Restaurant, cafétéria. 86 chambres de 400 à 600F.
**Confort**
*Rakutenchi Kokusai Kanko Hotel*. 6509 Oaza, Chinto, Hagi, Yamaguchi-ken, tél. (08382) 5 0121. 15 minutes en bus de la gare de Higashi-Hagi. Restaurant, cafétéria. 98 chambres de 400 à 600F.
*Hagi Tanaka Hotel*. 707-10 Koshigahama, Hagi, 758 Yamagu-

chi-ken, tél. (08382) 5 0001. Restaurant, cafétéria. 98 chambres de 400 à 600F.

# Hiraizumi

Hiraizumi conserve les vestiges d'une ville éphémère du XIIe siècle, célèbre dans l'histoire du Japon pour son temple d'or, Konjiki-do, et le jardin de l'ancien temple Motsu-ji, récemment restauré.
**Population.** 10 000 hab.

### COMMENT S'Y RENDRE ?

**Train.** Deux heures trente de Tokyo (gare de Ueno) par le Shinkansen, correspondance à Ichinoseki. Ligne JR pour Hiraizumi. 10 minutes en bus ou taxi depuis la gare.

### LES FETES

2 au 5 mai. *Défilé de guerriers à cheval*, danses, musique ancienne, théâtre.
14 août. *Théâtre Nô* au temple Chuson-ji. Egalement les 2 et 3 novembre.

### A VOIR

*Le temple d'or.* Il n'en reste que l'autel couvert de précieux métal, actuellement protégé par des vitres. C'est ce temple, dont la réputation alla jusqu'en Chine, qui est à l'origine du mythe du «pays d'or» *(Ogon no kuni),* surnom de Cipangu (le Japon ou l'Eldorado) que décrivit Marco Polo. Dans le jardin: barques en forme de dragon et de phénix (symbole de puissance et d'éternité); paysages miniatures en rochers, galets et gazon autour du lac.

### CHOISISSEZ VOS HOTELS

*Shirayama Ryokan.* 15-6 Shirasan, Hiraizumi-cho, Iwate, tél (0191)-46-2883. Chambres japonaises de 250 à 300F par personne en demi-pension.
*Ichinomaki Grand Hotel.* Senishi 2-10. Ichinomaki-shi, Iwate-ken (à Ichinomaki, 20 km au sud), tél. (0225) 93 8111.

# Hiroshima

Hiroshima est le plus important centre culturel, industriel, administratif et financier de l'ouest de l'île Honshu.

Ancien port militaire, la ville s'est très rapidement reconvertie après le bombardement du 6 août 1945.

Mazda, dont Ford détient le cinquième du capital, Mitsubishi (activités liées au forage du pétrole), Kirin, l'un des trois grands fabricants de bière japonaise, comme beaucoup d'autres firmes et filiales des grandes entreprises japonaises, y sont installées.

Miyajima est à une heure d'Hiroshima et la visite des deux sites peut se faire dans la même journée. Choisir, si possible, un hôtel ou un ryokan dans le calme et la verdure de Miyajima.

**Population.** 1 000 000 hab.

## COMMENT S'Y RENDRE ?

**Train.** Deux heures d'Osaka, cinq heures de Tokyo en Shinkansen.

**Avion.** Une heure en avion d'Osaka, une heure trente de Tokyo.

## OU TROUVER DE L'INFORMATION ?

*Tourist Information Center.* Gare d'Hiroshima, tél. (082) 261 1877 et au Parc Mémorial de la Paix, tél. (082) 247 6738.

## LES FETES

6 août. *Cérémonie de la paix* au parc Mémorial.

## A VOIR

En dehors du parc et du musée Mémorial de la Paix, on peut se rendre au joli *jardin du Shukkei-en* (XVIIe siècle, bien restauré), au château-musée (reconstruit).

De la gare au parc de la Paix, la grande *artère Ao-dori* est au cœur du centre des affaires et des commerces: grands magasins Sogo à Hachobori, Fukuya à Kamiya-cho, et nombreux magasins ou boutiques de tous genres dans la rue couverte Hondori.

*Le musée Mémorial de la Paix.* De la gare au parc de la Paix, prendre un taxi (10 minutes, 30F) ou le tramway (20 minutes, 5F). On s'arrête devant le dôme en ruine (Genbaku-dômu) de l'ancienne chambre d'industrie de la ville, marquant le lieu de l'épicentre de l'explosion. De là, on se rend à pied au musée en traversant le parc et en passant devant les nombreux monuments commémoratifs, dont le monument aux Morts avec sa flamme du souvenir.

La visite du musée (reconstruit en 1990) demande près d'une heure (entrée 5F, plus 8F pour la location du commentaire en français sur minicassette). Dans l'annexe du musée, autres salles d'exposition, vidéo et documents en anglais.

## CHOISISSEZ VOS HOTELS

**Luxe**

*ANA Hotel.* 7-20 Nakamachi, Naka-ku, Hiroshima 730, tél. (082) 241 1111. Juste à côté du parc et du musée Mémorial de la Paix. Huit suites, quatre restaurants, deux cafétérias, bar, galerie marchande, piscine intérieure, sauna, gymnase, 10 salles de réunions. 423 chambres.

**Confort**

*Riverside Hotel.* 7-14 Kaminobori-cho, Naka-ku, Hiroshima 730, tél. (082) 228 1251. Restaurant, galerie marchande. Vue sur la rivière.

*Ryokan Mitakiso.* 678-1 Mitaki-machi, Nishi-ku, Hiroshima 733, tél. (082) 237 1402. Onze chambres japonaises avec bain, demi-pension, de 500 à 1 000 par personne.

*Kokusai Hotel.* 3-13 Tate-machi, Naka-ku, Hiroshima 730, tél. (082) 248 2323. Trois restaurants dont un pivotant sur le toit, deux bars, cafétéria. Cinq salles de réunions. 68 chambres, 11 suites.

*New Hiroden Hotel.* 14-9 Osuga-cho, Minami-ku, Osaka 732, tél. (082) 263 3456. A côté de la gare. Correct. Restaurants, cafétéria.

**Economique**

*Ryokan Mikawa.* 9-8 Kyobashi-cho, Minami-ku, Hiroshima 730, tél. (082) 261 27 19. Dix minutes à pied de la gare JR Hiroshima, vers le sud. Petit déjeuner, 25F. 12 chambres japonaises, bain collectif: simple, 150F; double, 250F.

*Minshuku Ikedaya.* 6-36 Dobashi-cho, Naka-ku, Hiroshima 733, tél. (082) 231 3329. Dix minutes en taxi de la gare JR de Hiroshima, près du parc de la Paix (arrêt de tram Dobashi, 6F de la gare). Petit déjeuner, 25F. 16 chambres japonaises, bain collectif: simple,150F; double, 250F.

## CHOISISSEZ VOS RESTAURANTS

**Luxe**

*Ryotei Amagi.* 10-10 Kaminobori-cho, Naka-ku, tél. (082) 223 2175. Fermé les jours fériés. Cuisine traditionnelle raffinée (Kaiseki-ryori). Le plus réputé et le plus cher de la ville. Maison ancienne et jardins.

*Mimitei.* 6-4 Tatémachi, Naka-ku, tél. (082) 248 0899. Fermé les jours fériés. Bœuf du pays grillé, teppanyaki, vins et alcools.

*Yagumo.* 1-23 Mikawa-cho, Naka-ku, tél. (082) 244 1551. Fermé les jours fériés. Bœuf Shabu-shabu local dit susugi-nabe. Décor rustique, service en kimonos.

*Hanbe-garden.* 8-12 Hon-ura-cho, Minami-ku, tél. (082) 282 7121. Au pied du mont Ogonzan, à l'Est de la ville, pavillon traditionnel dans un beau jardin. Menus à partir de 3 000 yen (réserver et s'y rendre en taxi).

### A VOIR DANS LES ENVIRONS

La ville est traversée par quatre rivières qui conduisent au port, point de départ pour **l'île de Shikoku, Beppu** et **Oita.** De la colline du **parc Hijiyama,** la vue s'étend sur les nombreuses îles de la mer Intérieure.
Du parc de la Paix, on peut reprendre le tramway express (Tokkyu) jusqu'à **Miyajima** (40 minutes, 30F). Descendre au terminus Miyajima-guchi et prendre un billet aller-retour pour l'île de Miyajima en ferry (10 minutes, 8F; départ tous les quarts d'heure de 6 à 22h.).

## Ise – Futami – Toba

Trois sites importants d'un voyage au Japon, dans un cadre naturel agréable, malgré les nombreuses constructions récentes. Lieux de la mythologie ancienne et moderne du Japon: Ise *(issé),* sanctuaire dédié à la déesse solaire Amaterasu, ancêtre de la lignée impériale; Futami *(foutami),* rochers mariés *(Meoto-iwa)* évoquant la création légendaire du Japon; Toba, musée et commerce des perles.

On peut pousser la visite jusqu'à Kashiko-jima: belle vue sur la baie d'Ago, ses îles et les radeaux pour l'élevage des huîtres perlières.

### COMMENT S'Y RENDRE ?

**Train.** Deux heures de Nagoya, trois heures de Kyoto ou Osaka, quatre heures de Tokyo par le Shinkansen et les lignes JR ou Kintetsu (Kinki Railways). La visite rapide des trois premiers sites demande une journée et l'on peut partir tôt le matin de Kyoto, Osaka ou Nagoya pour un retour le soir même, en tenant compte de l'heure des derniers trains aux environs de 20 heures. Trains nationaux (JR) pour Ise, Futami et Toba, ligne privée Kintetsu (ou Kinki Nippon Railways): prendre de préférence les trains express *(tokkyu),* plus rapides et plus confortables. Kintetsu dessert les villes d'Ise (gare appelée Ujiyamada, à côté de la gare JR d'Ise), Toba et Kashiko-jima, mais pas Futami. Pour cette ville, prendre le train JR, un bus ou un taxi (5 km, 100F environ).

### LES FETES

5-7 avril. *Festival de danses et musiques sacrées Kagura-sai.*
15 août. *Danses pour les défunts (Kanko-odori).* Temple Shogaku-ji.
17 octobre. *Offrandes aux dieux (Kanname-sai).* Sanctuaire Naigu.

## A VOIR

**Ise.** Le site est célèbre pour ses deux importants temples Shinto liés à la mythologie et à la lignée impériale. Exemples uniques d'architecture primitive au cœur d'une impressionnante forêt de cryptomères, ils sont reconstruits à l'identique tous les vingt ans depuis le milieu du VIIe siècle (la prochaine reconstruction aura lieu en 1993).

*Le sanctuaire intérieur (Naigu).* A 4 km des gares, au sud de la ville. Accessible en bus ou en taxi. Au bord de la rivière Isuzu, un bois de cryptomères géants ombre agréablement les larges allées de gravier qui conduisent à l'enceinte sacrée du sanctuaire. Avant de traverser le pont et ses deux portiques en bois, demander aux gardiens, dans la guérite à gauche, le prospectus en anglais gratuit *(panfletto)* qu'on ne trouve pas facilement ailleurs.

*Le sanctuaire extérieur (Gegu).* Dédié à la déesse des moissons, Toyo-uke, il est situé à 500 m des gares. Son site et son architecture rappellent le Naigu, mais avec un peu moins d'ampleur.

**Futami.** Les deux premiers habitants légendaires du Japon sont représentés par des rochers liés par une grosse corde en paille: ce sont les rochers mariés (*meoto-iwa*: rochers femme-homme) de Futami, autre site fondamental de la mythologie japonaise. Ce paysage bien connu du Japon mythique prend de la valeur lorsqu'on vient le contempler tôt le matin, au lever du soleil, ou la nuit tombée, lorsque la mer et le ciel paraissent d'un bleu pur. Pour ses raisons, il vaut mieux réserver sa chambre dans l'un des nombreux ryokans de Futami.

**Toba.** La ville des perles est très animée. L'île et le musée des Perles *(Mikimoto Pearl island: 30F)* est à dix minutes à pied de la gare de Toba. On y accède par une passerelle couverte, d'où l'on a une bonne vue sur le site.

*Le musée des Perles.* Rénové en 1986. Très didactique: notices en anglais, démonstration de la fabrication des perles et des colliers, plongeuses en vêtements blancs exécutant les gestes traditionnels de leur métier (toutes les 20 minutes, de 9 à 16h, commentaire enregistré en français sur demande dans le salon des visiteurs). Deux boutiques, trois cafétérias et des distributeurs de boissons, répartis sur la petite île, permettent de se reposer pendant ou après la visite, qui peut durer entre une et deux heures.

*Routes panoramiques (Ise-shima Skyline* et *Pearl Road).* Si vous avez le temps de prendre ces routes, entre Ise et Toba ou de Toba à Kashiko-jima, vous aurez de beaux panoramas sur la côte découpée et les radeaux d'huîtres (et peut-être par temps très clair, le mont Fuji); ces itinéraires peuvent se faire facilement en bus de tourisme ou en voiture de location (en été et pendant les périodes de vacances, il peut y avoir beaucoup de monde sur les routes).

*Kashiko-jima* et la *baie d'Ago*. A l'extrémité de la péninsule, la baie abrite des radeaux à huîtres, au milieu de nombreuses petites îles et des reflets argentés sur la mer.

## CHOISISSEZ VOS HOTELS

**Luxe**

*Ise International Hotel (Kokusai).* Ise-shi, 516 Mie, tél. (0596) 23 0101. A Ise, au centre de la ville, cinq minutes à pied de la gare Kintetsu. Deux restaurants, cafétéria-bar. 100 chambres simples ou doubles.

*Toba International Hotel (Kokusai).* Toba-shi, 517 Mie, tél. (0599) 25 3121. A Toba. Vue sur la baie d'Ise. Cinq minutes en taxi de la gare Kintetsu de Toba. Restaurant, cafétéria, bar, galerie marchande. 125 chambres occidentales et japonaises simples ou doubles.

**Confort**

*New Green Hotel.* Ise-shi, 516 Mie, tél. (0596) 22 4560. Restaurant, sauna. A Ise, à dix minutes à pied de la gare Kintetsu. 110 chambres: simple, 200F; double, 350F.

*Ryokan Asanokan.* Futami-cho, 519 06 Mie, tél. (05964) 3 2014, fax (05964) 3 3001. A Futami. Auberge japonaise traditionnelle, au bord de la mer. Bon accueil et bonne cuisine (petit déjeuner japonais). Chambres avec et sans bain. Demi-pension de 250 à 450F par personne.

Sophie et Charlotte Decroix (avril 1991) témoignent:
*Auberge Asanokan. Arrivées dans une authentique petite ville au bord de la mer. Ruelles et maisons en bois. A l'auberge: accueil traditionnel et malicieux. Magnifique vue sur la mer du premier étage. Attention aux petits déjeuners japonais.*

**Economique**

*Business Hotel Ise.* Fuki-age 1 chome, Ise-shi, Mie 516, tél. (0596) 25 5959. A Ise, à côté de la gare d'Uji-yamada (Kintetsu). Petits déjeuners. 27 chambres avec bain: simple, 200F; double, 350F.

*Business Hotel Danke.* Honmachi 5 chome, Ise-shi, Mie 51, tél. (0596) 22 1849. A côté de la gare d'Ise (JR). Petits déjeuners. 15 chambres avec bains: simple, 200F; double, 350F.

*Ryokan Hoshide.* 2-15-2 Kawasaki, Ise-shi 516 Mie, tél. (0596) 28 2377. Cinq minutes à pied à partir des gares d'Ise (JR et Kintetsu). Petit déjeuner de 20 à 30F; dîner macrobiotique de 30 à 100F. 13 chambres japonaises avec bains collectifs: simple, 120F; double, 200F.

*Ryokan Nisshokan.* Futami-cho, 519 06 Mie, tél. (05964) 3 2001. A Futami, au bord de la mer. Demi-pension de 250 à 300F.

*Ryokan Ishiyama-Sô.* Yokoyama-jima, Kashiko-jima, Mie 517-05, tél. (05995) 2 1527, fax (05995) 2 1240. A Kashikojima. Agréablement situé sur une petite île, accessible par bateau-navette (deux minutes) de la gare de Kashikojima (ligne Kintetsu). Bain collectif. Petit déjeuner inclus; dîner à partir de 60F. Chambres japonaises avec et sans bain de 150 à 200F.

## Kagoshima

Face aux volutes blanches du volcan Sakurajima, Kagoshima est la grande ville la plus au sud de Kyushu. C'est ici qu'en 1549, saint François-Xavier mit le pied sur le sol nippon. Du port de Kagoshima, ou de l'aéroport (45 km au nord), liaisons vers Okinawa et les îles de l'archipel Ryukyu.
**Population.** 600 000 hab.

### COMMENT S'Y RENDRE ?

**Train.** Six heures de Fukuoka.
**Avion.** Deux heures trente de Tokyo, une heure trente d'Osaka.

### A VOIR

*Mémorial saint François-Xavier*. A cinq minutes en tram de la gare JR. Construit en 1946.
Le *parc public Iso-Koen*. De cet ancien jardin privé du seigneur de la ville, jolie vue sur la baie et le volcan. Ferry et bus de tourisme vers le volcan (départ le matin).

### CHOISISSEZ VOS HOTELS

**Luxe**
*Kagoshima Tokyu Hotel*. 22-1 Kamoike, Shinmachi, Kagoshima 890, tél. (0992) 57 2411, fax (0992) 57-6083. Restaurant, cafétéria. Chambre simple, 400F; double, 750F.
**Confort**
*Dai-Ichi Hotel Nishieki*. 1-4-1 Takashi, Kagoshima 890, tél. (0992) 55 7591. Cinq minutes à pied de la gare Nishi-Kagoshima. Cafétéria. 68 chambres: simple, 180F; double, 360F.
**Economique**
*Kagoshima Gasthof*. 7-3 Chuo-ku, Kagoshima 890, tél. (0992) 52 1401. Cinq minutes à pied de la gare JR Nishi-Kagoshima. Cafétéria. 43 chambres: simple, 140F; double, 240F.
*Hotel Hokke Club*. 3-22 Yamanokuchi-cho, Kagoshima 892, tél. (0992) 26 0011. Trois minutes en taxi de la gare JR Nishi-Kagoshima. Restaurant, cafétéria. 120 chambres: simple, 180F; double, 320F.

### A VOIR DANS LES ENVIRONS

**Le parc national Kirishima**. A une heure de train vers le nord. 23 volcans et lacs de cratères légendaires. Danses Kagu-

ra devant la grotte Ama-no-Iwato tous les soirs, de décembre à mars. Le parc est aussi un lieu de vacances apprécié pour son climat et sa végétation: azalées Kirishima et feuillages d'automne.
**Chiran.** Accessible en bus, ce village a conservé quelques anciennes maisons de samouraï qu'on peut visiter, ainsi que leurs petits jardins traditionnels.
**Ibusuki.** Plus au sud, cette station thermale est située à l'entrée de la baie (ferry de Yanagawa, 10 km au sud) vers Sata, à l'extrême sud de Kyushu.

# Kamakura

Petite ville entre la mer et les collines, à une heure de train de Tokyo (gare JR Tokyo ou Shinagawa, ligne Yokosuka-sen), Kamakura est surtout connue pour sa grande statue du Bouddha, Daibutsu. De nombreux autres temples, datant du XIIIe siècle ou reconstruits dans le même style, rappellent l'époque où Kamakura était le siège du gouvernement des Shoguns (1185-1333). Le bouddhisme zen et les arts martiaux avaient alors une forte influence sur les beaux-arts, la littérature et l'architecture. Actuellement, Kamakura est une ville que les Japonais visitent tranquillement, même s'il y a quelquefois beaucoup de monde.

La ville se traverse facilement à pied, à bicyclette, en bus ou en train (descendre à Kita-Kamakura si l'on commence la visite par le nord de la ville: temples Engaku-ji, Tokei-ji et Kencho-ji). Une petite ligne privée, Enoshima Dentetsu, part de la gare de Kamakura et conduit au Grand Bouddha (cinq minutes de trajet, descendre à Hasé) puis à l'île d'Enoshima (20 minutes).
**Population.** 100 000 hab.

## LES FETES

Avril. *Fête des cerisiers.*
7 au 9 août. *Festival des lanternes (Bombori).* Au sanctuaire Hachimangu.
10 août. *Feux d'artifice* à Yuihahama. A 10 minutes en train de Kamakura.
14 au 16 septembre. *Festival du sanctuaire Hachiman.* Avec tir à l'arc à cheval Yabusame.
18 septembre. *Défilé masqué (Men-kake).*
21 au 22 septembre. *Théâtre Nô* avec torches Takigino.

## A VOIR

*Le sanctuaire Hachiman (Tsurugaoka Hachimangu).* A 20 minutes en bus ou à pied de la gare de Kamakura. C'est un en-

semble de bâtiments rouges dans un parc public agréable. Au niveau du grand portique sud *(torii),* se trouve l'ancien pont courbe en pierres blanches, très glissantes. On dit qu'il faut faire un vœu avant de le traverser, et si on le franchit, ce qui n'est pas si facile, le vœu sera exaucé.
A l'est de ce pont, petite île consacrée à la divinité Benten et lac couvert de lotus. En mai, ouverture spéciale du jardin des pivoines.
Dans l'axe de la grande allée, devant le grand escalier, le *bâtiment des danses sacrées*. Du haut de l'escalier, d'où l'on domine la ville jusqu'à la mer, le sanctuaire principal avec son petit musée: objets rituels anciens (entrée 5F).
*Le musée d'Art moderne.* Dans la partie ouest de l'enceinte du sanctuaire. Expositions d'art japonais ou occidental.
*Le sanctuaire Kamakuragu* (vestiges de l'ancien palais) et le petit *musée historique (Kokuhô-kan).* Dans la partie Est.
*Le Grand bouddha (Daibutsu).* Accès par le bus n° 3 ou 7 au départ de la gare de Kamakura, arrêt Hase-dera ou Daibutsu-mae; taxi ou petit train Enoshima-den. Impressionnante statue en bronze, haute de 15 m. Datant de 1248, elle a été laissée en plein air après la destruction du temple en 1495. Magasins de souvenirs, cafés, et restaurants à proximité. Entrée du temple, 5F; intérieur de la statue, 1F.
Le *temple Hase-Kannon.* A l'ouest de la gare Hase, accès par la petite rue où se trouvent deux magasins d'antiquités. C'est un temple bouddhique dans un jardin qui monte jusqu'à une terrasse, d'où l'on a une jolie vue sur la ville et la mer. Dans le sanctuaire principal, belle statue en bois de la déesse de la miséricorde Kannon. A côté des escaliers, des centaines de petites statuettes de la divinité protectrice des enfants (Jizô-Bosatsu). Une grotte, creusée au siècle dernier dans les rochers de la partie basse du jardin, abrite d'autres sculptures bouddhiques.
Patricia Macchi (juillet 1991) témoigne:
*Bel artisanat, un peu cher, et quelques antiquaires. Petite ville au bord de la mer à parcourir en vélo, à pied ou avec le petit train.*

## CHOISISSEZ VOS HOTELS

**Luxe**
*Kamakura Park Hotel.* 33-6 Sakanoshita, Kamakura Kanagawa 248, tél. (0467) 25 5121. 31 chambres japonaises avec bain, demi-pension de 500 à 800F.
*Zushi Nagisa Hotel.* 2-10-18 Shinjuku, Zushi, Kanagawa 249, tél. (0468) 71 4260. 25 chambres japonaises avec bain, demi-pension de 500 à 800F.
**Economique**
*Ryokan Shindo-tei.* 2-10-3 Zushi, Kanagawa 249, tél. (0468) 71 2012, fax (0468) 72 2100. Modeste petite auberge, bon accueil.

Petit déjeuner de 15 à 25F; dîner 60 à 80F. 16 chambres japonaises avec bains collectifs, de 150 à 200F.

### A VOIR DANS LES ENVIRONS

Dans le nord de la ville (gare de Kita-kamakura), **temples zen Kenchô-ji, Engaku-ji,** et à l'est, le **temple Zuisen-ji,** au milieu des bambous.
**Enoshima.** Accès de Kamakura, par le train Enoshima-den. Au sommet de l'île, en empruntant le pont, temple dédié à Benten. Vue sur les plages (surpeuplées en été) et le mont Fuji (par beau temps).
Pour rentrer à Tokyo, on peut prendre le train dans la direction de **Zushi,** où il y a aussi des plages, puis se rendre à Yokosuka, sur la péninsule Miura, et retourner par Yokohama.

## Kanazawa

Ancienne ville féodale connue par les vestiges de son imposant château et par son grand jardin, Kanazawa *(Kenroku-en)* est une étape recommandée sur l'itinéraire qui longe la mer du Japon. Entre la mer (6 km) et la montagne (15 km), la capitale active de la préfecture d'Ishikawa est la porte de la presqu'île de Noto, avec ses rizières en terrasses et ses petits ports de pêche.

L'ambiance et la population de la ville reflètent déjà la région: accent rural, cordialité. Un quartier d'anciennes maisons de samouraï a été conservé, alors que la ville se développe rapidement. Les nombreuses stations thermales des environs (bains en plein air, même sous la neige), les céramiques aux couleurs vives de Kutani, les laques de Wajima, la cuisine aux fruits de mer frais attirent toute l'année de nombreux visiteurs dans les ryokans et minshukus.
**Population.** 450 000 hab.

### COMMENT S'Y RENDRE ?

**Train.** Trois heures de Kyoto, six heures de Tokyo.
**Avion.** Une heure de Tokyo-Haneda. L'aéroport est à Komatsu, à 30 km au sud. 45 minutes en taxi (300F), une heure en bus (25F).

### OU TROUVER DE L'INFORMATION ?

*Centre d'informations touristiques.* A côté de la gare JR, tél. (0762) 31-6311.

### LES FETES

24 au 25 avril. *Théâtre sacré (Shinji-no)* et *fête des Cerisiers* au

parc Kenroku-en.
13 au 15 juin. *Défilé en costumes anciens (Hyakumangoku matsuri).*
16 août. *Flottage des lanternes* à Tenjin-bashi *(Yuzen-toro).*

## CHOISISSEZ VOS HOTELS

Hôtels, restaurants et boutiques sont devant ou près de la gare, au pied du château et à proximité du jardin Kenroku-en (1 à 2 km).

**Luxe**

*Sky Hotel.* 15-1 Musashi-cho, Kanazawa, Ishikawa 920, tél. (0762) 33 2233. A 1 km de la gare et du jardin Kenroku-en. Restaurants, cafés, boutiques.

*Ryokan Miyabo.* Kakinokibata, Kanazawa, Ishikawa 920. tél. (0762) 31 4228. Quartier Kôrinbô. Cinq minutes en taxi de la gare. Cuisine aux fruits de mer. 38 chambres japonaises avec bain, demi-pension, de 600 à 800F.

**Confort**

*Kanazawa Central Hotel.* 4-4 horikawa-machi, Kanazawa, Ishikawa 920, tél. (0762) 63 5311. A deux pas de la gare. Restaurant, cafétéria. 60 chambres avec bain: simple, 250F; double, 400F.

*New Central Inn.* 3-20 Horikawa, Kanazawa, Ishikawa 920, tél. (0762) 21 7801. A deux pas de la gare. Restaurant, cafétéria. 40 chambres avec bain: simple, 250F; double, 400F.

**Economique**

*Murataya Ryokan.* 1-5-2 Katamachi, Kanazawa, Ishikawa 920, tél. (0762) 63 0455. Cinq minutes en taxi de la gare JR. Auberge traditionnelle. Bain collectif. Petit déjeuner, 30F. 11 chambres japonaises: simple, 150F; double, 250F.

*Minshuku Nogi.* 4 Konohana-cho, Kanazawa, Ishikawa 920, tél. (0762) 21 8579. Cinq minutes à pied de la gare. Auberge familiale. Demi-pension, 150 à 200F par personne.

Niama T'Ber (mars 1991) témoigne:
*Je me suis rendue seule à Kanazawa, en passant par Takayama. Je garde un très bon souvenir des nuits en auberge japonaise.*

## A VOIR DANS LES ENVIRONS

Au nord, à partir de Toyama commence le «pays de neige». Vers la montagne, la petite ville de **Takayama,** les villages de **Shirakawa-go** et le **mont Hakusan** sont les étapes de la route escarpée qui conduit à **Matsumoto,** autre ville de château, ou à **Nagoya.**

La **presqu'île de Noto.** Train JR jusqu'à Wajima (deux heures). Ateliers de laque, musée folklorique.

# Karuizawa

Karuizawa est la station estivale la plus réputée du Japon. On y vient pour la fraîcheur de la moyenne montagne.

Le site était déjà apprécié des étrangers au siècle dernier. Aujourd'hui, il vaut mieux éviter les mois de juillet et d'août, en raison de l'affluence des vacanciers et la hausse du prix des hôtels.

**Population.** 10 000 hab.

### COMMENT S'Y RENDRE ?

**Train.** Deux heures par express JR, gare de Tokyo-Ueno (descendre à Naka-Karuizawa).

### CHOISISSEZ VOS HOTELS

**Luxe**

*Prince Hotel.* 10-16-75 Karuizawa, Nagano 389-01, tél. (0267) 42 8111, fax (0267) 42 7139. Restaurant, cafétéria, bar. Chambre double de 1 200 à 1 600F.

**Confort**

*Petit Shunshine Hotel.* Karuizawa, Nagano 389-01, tél. (0267) 42 4881. A trois minutes de la gare JR Karuizawa. Chambre simple de 300 à 400F; double de 400 à 800F.

**Economique**

*Minshuku Morizumi-Sanso.* Karuizawa 389-01 Nagano, tél. (0267) 42 6721. A cinq minutes de la gare JR. Auberge de style traditionnel. Demi-pension, 250F par personne.

# Kobe

Premier port de la région ouvert aux commerçants étrangers (1868), Kobe *(kobé)* s'est développé très rapidement. De nombreux consulats se trouvent à Kobe et la ville à un accent occidental agréable: nombreux restaurants de cuisine étrangère, rues avec trottoir, magasins offrant un grand choix de produits importés.

**Population.** 1 200 000 hab.

### COMMENT S'Y RENDRE ?

**Train.** Par le Shinkansen, trois heures trente de Tokyo, 45 minutes de Kyoto, 20 minutes d'Osaka. Liaisons aussi par lignes privées Hankyu et Hanshin de Kobe à Osaka et Kyoto (30 minutes et une heure à partir de la gare de Kobe Sannomiya).

### OU TROUVER DE L'INFORMATION ?

*Tourist Information.* Gare JR Sannomiya, sortie ouest, im-

meuble Kobe-Kôtsu-Kaikan 2F, tél. (078) 392-0020.
*JTB.* Gare de Sannomiya, tél. (078) 231-4118. Agence de voyages-réservations d'hôtels.
*Community House Information Centre (CHIC).* 6-15-4 Ikuta-cho, Chuo-ku, tél. (078) 242-1043. Publie un journal, *Living in Kobe.*

## LES FETES

16 août. *Fête des ancêtres.* Danses Hi-odori, à Sumoto, dans l'île Awaji (une heure en ferry).

## A VOIR

La ville s'étend entre la mer et la pente raide du mont Rokko. Récemment, au-delà des jetées du grand port industriel, des îles artificielles ont été construites dans la baie, abritant une ville nouvelle et des usines.
Le spectacle est impressionnant, notamment la nuit, du haut de la ville ou du mont Rokko où se trouvent de nombreux cafés et restaurants (accès en funiculaire ou en voiture). Belle vue aussi du mont Maya, moins haut, mais la gare du téléphérique est plus centrale que celle du funiculaire.
Le centre de la ville se trouve entre Sannomiya et Motomachi. Au nord, le *quartier Kitano-cho* conserve des maisons d'étrangers *(ijinkan)* du siècle dernier, qu'on peut visiter.
Quatre musées méritent également d'être vus.
*Le musée municipal Kobeshi-Hakubutsukan.* Arts anciens, peintures japonaises de style Namban.
*Le musée des beaux-arts Hakutsuru Bijutsukan.* Objets d'art, peintures chinoises et japonaises.
*Le musée de la fabrication du saké (Kikumasamune Sake Museum).*
*Le musée folklorique Fukae.*
Les *boutiques* et *grands magasins* se trouvent au sud de la gare de Sannomiya, notamment les galeries souterraines Santica, qui se prolongent en rues couvertes jusqu'à la gare de Motomachi.

## CHOISISSEZ VOS HOTELS

**Luxe**
*Oriental Hotel.* 25 Kyomachi, Chuo-ku, Kobe 650, tél. (078) 331 8111. Vieil hôtel réputé, rénové en 1966, très central, à côté de la gare Sannomiya. Six restaurants, bar, café. Galerie marchande, deux salles de réunions. 204 chambres: simple, 350F; double, 600F.
*Ryokan Kobe Hotel.* 5-2-31 Kumochicho, Kobe 651, tél. (078) 221 5431. cuisine japonaise. 43 chambres japonaises avec bains, demi-pension, 600F.
**Confort**
*Sannomiya Terminal Hotel.* 1-2-8 Kumoi-dori, chuo-ku, Kobe

651, tél. (078) 291 0001. Restaurant (cuisine française raffinée), cafétéria. Les chambres sont agréables et l'hôtel est central. 190 chambres avec bain: simple de 300 à 400F; double, 600F.
*Greenhill Hotel 1 et* 2. 2-8-3 Kana-cho, Chuo-ku, Kobe 650, tél. (078) 222 0909. Deux hôtels, à côté de la gare du Shinkansen (Shin-Kobe).

**Economique**

*Sun Route Hotel.* 4-1-11 Minato-cho, Hyogo-ku, Kobe 652, tél. (078) 578 0500. Chambre simple, 250F; double de 350 à 400F.
*Tor Ryokan.* 3-12-11 Kitanagasa-dori, Chuo-ku, Kobe 650, tél. (078) 331 3590. Entre les gares Motomachi et Sannomiya de la ligne Hankyu (cinq minutes à pied), rue Tor Road. Petit déjeuner, 30F. Bain collectif. 12 chambres japonaises: simple de 150 à 200F; double de 350 à 400F.
*Ryokan Takayama-so.* 400-1 Arima-cho, Kita-ku, Kobe 651-14, tél. (078) 904 0744, fax (078) 904 1823. Dans le cadre agréable de la station thermale d'Arima, à 45 minutes de la gare JR de Kobe en bus (30F). Bain collectif. Petit déjeuner, 30F; dîner 200F (avec bœuf de Kobe, 250F). 21 chambres japonaises: simple de 350 à 400F; double, 500F; triple, 600F.

## CHOISISSEZ VOS RESTAURANTS

**Luxe**

*Misono.* 1-7-6 Kitanagasa-dori, Chuo-ku, (078) 331 2890. Bœuf de Kobe grillé devant le client: *teppanyaki.* Plusieurs succursales.
*Okagawa.* 1-5-10 Kitano-cho, Chuo-ku, tél. (078) 222 3511, sauf jours fériés. Bœuf Sukiyaki, beignets Tempura. Jardins, belle vue, qualité.
*Kitano-Club.* 1-5-7 Kitano-cho, Chuo-ku, tél. (078) 222 5123, sauf jours fériés. Cuisine française, piano, night club. Luxe et vue sur la ville.

**Gastronomie**

*Blanc de Blanc.* Shinei Bldg, 77 Kyomachi, Chuo-ku, tél. (078) 321 1455. Cuisine française et japonaise.
*Ichifuji.* 1-10-6 Arata-cho, Hyogo-ku, tél. (078) 521 5566. Cuisine locale.
*Iroriya.* 31-31 Kitano-cho, Chuo-ku, tél. (078) 231 6777. Cuisine japonaise.

**Economique**

Autour de la gare de Sannomiya, nombreux restaurants où l'on peut aller en confiance: cuisine japonaise, occidentale, chinoise, etc.

## BARS

Plusieurs bars dans le quartier Kitano-cho.
*The Attic.* Ijinkan Club Bldg 3F, 1-2 Kitano-cho, tél. (078) 222 1586. Sauf lundi.
*Attic Junior.* Fix 213 Bldg, tél. (078) 261 8459. A deux pas.

### LA NUIT

*Casablanca Club.* 4-7-11 Kitano-cho, Palais Kitanozaka 8F, tél. (078) 332 0666. Piano. Dîner 80F.
*Kitano-club.* 1-5-7 Kitano-cho, tél. (078) 222 5123. Très chic.
*Vivi en Lee.* Dans le Washington Hotel. 2-11-5 shimo-Yamate-dori, Chuo-ku, tél. (078) 331 6111.

### A VOIR DANS LES ENVIRONS

De Kobe on peut prendre des ferry pour les **îles Shikoku, Kyushu** et **Awaji.** Du mont Rokko, en téléphérique, on peut atteindre la **station thermale Arima:** bains chauds et nombreux ryokans.

## Kochi

Seule grande ville de l'île Shikoku sur le Pacifique, Kochi est la capitale d'une région peu visitée mais possédant de beaux paysages: mont Godai (Godai san), vue sur Kochi et la baie d'Urado; près du sommet, temple Chikurin-ji et petit jardin traditionnel. A 10 km au sud de Kochi, à Katsura Hama, plages de sable blanc à l'ombre des pins. La ville est dominée par l'ancien donjon, qu'on peut visiter.

De Kochi vers Tokushima (3 heures en train): paysages de montagne et gorges de la rivière Yoshino.
**Population.** 300 000 hab.

### COMMENT S'Y RENDRE ?

**Train.** Cinq heures d'Osaka.
**Avion.** Quarante minutes d'Osaka, une heure trente de Tokyo.

### CHOISISSEZ VOS HOTELS

**Confort**
*Dai-Ichi Hotel.* 2-2-12 Kita-honmachi, Kochi 780, tél. (0888) 83 1441, fax (0888) 84 3592. Restaurant, cafétéria. Chambre simple, 250F; double de 400 à 500F.
*Kochi Washington.* 8-1 Oite-suji, Kochi 780, tél. (0888) 23 6111. Restaurant-cafétéria. Chambre simple, 250F; double, 400F.

## Koya (mont Koya)

Le mont Koya donne la meilleure image du Japon religieux et des traditions bouddhiques. L'hébergement des pèlerins ou des touristes est assuré par les temples: chambres japonaises, bains collectifs, repas végétarien, prière chantée le matin. L'accueil est chaleureux et professionnel. On

peut boire de la bière ou du sake pendant le dîner, puis sur les nattes. La ville comporte un grand nombre de boutiques de souvenirs, des cafés et des restaurants.
**Population.** 5 000 hab.

## COMMENT S'Y RENDRE ?

**Train.** Deux heures d'Osaka, six heures de Tokyo par le Shinkansen jusqu'à Shin-Osaka, correspondance par la ligne JR ou le métro jusqu'à la gare de Namba pour la ligne privée Nankai-densha vers le mont Koya (gare de Gokurakujo) puis funiculaire vers Koya. Prendre ensuite un taxi ou le bus (jusqu'à 17h30 seulement). A pied: 20 minutes de marche.

## OU TROUVER DE L'INFORMATION ?

*Office du tourisme du mont Koya.* Koyasan-Kanko-Kyokai, au carrefour du centre de la ville, tél. (0736)-56-2417.

## LES FETES

13 août. *Fête des âmes (O-bon).* Illuminations avec des chandelles à la nécropole Oku-no-in.

## A VOIR

*Centre du bouddhisme ésotérique Shingon.* Sur le mont Koya. Fondé en 816 par le moine Kukai, et situé sur un large plateau agréablement ombragé par d'immenses cryptomères. De nombreux temples abritent les pèlerins qui viennent par milliers prier le fondateur ou se recueillir sur les tombes de leurs ancêtres dans l'immense cimetière Oku-no-in. Après la visite du temple Oku-no-in et de sa nécropole, on peut visiter la grande *pagode Daito* de l'ensemble des *temples Garan* (une visite le soir à la lumière des lanternes est impressionnante).
Le centre de la secte Shingon est le *temple Kongobuji*, qu'on peut visiter également: jardin moderne de style traditionnel, peintures à l'encre de Chine et panneaux du grand peintre du XVIIe siècle, Kano Masanobu.
Le *musée Reihô-kan* conserve de belles statues bouddhiques, des images sacrées et des rouleaux datant des IXe, XIIIe et XVIIe siècles. Belle vue sur les montagnes et la vallée de la gare du funiculaire et la grande porte Daimon.
Service de bus et taxi à partir de la gare vers le centre-ville (cinq minutes). Possibilité de location de bicyclettes à l'office du tourisme.

## HEBERGEMENT

Uniquement dans les temples-auberges Shukubo. Réserver à l'avance à Voyageurs au Japon à Paris (1) 42 61 60 83 ou à France-Carrefour: Tokyo-Roppongi, tél. (03) 3505-5321, dans

les agences JTB, à l'office du tourisme (Kanko-Kyokai) ou directement aux temples, si vous parlez japonais.
Prix en demi-pension par personne: 250 à 300F. L'adresse est la même pour tous les temples: Koya-san, Wakayama-ken.
*Fukuchi-in.* Tél. (0736) 56 20 21, fax (0736) 56 4736.
*Jimyo-in.* Tél. (0736) 56 22 21, fax (0736) 56 3809.
*Hongaku-in.* Tél. (0736) 56 27-11. Bon accueil.
*Tentoku-in.* Tél. (0736) 56 2714. Pavillons individuels.
*Sainan-in.* Tél. (0736) 56 2421. Chambres de luxe, 400F par personne.
Alain et Inès Decroix (avril 1991) témoignent:
*L'hébergement dans un temple bouddhique: une véritable expérience spirituelle mêlée au raffinement de la cuisine végétarienne, préparée et servie par les moines avec beaucoup de rituel.*

## Kumamoto

Importante ville de l'île Kyushu, technopole et ancienne capitale médiévale, Kumamoto est une étape recommandée sur l'itinéraire de Nagasaki à Beppu par le mont Aso, ou sur celui qui va du nord au sud de l'île de Kyushu. Kumamoto mérite d'être vue pour son château médiéval, aménagé en musée, et pour son jardin paysage (XVIIe siècle).
**Population.** 500 000 hab.

### COMMENT S'Y RENDRE ?

**Train.** Trois heures de Fukuoka.
**Avion.** Deux heures trente de Tokyo, une heure trente d'Osaka.

### OU TROUVER DE L'INFORMATION ?

Gare JR de Kumamoto.

### A VOIR

Au centre-ville, au pied du château, autour des rues couvertes: hôtels, grands magasins, boutiques, restaurants, quartiers de nuit.
Dominant la ville du haut de sa colline, le château abrite un musée: objets d'art, artisanat et histoire locale. Beau panorama du haut du donjon. (Entrée, 10F; visite, une heure.)

### CHOISISSEZ VOS HOTELS

**Luxe**
*Kumamoto Castle Hotel.* 4-2 Joto-machi, Kumamoto 860, tél. (096) 326 3311, fax (096) 326 3324. Au pied du château, dans le centre-ville. Deux restaurants, deux cafés, boutiques. 210

chambres avec bain: simple de 350 à 450F; double de 450 à 700F.
*Kumamoto New Sky Hotel.* 2 Higashi-amidaji, Kumamoto 860, tél. (096) 354 2111, fax (096) 322 7530. A mi-chemin entre la gare et le château, un peu éloigné du centre-ville. Trois restaurants, bar, deux cafés, boutiques. 198 chambres avec bain: simple, 350F; double de 600 à 800F.
**Confort**
*Kumamoto Tokyu Inn.* 7 Shin-shigai, Kumamoto 860, tél. (096) 322 0109. Deux restaurants, cafétéria, boutiques. 150 chambres: simple, 400F; double, 500 à 700F.
**Economique**
*Ryokan Maruko Hotel.* 11-10 Kamitori-cho, Kumamoto 860, tél. (096) 353 1241, fax 096 353 1217. Au pied du château, à deux pas du centre-ville par la rue couverte Kamitori. Très bon accueil. Restaurant-cafétéria, bar. Boutiques. Petit déjeuner de 30 à 40F, dîner, 120F (150 pour un Sukiyaki). 42 chambres japonaises avec bain, 4 chambres occidentales: simple, 240F; double, 450F; triple, 650F.
*Kumamoto Dai-Ichi Hotel.* 3-3-85 Motoyama, Kumamoto 860, tél. (096) 325 5151. Cinq minutes à pied de la gare JR. Cinq minutes en taxi du centre ville. Restaurant-cafétéria. 84 chambres: simple, 160F; double, 300F.

### A VOIR DANS LES ENVIRONS

Kumamoto est à 40 km (environ deux heures en train et bus) du sommet du **mont Aso,** volcan actif très beau et très visité.
Le **jardin public Suizenji.** Le plus beau jardin de Kyushu, un des plus célèbres du Japon: il représente le mont Fuji, le lac Biwa (à côté de Kyoto) et divers autres sites du Japon. Ces reliefs de gazon et de buissons sculptés se reflètent dans le lac artificiel que de nombreux rochers et une maison au toit de chaume décorent avec art (tous les jours, de 7 ou 8h à 18 ou 19h). Visite en une heure aller-retour à partir du centre-ville de Kumamoto (taxi: 10 minutes, 30F).
De Kumamoto, on prend le ferry au port de Misumi (trente minutes en train, départ toutes les heures, traversée jusqu'à Shimabara: une heure, 40F) et de là, bus vers le **parc national Unzen** (sources chaudes et fumerolles) et **Nagasaki.**

## Kurashiki

Célèbre ville touristique, Kurashiki a conservé un très joli quartier de maisons anciennes au bord d'un canal.

Dans les rues avoisinantes, quelques boutiques de souvenirs, d'artisanat traditionnel, quelques antiquaires, ainsi que ses cafés, salons de thé et restaurants accueillants. La visite de la ville et des musées demande quelques heures.

**Population.** 400 000 hab.

## COMMENT S'Y RENDRE ?

**Train.** Cinq heures en Shinkansen de Tokyo, deux heures d'Osaka ou Kyoto: descendre à Shin-Kurashiki et prendre un taxi (100F) ou changer à Okayama pour la ligne JR locale pour la gare de Kurashiki, au centre de la ville.

## OU TROUVER DE L'INFORMATION ?

*Bureau d'informations touristiques.* Dans la maison blanche au bord du canal, à hauteur du pont (plans et prospectus en anglais).

## A VOIR

*Musée d'art oriental et occidental (musée Ohara)* et quatre autres *musés*: archéologie, histoire locale, artisanat et jouets traditionnels.
En continuant la promenade sous les saules par les ruelles, on arrive à la *place Ivy Square*, jolie cour en briques d'une ancienne usine transformée en hôtel.
De là, on visitera les *musées Kurabo et Torajiro* (histoire locale).
On peut revenir par le *sanctuaire Aichi-jinja*, perché sur une colline d'où l'on a une belle vue sur la ville.

## CHOISISSEZ VOS HOTELS

**Luxe**
*Kokusai Hotel (International Hotel).* 1-1-44 Chuo, Kurashiki, Okayama 710, tél. (0864) 22 5141, fax (0864) 22 5192. Deux restaurants, dont un steakhouse au bord du canal. Cafétéria et boutiques à deux pas. Très bien placé et agréable. 70 chambres: simple, 300F; double de 500 à 600F.
*Ivy Square Hotel.* 7-2 Honmachi, Kurashiki, Okayama 710, tél. (0864) 22 0011. Bien situé, restaurant, cafétéria. Chambre simple de 350 à 450F; double de 400 à 550F.
Jean-Louis Badillet (octobre 1991) témoigne:
*Ivy Square Hotel. Mélange d'Occident, de modernisme du début du siècle dans une ville bien conservée. Promenade reposante le long du canal en flânant de magasin en magasin*
*Ryokan Ishiyama Kadan.* 1-25-23 Chuo, Kurashiki, Okayama 70, tél. (0864) 22 2222. Calme, proche des sites, bon accueil. Cuisine japonaise. 88 chambres japonaises avec bain, demi-pension, 600F par personne.
**Confort**
*Kurashiki Station Hotel.* 2-8-1 Achi, Kurashiki 710, tél. (0864) 25 2525. A cinq minutes de la gare JR. Restaurant-cafétéria. 114 chambres: simple, 200F; double, 400F.

**Economique**
*Business Inn Kurashiki.* 6-5 Saiwai-cho, Kurashiki 712, tél. (0864) 22 7272. Cinq minutes en taxi de la gare JR. Cafétéria. 96 chambres: simple, 140F; double, 300F.
*Hôtel Kurashiki.* 1-1-1 Aichi, Kurashiki, Okayama 710, tél. (0864) 26 6111. Sur la place de la gare JR de Kurashiki, à dix minutes à pied du canal.
*Minshuku Kamoï.* 1-24 Honcho, Kurashiki 710, tél. (0864) 22 4898. A dix minutes du canal, au pied du sanctuaire Aichi-jinja.
*Kurashiki Tokusankan.* 8-33 Honmachi, Kurashiki 712, tél. (0864) 25 3056. Ancienne maison un peu vétuste et nouvelle annexe. Restaurant-cafétéria. Chambres à partir de 160F.

### CHOISISSEZ VOS RESTAURANTS

*Tsurugata.* Tél. (0864) 22 5141. Steak-house au bord du canal. Géré par l'hôtel Kokusai (International).
*Kamoi Sushi.* 1-3-17 Chuo-ku, Kurashiki 710, tél. (0864) 22 0606. Au bord du canal.

### A VOIR DANS LES ENVIRONS

De Kurashiki, on peut se rendre vers le nouveau grand pont suspendu qui traverse la mer Intérieure, **Seto-Ohashi**, et le **belvédère du mont Washuzan**. Avec les bus réguliers ou le train JR, on peut traverser le pont ou s'arrêter au milieu et revenir vers Kurashiki: le spectacle de la mer Intérieure et des îles est justement réputé. La route panoramique qui y conduit passe par **Washuzan**: point de vue sur les îles, le pont et les imposants complexes industriels de Mizushima, du côté de Kurashiki et de Sakaïde, sur l'île Shikoku. Prendre le bus régulier devant l'hôtel International (Kokusai Hotel), toutes les demi-heures; compter une demi-heure jusqu'à Washuzan, une autre demi-heure pour l'arrêt au milieu du pont. Restaurants, cafés, magasins.
On peut dormir dans le calme à **Kurashiki,** en hôtel, en ryokan ou en minshuku. Les hôtels et auberges ont des restaurants de cuisine japonaise ou occidentale, notamment l'hôtel Ivy Square et l'hôtel Kokusai.

# Kyoto

Musée de la tradition japonaise, Kyoto, qui fut la capitale du Japon pendant 1 100 ans (794-1867), possède le plus grand nombre des trésors artistiques du pays: 2 000 temples et sanctuaires plusieurs fois centenaires, 350 magnifiques jardins, quelques musées et centres d'artisanat, nombreuses boutiques de souvenirs et d'antiquités, rues à maisons en bois, quartiers fréquentés par les geishas.

De préférence, on doit plutôt visiter cette ville au printemps (avril à juin) et en automne (fin octobre-mi-novembre), périodes durant lesquelles les montagnes et les jardins ont des couleurs merveilleuses (cerisiers, azalées, pivoines, glycine, lotus, mousses, gingko, érables, bambous et camélias).
**Population.** 1 450 000 hab.

## COMMENT S'Y RENDRE ?

**Train.** Trois heures en Shinkansen de Tokyo, 40 minutes d'Osaka ou Kobe par trains JR ou privés.
**Avion.** Accessible par l'aéroport d'Osaka (une heure d'avion de Tokyo ou Fukuoka, puis une heure de transfert en autobus).

## OU TROUVER DE L'INFORMATION ?

*TIC.* Kyoto Tower bldg. Au nord de la gare JR, tél. (075) 371-56-49.

## LES FETES

*Théâtre Gion Corner.* Gion Corner, Hanamikoji, Gion, Kyoto. Spectacle traditionnel. Tous les soirs à 19h40 et 20h40.
Bernard de Thiersant (novembre 1991) témoigne:
*Théâtre Gion Corner. Le spectacle est court, la salle trop clair, mais c'est un condensé très expressif des traditions et des mises en scène japonaises.*
Danses des geishas:
du 1er au 30 avril. *Miyako-odori*. Théâtre Gion-Kaburenjo;
du 8 au 22 avril. *Kyo-odori.* Théâtre Miyagawa Kaburenjo;
du 15 au 25 avril. *Kitano-odori.* Théâtre Kamishikiden Kaburenjo;
du 1er au 24 mai. *Kamogawa-odori*. Théâtre Pontocho Kaburenjo;
du 15 octobre au 7 novembre. *Kamogawa-odori*. Théâtre Pontocho Kaburenjo.
15 mai. *Grand défilé des roses trémières (Aoi-matsuri).*
Troisième dimanche de mai. *Fête des bateaux (Mifune matsuri, Arashiyama).*
1er et 2 juin. Au sanctuaire Heian-jingu. *Spectacles de Nô* en plein air la nuit *(takigino).*
14 au 17 juillet. *Festival de Gion*. Préparation des chars et défilé le 17.
Août. *Fête des lanternes toro-nageshi* à Arashiyama, feux sur les montagnes *(Daimonji okuribi).*
22 octobre. Défilé en costumes anciens *(Jidai Matsuri).*
31 décembre. *Veille du Jour de l'An.* Sanctuaire Yasaka.
De nombreuses fêtes marquent les saisons, dans les temples, les sanctuaires ou dans les rues, parmi lesquelles:
20 mai. *Aoi-matsuri;*

14 au 17 juillet. *Gion-matsuri* (voir plus haut);
16 août. *Daimonji-yaki*;
22 octobre. *Jidai-matsuri*.

## A VOIR

Un certain nombre de sites donnent une idée de ce que fut la vie culturelle des siècles passés. Il ne faut pas manquer le *pavillon d'Or*, le *jardin zen Ryoanji*, le *château de Nijo*, quelques *temples bouddhiques* avec de jolis jardins: *Daitoku-ji* (Daisen-in), *Myoshin-ji*, *Tofukuji*.
La *terrasse du temple Kyomizu*, le *jardin du sanctuaire Heian*, les *peintures du temple Hongan-ji*, le *jardin de sable du pavillon d'Argent*, les *mille Bouddhas de Sanjusangendo*, le *musée national de Kyoto* font aussi partie de ce qui laisse de fortes impressions.
Il faut également aller jusqu'au village *Ohara*, au nord-est de la ville (*temple et jardin de mousse Sanzen-in*), au bord de la rivière *Arashiyama* (en été, la nuit tombée: pêche aux cormorans, et enfants jouant avec des feux d'artifices).
On peut faire l'ascension du *mont Hiei* jusqu'au *temple Enryaku-ji*: panorama sur la ville et sur le lac Biwa.
Il y a aussi les 1 000 portiques rouges de Fushimi-Inari ou le beau jardin du temple Byodo-in (XIe siècle), avec une cloche en bronze qu'on peut faire sonner: la visite de Kyoto peut demander au moins cinq jours.
Pour ceux qui aiment vraiment les trésors anciens, on peut demander l'autorisation de visiter l'ancien palais Kyoto-Gosho, l'ancienne retraite impériale, le Sento-Gosho, les villas impériales Katsura et Shugakuin.
Le *jardin des Mousses* (Kokedera), le premier jardin zen de Kyoto (XIVe siècle), doit se visiter au début de novembre, lorsque les érables sont rouges: demander l'autorisation par le Tourist Information Center de Tokyo ou de Kyoto (140F par personne).
Lorsqu'on a vu cinq ou six sites dans une journée, il faut prendre le temps de flâner dans les rues commerçantes de la ville, qui sont de véritables vitrines de musées: rue Shijo, de chaque côté de la rivière Kamo, la rue Kawaramachi, les ruelles Shinkyogoku et Teramachi, parallèles à cette rivière, à l'ouest, entre les rues Oike et Shijo.
François et Françoise Lemarchand (avril 1991) témoignent:
*La sérénité des jardins zen: Daitoku-ji, Ryoanji, Shisendo et surtout le Temple des mousses (Kokedera). J'ai eu envie de réaliser un jardin japonais chez moi.*

## CHOISISSEZ VOS HOTELS

**Luxe**
*Fujita Hotel.* Kamogawa-Nijo, Nakagyo-ku, Kyoto 604, tél.

(075) 222 1511, fax (075) 256 4561. Un des hôtels les plus raffinés de Kyoto: quatre suites, six restaurants, deux bars. Galerie marchande. 191 chambres: simple, 550F; double de 700 à 900F.
*Kyoto Hotel.* Kawaramachi-Oike, Nakagyo-ku, Kyoto 604, tél. (075) 211 5111, fax (075) 211 7770. Proche du centre-ville et de la rivière. Sept restaurants, deux bars, galeries marchandes, onze salles de réunions. 12 suites; 495 chambres: simple de 400 à 600; double de 600 à 800F.
*ANA Hotel.* Nijo-Castle-mae, Nakagyo-ku, Kyoto 604, tél. (075) 231 1155, fax (075) 231 5333. Luxueux et calme, face au château Nijo, à cinq minutes en taxi du centre ville. Quatre restaurants, bar, salon de thé musical. Galeries marchandes. 12 suites: simple de 450 à 600F; double de 800 à 1 000F.
*Ryokan Hiragiya.* Anegakoji, Fuya-cho, Nakagyo-ku, Kyoto 604, tél. (075) 221 1136. Central. Beau jardin. 32 chambres japonaises avec salle de bain occidentale, demi-pension à partir de 600F par personne.

**Confort**

*Kyoto Park Hotel.* Sanjusangendo, Higashiyama-ku, Kyoto 606, tél. (075) 525 3111, fax (075) 551 4350. Face au musée de Kyoto. Calme, avec jardin. Quatre restaurants, deux cafétérias, galerie marchande. 320 chambres: simple, 350F; double de 600 à 800F.
*Gimmond Hotel.* Takakura-Oike-dori, Nakagyo-ku, Kyoto 604, tél. (075) 221 4111. Proche du centre ville, discret. Deux restaurants, bar, cafétéria. 60 chambres: simple, 400F; double, 500 à 700F.

**Economique**

*Central Inn.* Shijo-kawaramachi-Nishi, Shimogyo-ku, Kyoto 606, tél. (075) 211 1666. Au cœur de la ville.
*Kyoto Travellers Inn.* Enshoji-cho, Okazaki, Sakyo-ku, Kyoto 607, tél. (075) 771 0225.
*Ryokan Three Sisters'Inn.* Higashi-Fukunokawa, Okazaki, Sakyo-ku, Kyoto 607, tél. (075) 761 6336. Petite auberge traditionnelle. Petit déjeuner occidental. 13 chambres japonaises: simple, 300F; double, 400F.
Joëlle Laurent (novembre 1991) témoigne:
*Ryokan Three Sisters. Une petite auberge discrète, silencieuse, une maison en bois et une ambiance «Eloge de l'ombre».*
*Tani House.* 8 Daitokuji-cho, Kita-ku, Kyoto, tél. (075) 492 5489. Recommandé pour les voyageurs-sac-au-dos. 60 à 100F par personne.
*Ryokan Hiraiwa-Annex.* Ninomiya-cho, Shimogyo-ku, Kyoto 600, tél. (075) 351 6748, fax (075) 351 6969. Salles de bain collective. Petits déjeuners continental (10F) et japonais (40F). 16 chambres japonaises, 120 à 150Fpar personne.
*Ryokan Mishima.* Higashiyama-Gojo, Higashiyama-ku, Kyoto 605, tél. (075) 551 0033, fax (075) 531 9768. Dans un sanctuai-

re shinto (Mishima-jinja). Très bon accueil. 150F par personne.
Arnaud de la Pradelle (août 1991) témoigne:
*Ryokan Mishima. J'ai beaucoup aimé le petit ryokan du temple Mishima. L'accueil était merveilleux, et il y avait un souffle religieux simple et puissant.*
*Ryokan Rakucho.* Kitaoji-Furitsudaigaku-mae, Sakyo-ku, Kyoto 606, tél. (075) 721 2174, fax (075) 791 7202. 150F par personne, sans repas.
*Minshuku Ohara-Sanso.* 17 Kusao-cho, Ohara, Sakyo-ku, Kyoto 607, tél. (075) 744 2227. Village Ohara, à 10 km au nord de Kyoto. Chambres japonaises, bain collectif, 250F par personne en demi-pension.
*Myoken-ji Temple.* Horikawa-Teranouchi, Kamigyo-ku, Kyoto 602, tél. (075) 414 0808. Petit déjeuner japonais. 12 chambres japonaises, bain collectif, 150F par personne.

## CHOISISSEZ VOS RESTAURANTS

**Steak house**
*Tokiwa.* Dernier étage du Kyoto Hotel. Kawaramachi-Oike, Kyoto, tél. (075) 211 5111. Steak et fruits sur gril Teppan-yaki. Menus le midi à 3 000 yen et le soir à 6 000 yen (réserver).
*Junidaniya.* Hanamikoji-Shijo-sagaru (près du Gion Corner), Kyoto, tél. (075) 561 0213. Cadre traditionnel, menus à 3 000 et 5 000 yen (réserver).
**Cuisine variée**
*Minokichi.* 65 Torii-cho, Okazaki-Awataguchi, Kyoto, tél. (075) 771 4185. Cadre traditionnel. Cuisine de Kyoto (Kyo-ryori), Suki-yaki, Shabu-shabu. Menus à 3 500, 5 000 et 7 000 yen (réserver).
*Sakamisé.* Teramachi-dori-Shijo-agaru. Kyoto. tél. (075) 221 3009. Cadre moderne, clientèle jeune, cuisine traditionnelle. Boisson et plats à partir de 500 yen.
**Cuisine végétarienne (Shojin-ryori)**
*Restaurant Unkai.* Hôtel ANA, Horikawa-Nijo, Kyoto, tél. (075) 231 1155. Cuisine raffinée, cadre et service de qualité. Menus de 2 000 à 3 500 yen le midi; 5 000 yen le soir.
*Ikkyu.* Kitao-ji-Daitoku-ji, Kyoto, dans le temple Daitoku-ji, tél. (075) 493 0019. Le midi seulement: plateau à 2 500 yen (réserver).
**Café, salon de thé**
*Tsukiji.* Kawarachi-shijo-agaru, Higashi, Kyoto, tél. (075) 221 1053. Musique classique. Tous les jours de 11 à 23 h.

## ARTS ET SPECTACLES

*Kongo No Theater.* Shijo-Muromachi, Nakagyo-ku, Kyoto, tél. (075) 221 3049. Théâtre de Nô.
*Kanze No Theater.* Niomondori, Jingumichi, Sakyo-ku, Kyoto, tél. (075) 771 6114. Théâtre de Nô.

*Japan Foundation (Karasuma Nishiki agaru).* Yasuda Kasai Kaijo Kyoto Bldg, 8F. Kyoto, tél. (075) 211 1312. Métro Shijo Karasuma. Salle de cinéma: les séances ont généralement lieu à 14h; renseignements en anglais.
*Institut Franco-Japonais du Kansai.* 8 Izumidonocho, Yoshida, Sakyo-ku, Kyoto, tél. (075) 761-2105. Pour voir des films français.

## LES ACHATS

Kyoto est la ville idéale pour acheter des objets d'art et des souvenirs traditionnels.
*Handycraft Center* et *Amity Plaza.* Kumano-Jinja, Marutamachi, tél. (075) 761 5080. Sept étages de boutiques spécialisées, bar, restaurant. Arts traditionnels et souvenirs: peintures, estampes anciennes et modernes, céramiques, laques, éventails, émaux cloisonnés, caméras, vidéo, électronique, montres, jumelles, kimonos, yukata..., pour adultes et enfants. Librairie, papeterie, cartes postales, timbres de collection. Tous les jours, de 9h30 à 18h, sauf du 1er au 3 janvier. Navette gratuite pour les grands hôtels.
Catherine et Jean Burgert (août 1991) témoignent:
*Le Handicraft Center possède tous les articles qu'on rêve de rapporter du Japon: estampes, livres, poteries, kimonos.*
*Musée des Arts industriels.* Kyoto Kogei Bijutsukan, Okazaki, tél (075) 761 3421. Boutiques d'artisanat traditionnel dans le sous-sol du musée. Fermé le lundi.
*Sanjo Arcades et Shinkyogoku.* Rues couvertes et rues voisines: Teramachi, Kawaramachi et Shijo. Très nombreux magasins et boutiques spécialisées, souvenirs variés, objets d'artisanat, vêtements, etc. Nombreux cafés et restaurants, à deux pas des grands magasins.
*Céramique de Kyoto (Kiyomizu-yaki ou Kyo-yaki).* Quartiers de Gojozaka, Higashiyama-ku à Kyoto.
*Grands magasins Takashimaya, Daimaru, Hankyu* et *Fuji Daimaru.* Dans la rue Shijo, entre les rues Kawaramachi et Karasuma. Tous les jours sauf mercredi ou jeudi. Rayons d'objets traditionnels de qualité: vaisselle, laques, nourriture (au sous-sol).
*Galeries des grands hôtels.* Kyoto Hotel, International Hotel, ANA Hotel, Miyako Hotel.
*Antiquités.* Quelques magasins dans la petite rue Shinmonzen à Gion, au nord de la rue Shijo; et quelques boutiques dans la rue Teramachi au nord de Nijo-dori.
*Marchés aux puces, antiquités et brocantes.* Chaque mois, de 7 à 16h. Le 21 de chaque mois au tempe Toji, dans le temple et dans les rues au nord; le 25, dans la rue à l'est du sanctuaire Kitano, Imadegawa-dori.
*Yamato Mingei.* Kawaramachi-Sanjo-sagaru. A côté de la librairie Maruzen. Artisanat.
*Zohiko Nishimura.* Okazaki-Koen, tél. (075) 761 0212. Démonstration, vente. Laques.

*Tsukikura.* Kawaramachi-Shijo-agaru, tél. (075) 221 4396. Lanternes en papier.
*Aizen Kobo.* Nakasuji-Omiya-nishi, tél. (075) 441 0355. Etoffes artisanales, indigo.
*Kikuya.* Sakaimachi-Higashi, tél. (075) 351 0033. Kimonos d'occasion.
*Bon Kyoto.* Shirakawa-Bettocho, tél. (075) 711 7095. Kimonos d'occasion.
*Unsodo.* Teramachi-Nijo, tél. (075) 231 3613. Estampes anciennes et modernes.
*Mikumo.* Shijo-Nakashinmichi, tél. (075) 841 3478. Estampes anciennes et modernes.
*Design Maronie.* Kawaramachi-shijo-agaru, tél. (075) 221 0117.
*Buntekido.* Teramachi-Sanjo-agaru, tél. (075) 231 1151. Papeterie, objets de bureau.
*Kyotansu.* Katsuragawa-Gojo, tél. (075) 392 4111. Meubles traditionnels.
*Sawakichi.* Higashiyama-Gojo-agaru. Lanternes en pierre, vasques de jardin.
*Ninomiya.* Teramachi-Shijo-sagaru, tél. (075) 361 7767. Electronique, audiovisuel.
*Niko Mart.* 15 magasins répartis dans la ville. Ouverts tous les jours, 24 heures sur 24. Alimentation, produits usuels.
*Ippodo.* Teramachi-Nijo-agaru, tél. (075) 221 3421. Thé japonais et autres.

## Matsue et le sanctuaire d'Izumo

Capitale de la préfecture de Shimane, construite au bord du lac Shinji, à quelques kilomètres de la mer du Japon, Matsue a conservé son château féodal et un quartier de maisons anciennes.

C'est une étape commode pour visiter le grand temple shinto Izumo-Taisha (à 40 km) et les jolies côtes rocheuses du cap Hinomisaki.

**Population de Matsue.** 800 000 hab.

### COMMENT S'Y RENDRE ?

**Train.** Quatre heures d'Hiroshima ou Okayama, six heures de Kyoto ou Osaka.
**Avion.** Une heure d'Osaka, deux heures de Tokyo.

### OU TROUVER DE L'INFORMATION ?

Gare JR de Matsue.

## LES FETES A IZUMO

14 au 16 mai. *Danses populaire* et *théâtre rituel Kagura.*
11 au 17 octobre (variable). *Fête de l'accueil des dieux.*

## A VOIR

*Le château féodal.* A cinq minutes de taxi de la gare, il domine la ville (belle vue sur le lac et les montagnes): maquettes de la ville ancienne et moderne, du château; armures et épées, objets d'art, peintures (visite: une heure, 10F). Sur la terrasse du château, musée d'histoire locale dans une grande maison de style colonial (entrée, 8F), quelques boutiques et buvettes.
Le long des douves, derrière le château, quatre anciennes maisons sont ouvertes au public: une *maison-musée* avec tous les objets de la vie traditionnelle (Buke-yashiki Shiryokan: entrée 8F, salon de thé et boutique), un *salon de thé* dans un beau jardin, l'ancienne *maison* et le *musée* de l'écrivain Lafcadio Hearn, qui enseigna l'anglais dans cette ville. Enfin, le *musée Tanabe* (histoire locale).
Sur la colline qui domine cet ancien quartier, très agréable *pavillon de thé* dans un jardin traditionnel: *Meimei-an* (entrée 10F, thé vert et gâteau, 10F).
De Matsue, on se rend en train ou en bus au *sanctuaire Izumo Taisha* (une heure), important lieu de la mythologie japonaise et bel édifice du XVIIe siècle.
C'est ici que le frère de la déesse solaire Amaterasu, le terrible Suzanoo, fut exilé. Le sanctuaire est dédié à son descendant, Okuni-no-Mikoto, qui le premier régna sur les habitants de cette région.
Comme au sanctuaire d'Ise, l'accès au sanctuaire intérieur est réservé aux membres de la famille impériale et aux grands prêtres.
Sur le devant du sanctuaire ouvert aux fidèles *(Haiden),* à l'extrémité d'une belle allée de pins sculptés, l'énorme *corde en paille tressée* (Shimenawa) représentant le lien des hommes et des dieux.
Jacqueline Matillon (novembre 1991) témoigne:
*Temple Izumo. Le plus ancien des sanctuaires shinto du Japon, une architecture austère dans un cadre naturel et mystique.*
A 1 km à l'ouest, sur la plage de sable, l'*île,* où viennent se rassembler, en octobre, tous les dieux shinto du Japon (fête de nuit entre le 11 et le 17 octobre suivant les années).
De la ville d'Izumo-Taisha, on peut prendre un bus pour le *phare du cap Hinosaki.* Jolie côte de rochers et sentiers dans la forêt.
Vers l'est, le *mont Daisen,* ancien volcan, est au centre du parc national du même nom (50 km en direction de Tottori). Agréable lieu de repos, accessible en bus ou en voiture de location (gare de Matsué ou de Yonago).

### CHOISISSEZ VOS HOTELS

**Luxe**
*Ryokan Horaiso.* 101 Tono-machi, Matsue, Shimane 690, tél. (0852) 21 4337. 14 chambres japonaises avec bain, demi-pension de 400 à 600F.
**Confort**
*Hotel Ichibata.* 30 Chidori-cho, Matsue, Shimane 690, tél. (0852) 22 0188. 128 chambres avec bain: simple, 250F; double, 400F; demi-pension, 600F.
*Matsue Tokyu Inn.* Asahi-cho 590, Matsue, Shimane 690, tél. (0852) 27 0109. Place de la gare, restaurant, cafétéria, boutiques. Chambre simple, 300F; double, 430F.
**Economique**
*Matsue Plaza Hotel.* 469-1 Asahi-cho, Matsue, Shimane 690, tél. (0852) 26 6650. Juste au sud de la gare de Matsue. Cafétéria, restaurants. 135 chambres: simple, 250F; double, 320F.
*Ryokan Takenoya.* Taisha-cho, Shimane-ken, tél. (0853) 53 3131. A deux pas du sanctuaire, demi-pension en chambre japonaise, à partir de 400F par personne.

## Matsuyama

Matsuyama est connue pour son château et sa station thermale Dogo-Onsen. Cette ville de province est située dans l'île Shikoku, au climat doux et agréable.

De Matsuyama, on voyage en train dans l'Ouest et le Sud de Shikoku, vers Uwajima et Kochi, à travers de beaux paysages ruraux de montagne. Les caps Sadamisaki et Ashizuri offrent des vues sur les belles falaises des côtes sauvages. On y accède en bus par de longues petites routes. Liaisons en ferry vers Kyushu de Yawatahama, Uwajima et Sukumo (vérifier les départs en cas de mauvais temps).
**Population.** 400 000 hab.

### COMMENT S'Y RENDRE ?

**Bateau.** Une heure en hydroglisseur et trois heures en ferry d'Hiroshima; huit heures en ferry de Kobe et cinq de Oita-Beppu.
**Train.** Trois heures de Takamatsu ou Okayama.

### OU TROUVER DE L'INFORMATION ?

*Port Matsuyama-Kankôkô.* A 10 km de Matsuyama et gare JR de Matsuyama.

### LES FETES

11 au 13 août. *Danses folkloriques (Matsuyama matsuri).*

### CHOISISSEZ VOS HOTELS

**Luxe**

*ANA Hotel.* 3-2-1 Ichibancho, Matsuyama, Ehime 790, tél. (0899) 33 5511. Au pied du château. Trois restaurants, deux cafétérias, bar, boutiques, guichet tourisme. 246 chambres avec bain.

Nombreux hôtels-ryokans à la station thermale Dogo ou Okudogo. 10 minutes en taxi (150-200F); 30 minutes en bus (30F). Restaurants, cafétéria, magasins. Chambres occidentales et japonaises avec bain individuel et grands bains collectifs; demi-pension de 600 à 800F par personne.

*Oku-dogo.* A Dogo, tél. (0899) 77 1111.

*Dogo Kokusai Hotel.* A Dogo, tél. (0899) 41 1137.

**Economique**

*Business Hotel Taihei.* 3-1-15 Heiwa-dori, Matsuyama, Ehime 790, tél. (0899) 43 3560. Cinq minutes en taxi de la gare JR de Matsuyama. Restaurant-cafétéria. 87 chambres avec bain: simple, 200F; double, 350F.

*Daiichi Hotel.* A Uwajima. 1-3-9 Chuo-cho, Uwajima, Ehime 798, tél. (0895) 25 0001. Restaurant, cafétéria. 10 minutes à pied de la gare JR de Uwajima. 126 chambres avec bain: simple, 200F, double, 350F.

*Itcho.* A Kochi. 3-11-12 Harimaya-cho, Kochi-shi 780, tél. (0888) 83 2166. Restaurant-cafétéria. 54 chambres avec bain: simple, 200F; double, 350F.

## Miyajima (Itsukushima)

Miyajima est surtout visité à l'époque des érables (du 5 au 15 novembre). Même pendant cette saison, il est souvent possible de loger dans les quelques hôtels ou auberges de l'île, mais il faut réserver bien à l'avance, et même avant de partir au Japon.

### COMMENT S'Y RENDRE ?

**Train.** 40 minutes de Hiroshima en train JR ou ligne Hiroden jusqu'à Miyajima-guchi.

**Bateau.** Ferry tous les quart d'heure (10 minutes) pour le port de Miyajima (Sanbashi).

### OU TROUVER DE L'INFORMATION ?

*Gare maritime.* Sur l'île (Sanbashi), tél. (0829) 44. 2017.

*Tourist information.* A Hiroshima, dans le parc de la Paix. Demander le dépliant gratuit en français ou en anglais avec plan et photos, ou acheter le prospectus à 8 ou 20F, qu'on trouve aussi au Musée folklorique.

## LES FETES

La plupart des fêtes sont à dates variables: se renseigner aux offices de tourisme de Tokyo, Kyoto ou, avant de partir, à Paris.
15 avril et 15 novembre. *Fête du Feu Hiwatari.*
16 au 18 avril. *Théâtre Nô* devant le sanctuaire.
14 août. *Feux d'artifice* devant le sanctuaire Itsukushima.

## A VOIR

*La petite île de Miyajima.* Célèbre par son portique rouge planté au milieu de la mer et son temple sur pilotis. C'est le plus beau et le plus agréable des sites du Japon, le plus joli coin du monde d'après Pierre Loti. L'île serait, selon le moine Kukai (Kôbô Daishi, IXe siècle, fondateur du temple perché au sommet de l'île), une image du paradis bouddhique.
C'est l'endroit idéal pour se reposer, prendre son temps dans les sentiers sablés qui sillonnent la forêt de pins et la vallée des érables, Momiji-dani, où l'on rencontre des daims apprivoisés. Des nombreux belvédères (Hiramatsu, pagode Taho-to), contempler la vue sur le sanctuaire et la baie; faire l'ascension en téléphérique jusqu'au rocher des singes: beau panorama sur la mer Intérieure et ses îles, d'Hiroshima à Shikoku (se présenter à la gare à 8h30 ou dans l'après-midi pour éviter l'attente).
*Le mont Misen.* Au sommet de l'île. Temple et chapelles bouddhiques (aller-retour à pied: une heure). Descente possible par les sentiers assez raides (une à deux heures suivant les itinéraires plus ou moins bien fléchés).
*Le sanctuaire Itsukushima.* Fondé au VIe siècle, il est dédié à trois déesses de la mer, d'où son portique et ses allées en bois, demeurés tels qu'ils ont été construits sur l'eau au XIIe siècle, malgré les fréquentes restaurations. Des danses sacrées ont lieu lors des fêtes sur la scène carrée en bois au centre du temple. Des représentations de théâtre Nô sont données dans le bâtiment en bois sombre à la sortie du sanctuaire (dates variables, suivant le calendrier lunaire).
*Le petit musée d'Art (Reihô-kan).* Contient les objets précieux du sanctuaires (entrée, 8F).
*Le Musée folklorique (Miyajima-Shiryokan).* Installé dans une très belle maison ancienne en bois, donnant sur un jardin intérieur: intéressant musée d'art et d'objets de la vie quotidienne traditionnelle (entrée 8F, photos autorisées).
*Le temple Daishoin* et son petit oratoire octogonal au milieu d'un bassin, la *salle souterraine des lanternes*, la *tour Maniden*, situés au sommet d'un long escalier, sont de beaux exemples d'architecture en bois dans un site peu fréquenté et très agréable.
De nombreux magasins de souvenirs et d'artisanat (large éventail de prix et de goût) se trouvent dans l'île, notamment dans la rue qui va de l'embarcadère au sanctuaire. Les restau-

rants ne manquent pas. Assez simples ou à des prix raisonnables, ils permettent de goûter les huîtres à la façon locale: en beignets *(kaki-furai)* ou au four *(shioyaki)*, plus rarement crues *(nama-gaki)*.

## CHOISISSEZ VOS HOTELS

Les hôtels et ryokans de luxe ont des chambres occidentales et japonaises, avec bain. On y est logé en général en demi-pension. Les auberges japonaises ordinaires ou économiques ont des salles de bains collectives: on y est également logé en demi-pension, petit déjeuner mixte japonais-occidental.
Les adresses sont les mêmes pour toute la ville: Miyajima-cho, Hiroshima 739-10. Des minibus viennent vous chercher au débarcadère *(sanbashi)*. Si vous ne pouvez vous faire comprendre, faites téléphoner par le centre d'information ou demander à un passant ou à un commerçant ayant un téléphone public.

**Luxe**

*Iwaso Ryokan.* Tél. (0829) 44 2233. Le plus authentique ryokan de l'île: construction en bois, au bord de la forêt, calme et raffiné. 400F par personne.
*Miyajima Grand Hotel.* Tél. (0829) 44 2411. Restaurants, bars, cafétéria, boutiques, massage. 50 chambres, simple, double et triple.
*Miyajima Royal Hotel.* Tél. (0829) 2191. Restaurant, cafétéria, boutiques. 70 chambres.
*Kamefuku Ryokan.* Tél. (0829) 44 2111.
*Higashiya Ryokan.* Tél. (0829) 44 2151.

**Economique**

*Miharashi Ryokan.* Tél. (0829) 44 0165. Belle vue sur le portique, bon accueil. Trois chambres à peine isolées.
*Momiji-sô Ryokan.* Tél. (0829) 44 0077. Bon accueil, bonne cuisine. Au milieu des érables. 6 chambres.
Antoine et Elodie Bernardeau (juillet 1991) témoignent:
*Auberge Momijisô. Une adorable auberge au milieu de la vallée des érables: on prend son petit déjeuner avec les daims apprivoisés.* Antoine et Elodie Bernardeau nous précisent qu'ils ont respectivement 14 et 13 ans.
*Watanabe Ryokan.* Tél. (0829) 44 0234. Près du temple Daisho-in. Modeste mais calme.
*Miyajima Lodge.* Tél. (0829) 44 0430. Restaurant-cafétéria. Chambres japonaises.

# Nagano

Choisie pour l'organisation des Jeux olympiques d'hiver de 1998, Nagano est la capitale des Alpes japonaises. Entourée de stations de ski très bien équipées comme Norikura, Shiga-Kogen, Hakuba, Nagano est également une étape vers les stations d'été comme Kamikochi, Tateyama ou vers les stations thermales Nozawa-Onsen et Minami-Shiga.

**Population.** 330 000 hab.

### COMMENT S'Y RENDRE ?

**Train.** Trois heures en train JR de Tokyo-Ueno ou de Nagoya.

### OU TROUVER DE L'INFORMATION ?

Gare JR de Nagano.

### A VOIR

*Le temple Zenkoji.* Fondé au VIIe siècle, c'est un bel édifice de l'époque Edo, recouvert d'une double toiture en écorce et situé dans un magnifique site de montagne. C'est un lieu de pèlerinage où l'on constate la vitalité des traditions religieuses souvent disparues dans les autres temples du pays, désormais voués au tourisme.

### CHOISISSEZ VOS HOTELS

**Confort**

*New Nagano.* 828 Minami chitose-machi, Nagano-shi 380, tél. (0262) 27 7200. A côté de la gare. Restaurant, café-bar. 124 chambres: simple, 220F; double, 380F.

**Economique**

*City Hotel Kikuya*: 2377 Gondo-cho, Nagano-shi 380, tél. (0262) 32 4166. Cinq minutes en taxi de la gare JR. Restaurant, café-bar. 80 chambres. Chambre simple, 160F; double, 300F.

*Uotoshi Ryokan.* 2563 Sano, Yamano-uchi, Yudanaka, Nagano 381-04, tél. (0269) 33 1215. Dans une station thermale à 40 minutes de Nagano par la ligne Nagano Dentetsu, descendre à Yudanaka. On vient vous chercher sur demande téléphonique. Auberge traditionnelle. Bain collectif. Petit déjeuner, 25F; dîner de 70 à 100F. Chambres japonaises: simple de 120 à 150F; double de 250 à 300F; triple de 350 à 400F.

## Nagasaki

Nagasaki se visite facilement en tram ou en taxi. Les magasins et les restaurants sont nombreux dans toute la ville, près des sites ou au centre, dans le quartier des rues couvertes (Hamamachi Arcades). Entourée de montagnes au fond d'une baie profonde, Nagasaki était, depuis la fin du XVIe siècle, le seul port du Japon ouvert aux bateaux étrangers. L'influence de la Chine et de la Hollande sont

encore visibles, malgré l'impact industriel et la reconstruction qui suivit le bombardement atomique du 9 août 1945. Le paradoxe de Nagasaki est d'être, pour les Japonais comme pour les Occidentaux, la ville de l'exotisme: exotisme occidental pour les Japonais, oriental pour les lecteurs de Pierre Loti ou les spectateurs de *Madame Butterfly*.
**Population.** 520 000 hab.

## COMMENT S'Y RENDRE ?

**Train.** Trois heures en train express JR de Fukuoka, sept heures d'Osaka, dix de Tokyo.
**Avion.** Deux heures trente de Tokyo et une heure trente d'Osaka.

## OU TROUVER DE L'INFORMATION ?

Gare de JR de Nagasaki. Tél. (0958) 23 7423.

## LES FETES

Avril et mai. *Concours de cerfs-volants* à Inasayama. En fin de semaine.
Troisième et quatrième dimanches de juillet. *Concours de bateaux* à Togitsu (troisième dimanche) et à Dejima (quatrième dimanche).
9 août. *Commémoration du bombardement.* Au parc Heiwa-koen.
13 au 15 août. *Fête des âmes (Ura-bon).* Flottaison des lanternes le 15.
7 au 9 octobre. *Grands défilés de chars en musique (Okunchi).*

## A VOIR

Du *parc de la maison Glover (Glover-park),* belle vue sur la ville et la baie de Nagasaki. Dans ce parc ont été regroupées les résidences de style occidental construites à la fin du siècle dernier: *musée de la société Mitsubishi, maison de l'Anglais Glover* (dont l'histoire inspira le livret de *Madame Butterfly), statue de la cantatrice Miura*, qui tint le rôle de l'héroïne pendant 30 ans.
Un *Musée folklorique (Kunchi Shiryokan)* expose les objets des fêtes traditionnelles de la ville, avec projection permanente d'un joli film.
En retournant vers le centre-ville, ne pas manquer de visiter l'*île Dejima*, où ont résidé depuis la fin du XVIe siècle les premiers étrangers autorisés à commercer avec le Japon: maquette de l'île et petit musée (assez difficile à trouver).
Ensuite, on peut se rendre aux arcades commerçantes ou au quartier chinois, dont les rues sont très animées le soir: restaurants, bars, boîtes de nuit.

La visite de la ville doit comprendre un détour vers le pont à double arcade: *pont-lunette* ou *Megane-bashi*. Au pied des collines, dans les ruelles tranquilles de Kajiyamachi, les *temples* de style chinois: *Sofuku-ji*, *Kofuku-ji* et *Kodai-ji*.
Voir également, au nord de la ville, le *parc de la Paix (Heiwa-koen*, 2,5 km de la gare, accès par le tram) et le *Musée atomique* (documents relatifs au bombardement).
En soirée, monter au téléphérique pour contempler les lumières de la ville.

## CHOISISSEZ VOS HOTELS

**Luxe**
*Nagasaki Tokyu Inn.* 1-8 Minami-Yamate-machi, Nagasaki 850, tél. (0958) 25 1501. A deux pas de la mer et de la maison Glover, à dix minutes en taxi de la gare. Chambre simple de 300 à 400F; double de 500 à 600F.
Christophe Dabry (mai 1991) témoigne:
*Hôtel Tokyu Inn. A côté du parc de la maison Glover, face à la mer et dans la rue des magasins de souvenirs: l'Occident, la Chine et le Japon réunis.*
*Ryokan Hakuunso.* 6-22 Kajiya-machi, Nagasaki 850, tél. (0958) 26 6307. Cinq minutes en taxi de la gare. 40 chambres japonaises avec bain; demi-pension de 500 à 600F par personne.
**Confort**
*Parkside Hotel.* 14-1 Heiwa-machi, Nagasaki 852, tél. (0958) 45 3191. Près du parc de la Paix, à dix minutes en taxi de la gare. Restaurant, cafétéria, boutique. 54 chambres: simple de 200 à 250F; double de 350 à 450F.
*Ryokan Yataro.* 2-1 Kazagashira-machi, Nagasaki 850, tél. (0958) 22 8166. 58 chambres avec bain; demi-pension de 250 à 400F par personne.
**Economique**
*Nishi-Kyushu Daiichi Hotel.* 2-1 Daikoku-machi, Nagasaki 850, tél. (0958) 21 1711. Place de la gare JR. Cafétéria. 80 chambres: simple, 180F; double, 300F.
*Harbour Inn Nagasaki.* 8-17 Kabashima-machi, Nagasaki 850, tél. (0985) 27 1111. Cinq minutes à pied de la gare JR. Chambre simple, 200F; double, 330F.
*Minshuku Shibolt (Siebold).* 1-2-11 Sakura-baba, Nagasaki-shi 850, tél. (0958) 22 5623. Cinq minutes en taxi de la gare. Bain collectif. Cinq chambres japonaises; demi-pension, 200F par personne.
*Minshuku Matsushita.* 6-36 Yayoi-machi, Nagasaki 850, tél. (0958) 23-3500.

## A VOIR DANS LES ENVIRONS

Si on arrive de Fukukoa, on peut faire le voyage en une journée en passant par **Kartatsu**, **Imari** et **Arita**, villes connues

pour leurs ateliers de céramiques. On peut faire également un détour par **Hirado**, la petite ville où se trouvaient des comptoirs hollandais, sans manquer de passer, près de Sasebo, devant les 999 jolies îles de **Kujuku-shima**
De Nagasaki, on peut se diriger vers le **parc national du mont Unzen** (fumerolles volcaniques) et le **port de Shimabara**, vers Misumi et Kumamoto ou Kagoshima.

## Nagoya

Quatrième ville du Japon, Nagoya est la capitale de la préfecture d'Aichi, dans la région centrale du Japon appelée Chubu. La ville est ouverte sur la mer et sur l'étranger: c'est également le quatrième port du pays, notamment grâce aux exportations d'automobiles.
**Population.** 2 100 000 hab.

### COMMENT S'Y RENDRE ?

**Train.** Deux heures en Shinkansen de Tokyo, une heure de Kyoto ou Osaka. Dans la gare Nagoya eki, se trouvent la ligne express Shinkansen, les lignes régionales JR, vers Takayama, Matsumoto et la mer du Japon, vers Ise et la péninsule de Kii. La ligne privée Kintetsu (Kinki Railways), qui dessert Isé, Toba et Kashiko-jima, se trouve dans le même édifice, de même que les lignes Meitetsu, pour les environs de la ville.

### OU TROUVER DE L'INFORMATION ?

Gare JR de Nagoya.

### A VOIR

Dans l'arrière pays, l'ancienne *route Kisô-ji*, vers les montagnes, donne à Nagoya ses attaches vers les traditions populaires: artisanat, gastronomie.
*Le château-musée*. Reconstruit en 1959, dans un parc public agréable.
*Tokugawa Bijutsukan*. Cet important musée d'art ancien se trouve à 5 km au nord-est de la gare JR.
*Sanctuaire shinto Atsuta-jinja*. Au sud de la ville. Le deuxième en importance après Ise.
Les hôtels, magasins et l'animation de la ville sont concentrés autour de la gare, surtout côté Ouest, vers le château.

### CHOISISSEZ VOS HOTELS

**Luxe**
*Nagoya Castle Hotel*. 3-19 Hinokuchi-cho, Nishi-ku, Nagoya 451, tél. (052) 521 2121, fax (052) 531 3313. Face au château,

dix minutes à pied de la gare. Quatre restaurants, deux bars, cafétéria. Boutique, piscine extérieure, service de secrétariat, guichet tourisme, neuf salles de réunions. 257 chambres: simple de 400 à 700F; double de 700 à 1 200F.
*Ryokan Maizuru-kan.* 1-18-24 Meikei-Minami, Nakamura-ku, Nagoya 450, tél. (052) 541 1346. Cinq minutes en taxi de la gare. Chambres japonaises, demi-pension, 800F par personne.
**Confort**
*Meitetsu Grand Hotel.* 2-4-1 Mei-eki, Nakamura-ku, Nagoya 450, tél. (052) 582 2211, fax (052) 582-2230. Trois restaurants, bar, salles de réunion. Au-dessus du grand magasin Meitetsu donnant dans la gare. 242 chambres: simple, 350F; double de 600 à 800F.
*Castle Plaza.* 4-3-25 Mei-eki, Nakamura-ku, Nagoya 450, tél. (052) 582 2121.
**Economique**
*Nagoya Rolen Hotel.* 1-8-40 Nishiki, Naka-ku, Nagoya-shi 460, tél. (052) 211 4581. A trois minutes à pied de la station de métro Fushimi-eki. Restaurant-cafétéria. 142 chambres: simple, 160F; double, 280F.
*Business Hotel Kiyoshi.* 1-3-1 Heiwa, Naka-ku, Nagoya-shi, 460, tél. (052) 321 5663. Restaurant-cafétéria. 100 chambres: simple, 160F; double, 280F.
*Ryokan Oyone.* 2-2-12 Aoi, Higashi-ku, Nagoya, Aichi 461. 20 minutes de la gare JR de Nagoya, métro Chikusa ou Kurumamichi. Petite auberge traditionnelle. Bain collectif. Petit déjeuner continental, 20F et japonais, 30F; dîner de 60 à 80F. 18 chambres japonaises.

## CHOISISSEZ VOS RESTAURANTS

*Kawabun Ryotei.* 2-12-19 Maruno-uchi, Naka-ku, tél. (052) 231 1381. Cuisine japonaise Kaiseki la plus cotée; ne pas se fier à l'aspect extérieur, un peu rébarbatif.
*Zambi.* 7-17 Daikan-cho, Higashi-ku, tél. (052) 936 4511. Restaurant-bar pour fin de soirée, dans une maison typiquement japonaise, à l'Est de la ville.

**Gastronomie**
*Takase.* Nikko Shoken bldg, B2, 3-2-3 Sakae, Naka-ku, tél. (052) 263 4137. Fermé le dimanche. Beignets Tempura.
*Mishima.* 3-27-4 Sakae, Naka-ku, tél. (052) 242 0828. Cuisine de poisson au feu de bois.
*Toriyaku.* 1-1-5 Mei-eki Minami, Nakamaura-ku, tél. (052) 541 1888. Fermé dimanche. Cuisine au poulet, grillé, en sauce, en beignets ou cru.
*Gomitori.* Princess Odori Daiei Minami, 77 Sakae 3, Chuo-ku, tél. (052) 241 0041. Grill japonais tradition paysanne.

# Naha

Naha est la capitale de la préfecture d'Okinawa. C'est la seule grande ville des dix îles de l'archipel Ryukyu; qui s'étend sur 600 km entre Kyushu et Taiwan.

La culture d'Okinawa, assez différente de celle des autres régions du Japon, a été marquée par l'influence de Taiwan et du Fukien, régions de Chine à la culture assez originale.

**Population.** 300 000 hab.

## COMMENT S'Y RENDRE ?

**Avion.** Environ trois heures de Tokyo ou d'Osaka, une heure de Kagoshima ou Fukuoka.

**Bateau.** Accès possible en ferry de Kagoshima (une nuit).

## LES FETES

13 au 15 juillet. *Fête des âmes Eisa.*
10 octobre. *Combat des bannières.*

## A VOIR

*Sanctuaire Naminoue, portes fortifiées du château Shuri, musée des arts traditionnels* (Minzoku Shiryokan) près de la place Sunohiyan-Utaki.

## CHOISISSEZ VOS HOTELS

**Luxe**

*Naha Tokyu.* 1002 Ameku, Naha, Okinawa 900, tél. (0988) 68 2151, fax (0988) 68 7895. Restaurant, bar, cafétéria. Chambre simple, 600F; double, 900F.

**Confort**

*Okinawa Fuji Hotel.* 1-6 Nishi, Naha, Okinawa 900, tél. (0988) 58 1118, fax (0988) 68 2189. Restaurant, bar, cafétéria. Chambre simple de 300 à 350F; double de 500 à 600F.

**Economique**

*Kyodo.* 26-15 Higashi-machi, Naha 900, tél. (0988) 68 5771. A dix minutes en taxi de l'aéroport de Naha. Cafétéria. 62 chambres: simple, 180F; double, 350F.

## A VOIR DANS LES ENVIRONS

Naha, comme les autres sites d'Okinawa s'est tournée vers le tourisme de la mer. Sable blanc, plages magnifiques.

### Plage Moon Beach

A une heure trente en bus.

### Observatoire sous-marin

A Nago, à deux heures de bus.

**Expo Memorial Park**
Conservé après l'exposition océanique de 1975, à trois heures trente de Naha en bus, ce parc possède un aquarium, une plage artificielle et une cité flottante, Aquapolis. Nombreuses possibilités de plongée sous-marine dans l'ensemble des îles.
**Les îles Ishigaki** (maisons aux tuiles rouges) et **Iriomote** (végétation tropicale) sont, comme les îles Amami entre Okinawa et Kyushu, agréables à visiter et encore peu fréquentées. A une heure d'avion ou une nuit en bateau.

# Nara

Ancienne capitale au VIIIe siècle, aujourd'hui petite ville au pied des collines, Nara regroupe dans son grand parc aux Daims des musées, dont un Musée national (Kokuritsu Hakubutsukan), de nombreux temples bouddhiques, dont celui du Grand Bouddha (Daibutsu ou Todai-ji), le Kofuku-ji (pagode, musée de statues), et le Shin-Yakushiji (sculptures).

Le parc aux Daims fait partie du grand sanctuaire shinto Kasuga, auquel on accède par l'allée des Mille Lanternes. Au pied des montagnes, belle vue sur l'ensemble du parc de la terrasse du temple Nigatsu-do.
**Population.** 400 000 hab.

## COMMENT S'Y RENDRE ?

**Train.** Une heure de Kyoto ou Osaka en train JR ou Kintetsu (Kinki Railways), quatre heures de Tokyo.

## OU TROUVER DE L'INFORMATION ?

*City Tourist Information.* Rue Sanjo, au sud de la gare Kintetsu, tél. (0742)-22-3900. Documentation et cartes, intéressante maquette de la ville ancienne. Ouvert de 9 à 21h.

## LES FETES

15 janvier. *Feux sur la montagne (Yamayaki).* Nara-koen.
3 et 4 février. *Festival des mille lanternes (Mantoro).* Sanctuaire Kasuga, Nara-koen.
12 mars. *Fête de l'Eau et du Feu (Omizutori).* Temple Todaiji-Nigatsudo, Nara-koen.
13 mars. *Procession et danses (Kasuga matsuri).* Sanctuaire Kasuga.
8 avril. *Fête des Fleurs (et de Bouddha).* Parc aux daims, Nara-koen.
11 et 12 mai. *Théatre Nô de nuit.* Temple Kofuku-ji, Nara-koen.
14 et 15 août. *Fête des mille lanternes (Mantoro).* Sanctuaire Kasuga, Nara-koen.

3 novembre. *Théâtre Nô.* Dans le jardin Manyo-en, Nara-koen.
Début novembre. Exposition des trésors du shoso-in.
16 au 18 décembre. *Procession en costumes anciens (On-matsuri).*

## A VOIR

A l'est de la ville, vestiges du *palais de l'ancienne capitale Hei-jo-kyo*, au sud de grands tumulus entourés d'eau (du IIIe au Ve siècle). Plus au Sud, grands *temples bouddhiques Toshodaiji et Yakushiji*: architecture du VIIIe siècle reconstruite à l'identique et statues bouddhiques des VIIIe, XIIe et XVIIe siècles. De nombreux autres *temples anciens*, riches en trésors artistiques, se trouvent autour et dans la région de Nara. On y accède en bus (ou en voiture si on peut lire le japonais). *Temples avec jardin Jôruri-ji et Enjôji* (route 369 au Nord-Est de la ville, entre 5 et 10 km).
Henri Brindgeon (décembre 1991) témoigne:
*Magnifique promenade à pied de jour et de nuit (avec clair de lune formidable) dans les allées du parc aux Daims et les collines où se cachent tant de temples merveilleux.*

## CHOISISSEZ VOS HOTELS

**Luxe**
*Nara Hotel.* 1096 Takabatake, Nara 630, tél. (0742) 26 3300, fax (0742) 23 5252. Dans le parc aux Daims, à cinq minutes en taxi des gares Kinki et JR. Restaurant, salon de thé, boutiques. Luxueux mais un peu vieillot. Chambre simple de 300 à 400F; double de 700 à 1 000F.
*Fujita Nara Hotel.* 47-1 Shimo-Sanjo-machi, Nara 630, tél. (0742) 23 8111, fax (0742) 22 0255. Cinq minutes à pied de la gare Kinki et en taxi de la gare JR. Central, près des sites. Deux restaurants, cafétéria, boutiques. Chambre simple de 400 à 500F; double de 650 à 800F.
*Nara Royal Hotel.* En taxi, cinq minutes des gares Kinki et JR, dix minutes des sites. Quatre restaurants, bar, deux cafétérias, boutiques. Luxueux et agréable.
**Confort**
*Nara Sunroute Hotel.* 1110 Bodai-cho, Nara 630, tél. (0742) 22 5151, fax (0742) 27-3759. Cinq minutes en taxi des gares, dix minutes à pied des sites. Restaurant, cafétéria. 158 chambres: simple, 500F; double 700F.
*Ryokan Kasuga Hotel.* Kintetsu-eki-minami, Nara 630, tél. (0742) 22 4031. 36 chambres japonaises; demi-pension, 600F par personne.
**Economique**
*Green Hotel Ashibi.* 16-1 Higashimuki-Kitamachi, Nara 630, tél. (0742) 26 7805. A deux pas de la gare Kinki et des sites. Restaurant-salon de thé-patisserie. 32 chambres: simple, 200F; double de 350 à 400F.

*Petit Cotton Hotel.* Sarusawa-no-ike-kita, Nara 630, tél. (0742) 22 7117. Cinq minutes en taxi des gares JR et Kinki, à deux pas des sites. Cafétéria. 33 chambres occidentales et japonaises avec bain.
*Ryokan Seikanso.* 29 Higashi-Kitsuji-cho, Nara 630, tél. (0742) 22 2670, fax (0742) 22 2670. Cinq minutes en taxi des gares JR et Kintetsu. Petite auberge calme dans un quartier traditionnel. Jardin.

### A VOIR DANS LES ENVIRONS

**Les sites archéologiques d'Asuka**. Au sud de Kashiwara, une heure en train de Nara. Fouilles de palais, temples, musée. Visite possible en louant une bicyclette à la gare d'Asuka. On peut passer une journée très agréable dans cette campagne fleurie.
**La montagne de Yoshino**. Plus au sud, à deux heures de Nara. Milliers de cerisiers, plantés il y a plus de dix siècles, qui fleurissent au début d'avril, dans une féerie qui attire énormément de gens.
De Nara, on se rend à **Isé**, **Toba** et **Futami**, aux **monastères du mont Koya**, à **Wakayama** et dans la **péninsule de Kii** (sanctuaire et cascade sacrée de Kumano).

## Narita

Située à 10 km de l'aéroport international de Tokyo-Narita, c'est un bon exemple de ville japonaise moyenne. Elle est dominée par la pagode de son grand temple bouddhique Shinsho-ji, surnommé Narita-san. Ses rues sont très animées. Autour de la ville, les nouvelles constructions ont poussé rapidement, et de manière un peu anarchique.
**Population.** 200 000 hab.

### COMMENT S'Y RENDRE ?

**Train.** Une heure de Tokyo par train JR ou Keisei (gare de Ueno); 10 minutes en taxi ou bus de l'aéroport international de Tokyo-Narita

### OU TROUVER DE L'INFORMATION ?

*Office national du tourisme du Japon.* JNTO-Narita Office. Dans les halls d'arrivée (rez-de-chaussée), tél. (0476) 32 8711. Ouvert tous les jours de 9 à 20h, samedi de 9h à midi; fermé dimanche et fêtes.

### LES FETES

23 au 24 août. *Danses des âmes (O-bon).* Dans les rues de Narita.

Novembre. *Exposition de chrysanthèmes*. Au temple Naritasan.

### A VOIR

Derrière le temple, un joli *parc boisé* avec jardin traditionnel. A la sortie ouest de la ville, *sanctuaire Makata* et *ancienne maison-musée Sogo*.
Autre bonne introduction au Japon, le très intéressant *musée de l'histoire du Japon* (Kokuritsu Minzoku Hakubutsukan), à Sakura. Quinze minutes en train de Narita par la ligne privée Keisei, dix minutes à pied de la gare de Sakura, en haut de la colline, dans un parc public.

### CHOISISSEZ VOS HOTELS

**Luxe**
Nombreux hôtels internationaux autour de l'aéroport de Narita. Bureau de réservation dans le hall, navettes en permanence (porte 3). Narita Hotel Reservation. (0476) 32 8691. Dans l'aérogare.
*Narita Airport Rest House*. Narita Airport, Chiba, tél. (0476) 32 1212. Restaurant, cafétéria. Chambre simple de 450 à 600F; double de 600 à 800F.
**Economique**
*Business Hotel Teradai*. 62 Teradai, Narita, tél. (0476) 23 0744. Chambre simple, 200F; double, 300 à 350F.
*Minshuku Kirinoya*. Matsubara, Narita, tél. (0476) 22 0724. Cinq minutes en taxi de la gare de Narita, vingt minutes de l'aéroport (100F). Possibilité de repas. Chambres japonaises: simple, 200F; double, 300F; triple, 400F.

## Niigata et l'île Sado

Le port de Niigata assure la liaison avec l'île Sado, aux fortes traditions (temples bouddhistes, danses et musiques folkloriques).

La ville de Niigata, comme la région, est connue pour la qualité de ses fruits de mer et son artisanat, traditionnel et moderne.

L'île Sado, célèbre depuis qu'on y a découvert de l'or en 1601, est accessible de Niigata (deux heures) ou de Naoetsu (quatre heures), par ferry. Du port de Ryotsu, on visite l'île en une journée avec les bus locaux.
**Population.** 500 000 hab.

### COMMENT S'Y RENDRE ?

**Train.** Deux heures par Shinkansen de Tokyo-Ueno.
**Avion.** 45 minutes.

## OU TROUVER DE L'INFORMATION ?

*Centre d'informations touristiques.* Devant la gare JR de Niigata, tél. (025) 241 7914.
*Centre d'informations de Sado (Sawata).* Tél. (0259) 52 3163.

## LES FETES

1er au 30 avril. *Festival annuel.* Chants et danses traditionnelles, tambours, marionnettes et théâtre Nô.
25 au 27 juillet. *Fête d'Aikawa.* Danse des mineurs, tambours et feux d'artifice.

## A VOIR

*Musée folklorique Kyodo shiryokan.* Près de l'ancien port de Niigata. Ouvert de 9 à 16h, sauf lundi et jours fériés.
*Ancienne mine Sado Kinzan* (tous les jours de 8 à 17h), le *musée folklorique d'Aikawa* et le *musée des Estampes contemporaines (Hangamura).* A 20 km du *port de Ryotsu.*
Christophe Dabry (mai 1991) témoigne:
*Les danseuses de l'île Sado, avec leur chapeaux de paille: le charme des traditions paysannes, le sourire des pêcheuses.*

## CHOISISSEZ VOS HOTELS

**Luxe**
*Okura Niigata Hotel.* 6-53 Kawabata-cho, Niigata 951, tél. (025) 224 6111, fax (025) 224 7060. Chambre simple, 350F; double de 700 à 900F.
**Confort**
*Heimat.* 3-122 Benten, Niigata-shi 950, tél. (025) 243 3161. A deux minutes à pied de la gare. Restaurant-café. 95 chambres: simple, 220F; double, 500F.
*The Hotel Kinsui.* 1429 higashibori-dori, Hachiban-cho, Niigata-shi 951, tél. (025) 229 1695. Cinq minutes en taxi de la gare JR. Restaurant, cafétéria. 95 chambres: simple, 250F; double, 400F.
**Economique**
*Niigata Green Hotel.* 1-4-9 Hanazono, Niigata-shi 950, tél. (025) 246 0341. Une minute à pied de la gare. Restaurant-cafétéria. 40 chambres: simple, 160F; double, 320F.
*Ryokan Furukawatei-Honten.* 2-10-26 Chuo-cho, Suibara-shi, Niigata 959-21, tél. (0250) 62 2013. Dans la petite station thermale au bord du lac Hyoko. 40 minutes en train de Niigata, cinq minutes en taxi de la gare JR de Suibara. Bain collectif. Petit déjeuner japonais, 40F; dîner de 120 à 150F. Chambres japonaises: simple, 150; double, 300F.
*Sado Seaside Hotel.* Dans l'île Sado. 80 Sumiyoshi, Ryotsu-shi, Niigata 952, tél. (02592) 7 7211, fax (02592) 7 7213. Cinq minutes en taxi du port de Ryotsu, dans la station thermale Su-

miyoshi. On vient vous chercher au port si vous téléphonez. Auberge traditionnelle avec bain de source chaude. Petit déjeuner, 20F; dîner, 60F. Chambres japonaises avec et sans salle de bain: simple, de 150 à 200F; double de 300 à 350F; triple de 350 à 400F.

# Nikko et le lac Chuzenji

Nikko est une petite ville de montagne. Son mausolée Toshogu, architecture baroque très colorée, le lac Chuzenji et la cascade Kegon à 40 km sont les sites les plus visités du Japon, une étape très classique des voyages.

L'excursion à partir de Tokyo avec retour dans la journée est possible; mais attention aux horaires des derniers bus et trains et méfiez-vous également des encombrements sur la route du lac Chuzenji à Nikko au retour. Il est plus agréable de passer une nuit au vert au bord du lac Chuzenji ou dans la station thermale de Yumoto.

Partir tôt le matin, après avoir réservé sa place (lignes JR ou Tobu). Commencer la visite par le Toshogu pour éviter les files d'attente (dimanches, jours fériés et fêtes) ou pour ne pas rater la dernière visite (16h) à cause des embouteillages.

**Population.** 10 000 hab.

## COMMENT S'Y RENDRE ?

**Train.** Trois heures de Tokyo par train JR (Ueno) ou Tobu (gare Asakusa).

## OU TROUVER DE L'INFORMATION ?

Gares JR et Tobu de Nikko. Au départ de Tokyo: ligne Tobu, gare de Tokyo-Asakusa ou Shinkansen et train JR, gare Tokyo-Ueno. 200F aller-retour environ.

## LES FETES

16 et 17 avril. *Festival Yayoi*. Sanctuaire Futarasan, Nikko.
18 mai. *Défilé de samouraï*. Sanctuaire Toshogu, Nikko.
5 et 6 août. *Danses folkloriques Waraku-odori*. Dans les rues de Nikko.
17 octobre. *Défilé de samouraï*. Sanctuaire Toshogu, Nikko.

## A VOIR

On peut visiter Nikko en train, bus, ou avec un circuit organisé au départ de Tokyo (600F). Arrivé à Nikko, on se rendra au *mausolée Toshogu* (une à deux heures) puis vers le *lac Chuzenji* (une heure trente). Jusqu'au Toshogu, un taxi est plus rapide (20F environ). Location de voiture et minibus en face de la gare (réservation recommandée).

*Le mausolée Toshogu.* Traverser la rivière à côté du pont sacré Shinkyo, en laque rouge. L'entrée du mausolée se trouve plus haut. Il est connu pour sa décoration luxuriante d'or et de laques (33 couches). On remarque d'abord les grandes allées de cryptomères et la pagode à cinq étages Goju-no-to. A l'intérieur, porte sculptée Yômei-mon et salle des prières Haiden, avec ses peintures et les portiques laqués.

De nombreuses images anecdotiques apparaissent dans les motifs décoratifs des bâtiments. D'abord, les trois singes sculptés sur l'écurie sacrée (éviter de parler, de regarder ou d'écouter le mal) et le petit chat qui ne dort que d'un œil (vigilance), sculpté sur le linteau de la porte, au bas des escaliers conduisant à la tombe du shogun.

La salle du Dragon qui crie, dans la bâtiment à gauche, au pied des escaliers de la porte Yômei-mon ne doit pas être oubliée.

Le Dragon exauce les vœux des visiteurs qui tapent bruyamment des mains sous le plafond où il est peint. Le bruit de l'écho est signe d'espoir. La visite des divers bâtiments demande une à deux heures, même lorsqu'il y a peu de monde.

A l'ouest du mausolée, par la grande allée des cryptomères, on atteint le *sanctuaire Futarasan*: cérémonies avec musiques, petite source sacrés dans la forêt, buvette (thé et gâteaux japonais). Le mausolée Daiyuin-byo, plus sévère que le Toshogu, se trouve à côté du sanctuaire Futarasan; il est situé dans un site forestier très impressionnant.

A voir également le *musée du Toshogu*, le *temple Rinno-ji* (petit musée et jardin du XVIIe siècle très jolis en automne) et la *salle des Trois Bouddhas* (Sanbutsudo).

Continuer vers le *lac Chuzenji* (location de barque et traversée sur le lac).

La *cascade Kegon-no-taki*, 100 m de haut, est visible du belvédère (accès libre par le grand parking) ou par l'ascenseur qui descend jusqu'au pied de la cascade (25F, risque d'attente).

Jean-Marie Perthuis (avril 1991) témoigne:

*Nuit calme et reposante au bord du lac, l'air frais et pur des montagnes. Classique peut-être, mais la beauté des arbres et la richesse du temple Toshogu sont impressionnantes.*

## CHOISISSEZ VOS HOTELS

### Luxe

*Nikko Lakeside Hotel.* Au lac Chuzenji, 2482 Chugushi, Chuzenji-ko 321-16, tél. (0288) 55 0321. Au bord du lac, à 10 minutes de la cascade. Restaurant cuisine occidentale: menu touristique à midi, 100F. Chambres occidentales: simple de 400 à 900F; double de 700 à 1 200F suivant saison.

*Nikko Kanaya Hotel.* A Nikko, 1300 Kami-Hatsuchi, Nikko-shi

321-14, tél. (088) 54 0001.
Joëlle Laurent (novembre 1991) témoigne:
*Les grands hôtels, les bains collectifs en plain air: sources chaudes, chutes d'eau, courants, bulles, il y a mille sortes de bains différents. C'est une expérience formidable.*
**Confort**
*Ryokan Chuzenji Hotel.* Au lac Chuzenji, 2478 Chugushi, Nikko 321-16, Tochigi, tél. (0288) 55 0333. A une heure de Nikko. 120 chambres japonaises, demi-pension 500F.
*Ryokan Nikko Green Hotel.* A Nikko, 9-19 Honcho, Nikko 321-14 Tochigi, tél. (0288) 54 1756.
**Economique**
*Pension Turtle.* A Nikko, 2-16 Takumi-cho, Nikko, Tochigi 321-14, tél. (0288) 53 3168, fax (0288) 53 3883. Cinq minutes en taxi de la gare. Bon accueil, calme, verdure. Petit déjeuner de 20 à 30F; dîner de 50 à 80F. 12 chambres occidentales et japonaises: simple, 150F; double de 250 à 350F; triple, 400F.
*Lodging-House St. Bois.* A Nikko, 1560 Tokorono, Nikko 321-14 Tochigi, tél. (0288) 53 0082, fax (0288) 53 3399.
*Minshuku Kazuhige.* Au lac Chuzenji, 2478 Chugushi, Nikko 321-16, tél. (0288) 55 0163. 7 chambres; demi-pension 300F par personne.
*Minshuku Shirakaba.* Au lac Chuzenji, 2482 Chugushi, Nikko 321-16, tél. (0288) 55 0142. 7 chambres japonaises; demi-pension, 300F par personne.
*Minshuku Narusawa Lodge.* A Nikko, 1462-22 Tokorono, Nikko 321-14, tél. (0288) 54 1630. Cinq minutes en taxi de la gare. 6 chambres japonaises; demi-pension, 300F par personne.

## Okayama

Ancienne ville féodale, Okayama a conservé son château et un très grand jardin paysage (Koraku-en).
**Population.** 500 000 hab.

### COMMENT S'Y RENDRE ?

**Train.** Une heure trente de Kyoto ou Osaka; quatre heures trente de Tokyo en Shinkansen.

### OU TROUVER DE L'INFORMATION ?

Gare JR d'Okayama.

### A VOIR

*Le château.* Converti en musée historique, il offre une belle vue sur le jardin. Construit en 1573 et recouvert de bois teinté, l'édifice est surnommé «château du Corbeau». Il répond au château d'Himeji, tout blanc, surnommé le «château du Héron blanc».

*Le jardin Koraku-en.* Il appartenait au seigneur. Réalisé en 1700, il est depuis plus de 100 ans ouvert au public. Ses canaux, ses collines artificielles et ses pavillons font de ce jardin un des trois plus beaux du Japon.
*Musée des beaux-arts Hayashibara.* A l'entrée du parc. Objets d'art anciens, meubles, sabres et costumes de Nô.
*Le temple de Saidai-ji* (à 15 km au sud-est de la ville) et le *temple Sogen-ji*, dans la même direction, sont de belles constructions du XVIIe siècle. Le premier est connu pour sa pagode en bois à trois étages et sa fête hivernale des garçons nus (ou presque), le second pour son beau jardin avec pavillon de thé classique.
Depuis l'ouverture du grand pont Seto-Ohashi, qui relie Washuzan à Shikoku (cinq ponts suspendus sur 8 km de long), la région d'Okayama, déjà très active, propose de nouveaux sites et itinéraires de visite: *plages de Shibukawa, musée marin Tamano, belvédère Ojigake.*

## CHOISISSEZ VOS HOTELS

**Luxe**
*Tokyu Hotel.* 2-18-3 Daiku, Okayama 300, tél. (0862) 33 2411, fax (0862) 23 8763. Chambre simple de 400 à 600F; double de 600 à 800F.
**Confort**
*Okayama Castle Hotel.* 7-1 Saiwai-cho, Okayama 700, tél. (0863) 33 3111. Cinq minutes à pied de la gare JR. Cafétéria. 83 chambres: simple, 200F; double, 450F.
*Okayama Park Hotel.* 2-5-12 Tamachi, Okayama 700, tél. (0862) 32 1101. Chambre simple, 180F; double, 340F.
**Economique**
*Okayama New Station Hotel.* 18-9 Ekimoto-machi, Okayama 700, tél. (0862) 53 6655. A deux pas de la gare JR. Cafétéria. 44 chambres: simple, 160F; double, 300F.
*Business Hotel New Shuraku.* 1-12 Oka-machi, Okayama 700, tél. (0862) 25 6200. Sept minutes en taxi de la gare JR. Cafététia. 40 chambres: simple, 160F; double, 320.
*Okayama Business Hotel.* 1-1-1 Minamigata, Okayama 700, tél. (0862) 22-2224.

## A VOIR DANS LES ENVIRONS

A 40 km à l'Est, la ville de **Bizen** produit depuis longtemps des grès réputées. Voir le musée des céramiques traditionnelles et contemporaines, dans le centre ville.
Au nord de la ville, ancienne école du XVIIe siècle (*Shizutani*) et maisons en chaume du village Hattoji Furusato.
Vers l'ouest, à 20 km d'Okayama, les anciens greniers au bord du **canal de Kurashiki** et les musées attirent beaucoup de monde, à juste titre.

# Osaka

Troisième ville du Japon, capitale de la seconde région économique du pays, le Kansai, Osaka forme avec Kobe, Kyoto et quelques autres villes, comme Ashiya, Sakai ou même Nara, une connurbation d'environ dix millions d'habitants, dont plus de la moitié pour la préfecture d'Osaka.

Partageant avec Kobe le trafic maritime international et local (ferry de la mer Intérieure vers Shikoku, Kyushu et même Okinawa), le port d'Osaka permet aussi de relier la Chine (vers Shanghai) et la Corée (vers Pusan).

La ville est ceinturée par une ligne de chemin de fer circulaire, "loop-line" ou "Kanjo-sen", très commode pour circuler en plein-air.

Cette ligne JR est reliée au réseau du métro et des trains de banlieue. Eviter les taxis, même en soirée, à cause des embouteillages.

**Population.** 3 400 000 hab.

## COMMENT S'Y RENDRE ?

**Train.** Gare JR Osaka-Umeda. Par le Shinkansen, Tokyo est à un peu plus de trois heures, Kyoto et Kobe une demi-heure environ. Les lignes JR et des lignes privées relient également, en moins d'une heure, Osaka à Kobe (Hankyu, Hanshin), Kyoto (Hankyu, Keihan), Nara (Hankyu); en un peu plus d'une heure, Wakayama et le mont Koya (Nankai).

D'autres lignes de train privées doublent les chemins de fers nationaux JR, et relient Osaka aux divers centres de la région, notamment: Nagoya et la péninsule de Kii, région touristique de montagnes et de côtes très découpées; les parcs nationaux de la mer Intérieure, de Yamato, du mont Koya, de Yoshino-Kumano et d'Ise-Shima, dans la baie de Nagoya.

**Avion.** L'aéroport international d'Osaka, Itami, dessert la région, en attendant le nouvel aéroport, en construction dans la baie. Tokyo est à une heure d'avion.

## OU TROUVER DE L'INFORMATION ?

Aéroport d'Osaka-itami et gare JR Osaka-Umeda.

## LES FETES

Mars. *Tournoi de sumo d'Osaka*, au stade préfectural d'Osaka (Osaka Furitsu Taiikukan). 3-4-36 Namba Naka, Naniwa-ku, près du métro Namba, tél. (06) 631 0121.

## A VOIR

Centre d'affaires plus que ville touristique, Osaka offre cependant des sites agréables et des musées intéressants.

Le *château-musée* et le *parc de l'exposition internationale d'Osaka 70*. Site de l'exposition florale en 1990. On y trouve notamment un très beau musée d'ethnographie, Minzoku Gakkan.
Les centres animés de la ville sont la *gare d'Osaka-Umeda* (hôtels, grands magasins), la grande artère *Midosuji, l'île Nakano-shima*, devant l'hôtel de ville, le *quartier de la finance* (*Honmachi*), les grands magasins à *Shinsai-bashi*, la *gare de Namba* et le quartier plus populaire de *Tenno-ji*.
*Musée des arts populaires d'Osaka (Osaka Nihon Mingeikan)*. 10-5 Banpaku-koen, Senri, Suita-shi, Osaka, tél. (06) 877 1971. Ouvert de 9h30 à 17h, sauf le mercredi.

## CHOISISSEZ VOS HOTELS

**Luxe**
*Plaza Hotel*. 2-2-49 Oyodo-Minami, Oyodo-ku, Osaka 531, tél. (06) 453 1111, fax (06) 454 0169. A cinq minutes en taxi d'Umeda. Le plus réputé des hôtels d'Osaka. Cinq restaurants, cinq bars, café. Service de secrétariat, 20 salles de réunions, guichet tourisme, galerie marchande, piscine extérieure. Navette pour la gare d'Osaka-Umeda. 14 suites, 533 chambres: simple de 600 à 950F; double de 1 000 à 1 500F.
*Royal Hotel*. 3-68-5 Nakanoshima, Kita-ku Osaka 530, tél. (06) 448 1121, fax (06) 448 4414. A cinq minutes en taxi d'Umeda. Hôtel d'affaires par excellence. Douze restaurants, deux cafétérias, sept bars. Centre de services d'affaires, guichet tourisme, galerie marchande, piscine couverte, sauna, gymnase. Navettes pour l'aéroport et la gare de Yodoyabashi. 65 suites, 420 chambres: simple de 700 à 1 100F; double de 1 000 à 1 600F.
*ANA-Sheraton Hotel*. 1-3-1 Dojima-hama, Kita-ku, Osaka 530, tél. (06) 347 1112, fax (06) 348 9208.
*Ryokan Hotel Hishitomi*. 1-23 Honmachi, Higashi-ku, Osaka 541, tél. (06) 261 1112. 23 chambres japonaises avec bains, 38 chambres occidentales également avec bains; demi-pension de 300 à 500F par personne.
**Confort**
*Shanpia Hotel*. 1-6-23 Minami-Ogimachi, Kita-ku, Osaka 530, tél. (06) 312 5151. Cinq minutes en taxi. A l'Est d'Umeda. Restaurant, café. 294 chambres.
*Mitsui Urban Hotel*. 18-8-3 Toyosaki, Kita-ku, Osaka 530, tél. (06) 374 1111. Dix minutes à pied au nord d'Umeda
*Shin-Osaka Seni-City Hotel*. 2-2-17 Nishi-Miyahara, Yodogawa-ku, Osaka-shi 532, tél. (06) 394 3331. Près de la gare Shin-Osaka (Shinkansen et navette aéroport), à dix minutes en train d'Umeda.
**Economique**
*Hokke Club Hotel*. 12-19 Togano-cho, Kita-ku, Osaka 530, tél. (06) 313 3171. Cinq minutes à pied à l'est d'Umeda. Restaurant-cafétéria. 247 chambres: simple, 170F; double, 280F.
*Ryokan Ebisu*. 1-7-33 Nippon-bashi, Naniwa-ku, Osaka 556,

tél. (06) 643 4861. Près de Namba, au sud de la ville, dans un quartier animé. Sans repas. Salle de bain collective. 17 chambres japonaises.
*Rinkai Hotel Kitamise.* 6-2 Dejima-Hama dori, Sakai-Shi, Osaka 590, tél. (0722) 47 1111, fax (0722) 41 5626. 15 minutes en train d'Osaka-Namba (ligne Nankai). A cinq minutes à pied de la gare Minato. Bain collectif. Chambres occidentales et japonaises: simple, 120F; double, 200F.

### ARTS ET SPECTACLES

Novembre et avril sont les grandes saisons de théâtre Bunraku à Osaka, avec deux spectacles par jour, l'un débutant à 11h, l'autre à 16h. Le prix des places varie de 80 à 180F.
*Théâtre national* du Japon pour le Bunraku (Kokuritsu bunraku gekijô). 1-12-10 Nipponbashi, Minami-ku, Osaka, tél. (06) 212 2531).
*Alliance française d'Osaka.* Fuso Bldg 4F., 5-3, 10 Chome Nishihonmachi, Nishi-ku, Osaka, tél. (06) 541 3758. Pour voir des films français.

## Sapporo

Fondée lors de la colonisation de l'île à la fin du XIXe siècle, Sapporo, comme toute la région, n'a qu'une courte histoire.

Seuls les Aïnous, population d'origine continentale, habitaient cette région depuis plusieurs siècles. Actuellement, ils sont 15 000 environ, dont certains vivant dans des villages traditionnels qu'on peut visiter, par exemple à Shiraoi, à 90 km au Sud de Sapporo.

La population de Sapporo, comme celle de l'île de l'Hokkaïdo, vient de diverses régions du pays; elle est accueillante et ouverte. On dit qu'après Tokyo, Sapporo est la ville la plus à la mode du Japon.
**Population.** 1 500 000 hab.

### COMMENT S'Y RENDRE ?

**Train.** Sept heures en train Shinkansen jusqu'à Morioka, ligne JR par le tunnel Seikan jusqu'à Sapporo.
**Avion.** Deux heures d'avion de Tokyo.

### OU TROUVER DE L'INFORMATION ?

Informations touristiques à la gare JR. Tél. (011) 221-0013.
*Sapporo Tourist Section.* Tél. (011) 211-2376 et 211-3341.

### LES FETES

Fin janvier, début février. *Sculptures géantes en glace.* A Sapporo.

## A VOIR

La ville est très verte, grâce à ses parcs et jardins *(parcs Odori, Nakajima* et *Maruyama).* En hiver, les sports d'hiver et le festival des sculptures géantes de glace, comme à Asahigawa au centre de l'île, attirent beaucoup de monde.

## CHOISISSEZ VOS HOTELS

**Luxe**

*ANA Hotel.* 2-9-1 Kita-Sanjo-Nishi, Sapporo 060, tél. (011) 221 44 11, fax (011) 222 7624. Chambre simple de 450 à 600F; double de 700 à 900F.

*Sapporo Prince Hotel.* Nishi 11-Minami 2-Jo, Chuo-ku, Sapporo 060, tél. (011) 511 3151, fax (011) 511 3451.

*Keio Plaza Hotel.* Kita 5 Nishi 7, Chuo-ku, Sapporo 060, tél. (011) 271 0111, fax (5011) 221 5450.

**Confort**

*Sun Route Hotel New Sapporo.* Nishi 6, Minami 2, Chuo-ku Sapporo 060, tél. (011) 251-2511, fax (011) 251-2513. Chambre simple, 400F; double, 600 à 700F.

*Sapporo Washington II.* Nishi 6-Kita 5, Chuo-ku, Sapporo 060, tél. (011) 222 3311.

**Economique**

*Soen Green Hotel.* Nishi 14, Kita 6, Chuo-ku, Sapporo 060, tél. (011) 231 1661. Deux minutes à pied de la gare. Restaurant, cafétéria. 160 chambres: simple, 200F; double, 300F.

*Nakamura Ryokan.* Nishi 7, Kita 3, Chuo-ku, Sapporo 060-01, tél. (011) 241 2111, fax (011) 241 2118. Central, à cinq minutes de la gare à pied. Auberge de style traditionnel. Cuisine locale soignée. Petit déjeuner, 40F; dîner, 120F. 27 chambres japonaises avec bain: simple de 200 à 300F; double de 400 à 500F; triple de 500 à 600F.

## A VOIR DANS LES ENVIRONS

Sapporo est une bonne base pour visiter l'Hokkaïdo. Au Sud, les **lacs Shikotsu** et **Toya**, près du petit volcan actif Showa-Shinzan, le **village Aïnou Shiraoi** et la **station thermale Noboribetsu**. Au centre de l'île, **Asahigawa** et le **parc national Daisetsuzan**. A l'Est, les **caps Shiretoko** et **Nemuro**, le **parc national Akan** (lacs Akan et Kussharo) et les villes **d'Abashiri** et de **Kushiro**. A l'extrême-Nord, le **port de Wakkanai** et les petites **îles de pêcheurs Rebun** et **Rishiri**. Le **musée historique de l'Hokkaïdo** et le **village historique**. Dans le **parc Sopporo Shinrin**, à 50 km du centre ville; accès par bus JR.

# Sendai, Matsushima et Kinkazan

**Population.** 900 000 hab.

## COMMENT S'Y RENDRE ?

**Train.** A deux heures de Tokyo par le Shinkansen.

## OU TROUVER DE L'INFORMATION ?

*Centre d'informations touristiques de Sendai.* Gare JR de Sendai, deuxième étage, tél. (022) 222 3269.
*Association du tourisme de Matsushima.* Sur le port de Matsushima-Kaigan, tél. (022) 354 26 18.

## LES FETES

16 au 17 avril. *Fête du sanctuaire Toshogu.* A Sendai.
3 au 5 mai. *Festival des jeunes feuilles (Aoba au matsuri).* A Sendai.
4 et 5 août. *Fête des bateaux décorés.* Port de Shiogama, près de Sendai.
6 au 8 août. *Grande fête des étoiles (Tanabata).* Défilé avec bannières. A Sendai.
15 août. *Fête des lanternes* et feu d'artifice *(Matsushima).* Près de Sendai.

## A VOIR

*Sendai.* Connu pour la fête des étoiles (Tanabata): grand défilé de bannières dans les rues de la ville.
*La baie de Matsushima.* Paysage célèbre pour ses petites îles rocheuses.
*Le temple Rinno-ji.* Avec jardin paysage traditionnel. Près de la gare JR Kita-Sendai eki.
*Les vestiges du château Aoba-jo.* A 3 km à l'Ouest.
*Matsushima.* Autrefois chantée par les poètes, la baie de Matsushima est maintenant envahie par les constructions. Belle vue sur la mer et les îles du pavillon Zuigan-ji-Godaido, à cinq minutes à pied de la gare Matsushima-Kaigan, sur le pavillon de thé Kanran-tei et l'île Oshima, proche du port.
Service de bateaux pour promenades en mer, au milieu des îlots où poussent des pins aux formes curieuses, qui ont fait la réputation de la baie.
*Kinkazan.* Plus sauvage que Matsushima, la petite île Kinkazan, à la pointe de la péninsule Ojika, présente de jolis paysages sauvages. Ferry le matin de Ishinomaki ou Ayukawa (six heures aller-retour de Matsushima).

## CHOISISSEZ VOS HOTELS

**Luxe**

*Sendai Hotel.* 1-10-25 Chuo, Sendai 980, Miyagi, tél. (022) 225

5171, fax (022) 268-9325. Chambre simple, 400F; double de 600 à 700F.

**Confort**

*Miyagi Dai-Ichi Hotel.* 1-2-45 Tsutsuji-gaoka, Sendai 980, Miyagi, tél. (022) 297 4411, fax (022) 295 3640. Chambre simple, 400F; double, 500 à 600F.

*Sendai Green Hotel.* 2-5-6 Nishiki-cho, Sendai-shi 980, tél. (022) 221 4191. A cinq minutes en taxi de la gare JR. Restaurant-cafétéria. 180 chambres: simple, 220F; double, 360F.

**Economique**

*Rainbow Business Hotel.* 3-6-13 Itsutsubashi, Sendai-shi 980, tél. (022) 227 1001. A cinq minutes en taxi de la gare JR. Restaurant. 22 chambres: simple, 180F; double, 360F.

*Isuzu Ryokan.* 1-1-48 Kakyoin, Sendai, Miyagi 980, tél. (022) 222 6430. Près de la gare JR de Sendai. Petite auberge traditionnelle. Bain collectif. Petit déjeuner, 20F; dîner, 40F (sukiyaki ou tempura, 60F). 9 chambres japonaises: simple, 130F; double, 220F; triple, 300F.

*Japanese Inn Aisaki.* 5-6 Kitame-machi, Aoba-ku, Sendai, Miyagi 980, tél. (022) 264 0700, fax (022) 227 6067. Au centre ville, à dix minutes de la gare JR. Petite auberge traditionnelle. Bain collectif. Petit déjeuner japonais, 25F; dîner, 60F. 8 chambres occidentales et japonaises avec et sans bain: simple de 120 à 180F; double de 240 à 350F.

# Takamatsu

Principale ville de l'île Shikoku, Takamatsu possède un des plus beaux jardins du Japon, le parc Ritsurin-koen (dix minutes en bus ou taxi de la gare ou du port). La ville a un air méridional (palmiers et orangers). De la colline Yashima (accès en bus, train et funiculaire ou taxi), très jolie vue sur la mer Intérieure, les îles et la ville, très belles couleurs au coucher du soleil.

**Population.** 450 000 hab.

## COMMENT S'Y RENDRE ?

**Train.** Trois heures d'Osaka, six heures de Tokyo, une heure d'Okayama. Takamatsu a maintenant accès au réseau ferré principal grâce au pont Seto-Ohashi, qui relie Shikoku à Honshu (entre Sakaide et Okayama).

## OU TROUVER DE L'INFORMATION ?

Gare JR, à côté du port des ferries.

## A VOIR

*Shikoku-mura.* Au pied de la colline. Village-musée de fermes

traditionnelles.
De Takamatsu, on se rend au grand *sanctuaire Konpira* (Kotohira-gu), construit sur la pente de la montagne. Beau point de vue de la terrasse du haut de l'escalier de 1 000 marches.

### CHOISISSEZ VOS HOTELS

**Luxe**
*Takamatsu Grand Hotel.* Kotobuki-cho, Takamatsu 760. Kagawa, tél. (0878) 51 5757, fax (0878) 21 9422. Chambre simple de 300 à 400F; double, 800F.
**Confort**
*Takamatsu Station Hotel.* 1-1-1 Kotobuki-cho, Takamatsu-shi 760, tél. (0978) 21 6989. Une minute à pied de la gare JR et du port. Cafétéria. 31 chambres: simple, 220F; double, 400F.
**Economique**
*Takamatsu City Hotel.* 8-13 Kamei-cho, Takamatsu-shi 760, tél. (0878) 34 3345. Trois minutes à pied de la gare JR et du port. Cafétéria. 45 chambres: simple, 180F; double, 320F.
*Okura Hotel Takamatsu.* 1-9-5 Joto-cho, Takamatsu-shi 760, tél. (0878) 21 2222. Cinq minutes en taxi de la gare JR et du port. Restaurants, cafés, bar. 346 chambres: simple, 200F; double, 340F.

### A VOIR DANS LES ENVIRONS

Par le train, on se rend à **Matsuyama**, en longeant la mer Intérieur vers l'Ouest, ou à **Kochi**, en traversant l'île vers le Pacifique.
Vers l'Est, on peut se rendre à **Naruto**: grand pont suspendu, dominant les tourbillons que forment les courants marins canalisés par l'île Awaji-shima. **Tokushima** est un peu plus loin.

## Takayama

Petite ville traditionnelle dans la montagne, Takayama conserve un quartier et des activités traditionnelles: fabrication de saké, artisanat. Takayama est également accessible en été de Matsumoto (quatre heures en bus par les cols de Kamikochi ou de Norikura).
**Population.** 65 000 hab.

### COMMENT S'Y RENDRE ?

**Train.** Trois heures de Nagoya ou Kanazawa, cinq heures de Tokyo ou Osaka.

### OU TROUVER DE L'INFORMATION ?

*Office du tourisme.* Face à la gare, tél. (0577) 32 5328.

## LES FETES

14 au 15 avril. *Défilé de chars.* Takayama Matsuri.
7 mai à octobre. *Marché aux antiquités.* Takayama.
6 et 7 août. Décoration des rues et *festival des étoiles.* Tanabata.
Mi-août. *Danses des âmes (Bon odori).* Dans les rues de Takayama.
9 et 10 octobre. *Défilé de chars.* Takayama Matsuri.

## A VOIR

La visite des anciennes maisons de marchand, d'une belle architecture, est bien complétée par une excursion au village de Shirakawa-go (une heure trente en bus): très grandes fermes au toit de chaume.
*Le village folklorique Hida Minzoku-mura.* A la sortie de la ville vers Shirakawa. Fermes anciennes reconstruites dans un agréable parc.
*Le quartier ancien de Takayama.* A 20 minutes à pied de la gare. Au nord, les *maisons-musées Kusakabe Mingeikan* et *Yoshijima-ke*, au sud, par les jolies *rues Ninomachi* ou *Sannomachi*: *musées d'histoire locale* (Kyodo-kan) et *musée ethnographique* (Minzoku kokokan).
Par le pont Nakabashi, on arrive à l'ancienne *résidence du gouverneur* (Takayama Jinya). Visite des appartements et du jardin.
Sur la colline, où se dressait l'ancien château, *temple Shoren-ji* et *jardin traditionnel.* On peut compléter la visite de Takayama par la rue des temples, *Teramachi*, et arriver au *sanctuaire Hachiman-gu.*
Tous les matins, de 7 à 9h, marché très typique rue Sannomachi et à Nakabashi.

## CHOISISSEZ VOS HOTELS

**Luxe**
*Hida Plaza Hotel.* 2-60 Hanaoka-cho, Takayama 506, Gifu, tél. (0577) 33 4600, fax (0577) 33 4602. Chambre simple, 350F; double, 800F.
*Ryokan Hishuya.* 2585 Kami-Okamotocho, Takayama 506. Gifu, tél. (0577) 33 4001. Chambres japonaises; demi-pension de 600 à 800F par personne.
**Confort**
*New Alps Hotel.* Hanasato-cho, Takayama 506, Gifu, tél. (0577) 32 2888, fax (0577) 33 6687. Chambre simple, 220F; double, 450F.

# Tokyo

Tokyo est la capitale du Japon depuis 1868. Créée au XVIe siècle et développée par les Shoguns, elle prétend désormais à un rôle planétaire. Capitale de la finance, de la mode, des arts et de la culture, Tokyo attire de plus en plus de visiteurs.

La ville est gigantesque: immeubles en hauteur (Kasumi-ga-seki, Shinjuku, Ikebukuro), larges avenues souvent bordées d'arbres, beaux jardins et grands parcs publics, autoroutes en hauteur et lignes de chemin de fer sur pilotis.

Demain, lorsqu'elle s'étendra sur tous les terrains conquis sur la mer et que sa gare centrale sera entourée de 80 tours de 220 m de haut, Tokyo sera encore plus impressionnante.

Pourtant, des efforts ont été fait pour protéger son héritage, notamment ses coutumes populaires: quartiers commerçants animés d'Asakusa, restaurants de cuisine traditionnelle (brochettes, grillades, beignets, poisson cru, anguilles). Ses temples et sanctuaires sont très fréquentés.

**Population.** 8 millions d'hab., 17 pour l'agglomération.

## OU TROUVER DE L'INFORMATION ?

*Bureau de l'aéroport de Narita.* Bureau de l'office national du tourisme du Japon (JNTO, Tourist Information Center, TIC) dans l'aérogare (rez-de-chaussée), tél. (0476) 32-8711. Ouvert de 9 à 20h, sauf dimanche et jours fériés.

*Bureau TIC du JNTO à Tokyo.* Kotani Building, Yurakucho, Chiyoda-Ku Tokyo 10. Au rez-de-chaussée de l'immeuble, au nord-ouest du pont de la gare JR de Yurakucho, entre les stations de métro Ginza et Hibiya.

*"Télétourist"* (informations touristiques en français). Tél. 35-03-2926. Jour et nuit.

## LES FETES

1er au 3 janvier. *Jour de l'An.* Pèlerinage aux sanctuaires, notamment Meiji.

18 mars. *Danse des lions (Kinryu-no-mai).* A Asakusa.

21 au 23 avril. *Fête du printemps.* Au sanctuaire Yasukuni.

29 avril au 3 mai. *Fête du printemps.* Au sanctuaire Meiji. Arts martiaux.

Deuxième week-end de mai. *Fête Kanda Myojin.* A Kanda les années impaires.

Troisième week-end de mai. *Fête Sanja.* A Asakusa

Quatrième samedi de mai. Au temple Zojo-ji. Nô la nuit Théâtre en plein air (*takigino*).

15 juin. *Fête de Sanno.* Au sanctuaire Hiei les années paires.

Mi-juillet à mi-août. *Fêtes nocturnes.* Dans le parc Ueno.
Dernier samedi d'août. *Grand feu d'artifice.* Rivière Sumida.
27 et 28 août. *Danses Awa-odori.* Dans les rues de Koenji.
Premier samedi d'octobre. *Acrobaties sur l'eau (Kakunori).* A Kiba.
10 octobre. Au sanctuaire Meiji-jingu de Tokyo. *Spectacles de Nô* la nuit en plein air *(takigino).*
31 octobre au 3 novembre. *Festival du sanctuaire Meiji.* Théâtre et musique traditionnelle en plein air.

## A VOIR

### Promenades dans la ville

Si on ne dispose que de peu de temps, il faut se promener sur l'esplanade du *palais impérial*, à *Maruno-uchi*, et regarder les vitrines et les grands magasins du quartier *Ginza*. Monter si possible à la terrasse panoramique de l'*immeuble Kasumigaseki* (*Mitsui Sky Promenade*, accès gratuit): vue sur l'ensemble de la ville, des immeubles de Shinjuku à ceux de la baie de Tokyo, sur le palais impérial et Ginza. Par beau temps, on peut voir le mont Fuji. La vue est ici aussi belle que de l'immeuble Sumitomo de Shinjuku (accès gratuit au Sky Lounge) ou que de la tour de Tokyo (accès 30F).
Pour se plonger dans l'esprit de la religion shinto, faire un tour au *sanctuaire Meiji*: allées majestueuses de gravillons gris, au milieu des grands arbres. Les cérémonies y sont fréquentes, même en semaine. Voir le 3 novembre les spectacles musicaux traditionnels et le défilé des 3 millions de pèlerins pendant la semaine du Jour de l'An.
Ne pas partir sans avoir parcouru les quelques dizaines de mètres de la ruelle *Take-shita*, face à la gare JR Harajuku: foule souriante et nonchalante de collégiens et collégiennes venus se distraire, en regardant les dernières fringues, ou goûter les nouvelles pâtisseries.
Aller ensuite vers l'*avenue Omote-Sando*, vitrine de l'avant-garde japonaise. Parmi les magasins de l'avenue: l'*Oriental Bazar*, connu pour ses antiquités et ses souvenirs et *Kiddyland*, boutique de gadgets du monde entier pour enfants.
Jean-Louis Badillet (octobre 1991) témoigne:
*Pour les achats, prendre le temps de fureter à l'Oriental Bazar et aux Arcades Internationales. Tous mes amis ont été très contents des cadeaux que je leur avais choisis.*
*Shinjuku* est un quartier animé de jour comme de nuit. A l'est de la gare JR, le *quartier «My City»* regroupe les grands magasins Isetan et Mitsukoshi, la librairie Kinokuniya, les boutiques de mode et à la mode.
Le secteur de *Kabuki-cho* est connu pour ses petites rues, ses restaurants et ses bars. Les discothèques et les boîtes de nuit plus ou moins douteuses attirent beaucoup de monde jusqu'à minuit. Devant la sortie Ouest de la gare (Nishi-guchi), se

trouvent des magasins d'électronique: matériel hi-fi-vidéo et caméras à bon marché (Doï-Camera, Yodobashi-Camera, mêmes prix qu'à Akihabara).

Plus loin, les quinze tours de Shinjuku et, au centre, le nouvel *hôtel de ville* en construction. Monter au dernier étage de l'hôtel Keio-Plaza ou de la tour Sumitomo, pour prendre un verre ou dîner face au spectacle grandiose de la ville à la tombée de la nuit.

*Ueno.* Derrière les cerisiers du parc public d'Ueno se trouvent les grands musée de Tokyo: le *musée national*, le *musée des Sciences*, le *musée des Arts occidentaux* et le *palais des festivals* de la ville de Tokyo (voir «*les musées*»).

Au sud du parc, petit *temple bouddhique* sur l'île du lac Shinobazu (allées de cerisiers, étang de lotus).

*Asakusa.* Le temple populaire de Tokyo est aussi connu pour son allée de magasins, Nakamise, qui conduit de la porte du Tonnerre (Kaminari-mon) jusqu'au grand portique Hozo-mon. Au pied des marches, s'arrêter devant le brûleur d'encens pour s'asperger de fumée: c'est un moyen de protéger son corps et son esprit. A l'intérieur de la grande salle, statue de la déesse de la miséricorde Kannon.

*Tsukiji.* Le plus grand marché aux poissons du monde se trouve à cinq minutes en taxi de Ginza (métro Tsukiji). La visite est interdite aux groupes, et on doit faire attention à ne pas gêner la circulation des charrettes dans les allées très étroites. Poissons, coquillages et crustacés de mille couleurs dans les étalages, animation sans bruit ni bousculade: la visite est très agréable. Venir avant 6h pour assister à la criée sur le quai Sud. En traversant le canal par le pont bleu, on accède à un marché très typique: alimentation, vaisselle, ustensiles et outillage.

Alain Decroix (avril 1991) témoigne:

*Marché aux poissons de Tsukiji. Les alignements de thons sur le quai, les enchères et un petit déjeuner avec du poisson cru. C'est le vrai Japon, populaire et sympathique.*

**L'architecture contemporaine**

*Bourse de Tokyo (Kabuto-cho).* Près de Nihonbashi. Accès libre des galeries aux visiteurs en début d'après-midi.

*Hôtel de ville de Tokyo* (1991), à Shinjuku, et le *Gymnase national* (1964) à Yoyogi, l'*Akasaka Prince Hotel* (1983), tous trois par Kenzo Tange.

Le nouveau *Budokan* (Gymnase des arts martiaux). 20 Ayase 3 chome, Adachi-ku. Construit en 1989 par Rokkaku Kijo et associés.

La *Cour suprême.* 4-2 Hayabusacho, Chiyoda-ku. Construit en 1974 par Okada Shinichi.

**Les musées**

*Le musée national.* La visite du musée national demande deux bonnes heures. Peintures à l'étage, objets d'art au rez-de-chau-

ssée. Dans l'annexe Ouest, archéologie japonaise; dans l'annexe Est, archéologie chinoise et moyen-orientale. Magasin de cartes postales, librairie et salon de thé (métro et gare JR Ueno).
*Tokyo Metropolitan Art Museum (Tokyo-to Bijutsukan).* Parc de Ueno à Tokyo, tél. (03) 3823 6921. Ouvert tous les jours, sauf le troisième lundi de chaque mois et au Nouvel An, de 9 à 17h. 2 600 œuvres japonaises des 70 dernières années. Expositions d'artistes ou groupes contemporains.
*Ueno no Mori Bijutsukan.* Parc de Ueno, Tokyo, tél. (03) 3833 4191. Ouvert de 10 à 17h. Possède une collection de 750 œuvres (dont des estampes d'Hokusai et Hiroshige et des peintures "nihonga" d'Higashiyama Kaii). C'est surtout un lieu d'expositions de peintures ou de calligraphies, et un tremplin pour les jeunes artistes.

**Les arts populaires**

*Musée Fukagawa-Edo.* Ouvert en 1986, il montre la vie traditionnelle populaire avant l'ouverture sur l'Occident (entre le métro Monzen-Nakacho et le beau jardin-paysage Kyosumikoen). En 1992 s'ouvrira, un peu plus au nord, à Ryogoku, un très grand musée sur la vie d'Edo, curieux édifice blanc s'élançant dans le ciel, perché sur d'énormes piliers, et montrant la vie de l'ancien Japon.
*Japan Traditional Craft Center.* Plaza 246 2F, 3-1-1 Minami Aoyama, Minato-ku, Tokyo. Ouvert de 10 à 18h. On peut y regarder des films-vidéos sur les métiers de l'artisanat. Exposition et vente d'objets artisanaux.

## CHOISISSEZ VOS HOTELS

**Luxe**

*Okura Hotel.* 10-4 Toranomon, 2 chome, Minato-ku, Tokyo 105, tél. (03) 35 82 0111, fax (03) 35-82.3707. Le plus élégant des hôtels de Tokyo, calme, central, entouré de verdure. Six restaurants, quatre bars, deux cafés. Centre de services affaires, 36 salles de réunions, boutiques luxe, sauna, massage, piscine, gymnase, tennis, guichet tourisme, navettes pour les aéroports. 79 suites, 831 chambres occidentales: simple de 1 200 à 1 800F; double de 1 500 à 3 000F.
*Akasaka Prince Hotel.* 1-2 Kioicho, Chiyoda-ku, Tokyo 102, tél. (03) 32 34 1111, fax (03) 32 62 5163. Un des meilleurs hôtels de Tokyo. Elégant, central, jardins, bar et restaurant panoramiques (35e étage). Sept restaurants, deux bars, trois cafés. Centre de services affaires, salles de réunions, guichet tourisme, navettes pour les aéroports. 124 suites, 637 chambres: simple de 900 à 1 300F; double de 1 200 à 1 800F.
*Imperial Hotel.* 1-1-1 Uchisaiwai-cho, Chiyoda-ku, Tokyo 100, tél. (03) 35 04 1111, fax (03) 35 04 1258. Le plus ancien et le plus célèbre hôtel de Tokyo, entièrement refait en 1985. A deux pas de Ginza et du palais impérial. Bars élégants et res-

taurants panoramiques. Mêmes types de prestations que l'Okura. Douze restaurants, trois bars, trois salons de thé. 90 suites, 1 050 chambres: simple de 1 400 à 2 000F; double de 1 600 à 2 200F.
*New Otani Hotel.* 4-1 Kioicho, Chiyoda-ku, Tokyo 102, tél. (03) 32 65 1111, fax (03) 32 21 2619. Beaux jardins avec restaurants japonais et steak-house. Service de secrétariat, salons affaires, galeries marchandes, boutiques luxe, club de santé, sauna, piscine extérieure. 23 restaurants, cinq bars, cinq cafés. 2 057 chambres et suites: simple de 1000 à 1 500F; double de 1 300 à 2 000F.
*ANA Hotel.* 12-33 Akasaka, 1 chome, Minato-ku, Tokyo 107, tél. (03) 35 05 1111, fax (03) 35 05 1155. Cinq restaurants, trois bars, deux cafés. Centre d'affaires, 35 salles de conférences, grande galerie marchande. Guichet tourisme. Piscine, sauna, massage. Navettes pour les aéroports. 33 suites, 867 chambres: simple, 1 000F; double de 1 300 à 1 500F.
*Pacifique Méridien.* 13-3 Takanawa 3 chome, Minato-ku, Tokyo 108, tél. (03) 34 45 6711, fax (03) 34 45 5733. Relativement central, entouré de verdure. Hôtel de la chaîne Méridien (Air-France). Cinq restaurants, trois bars, deux cafés. Galerie marchande, pharmacie, salon de coiffure, piscine, sauna, services de secrétariat, 19 salles de réunions. Navettes pour les aéroports. 41 suites, 954 chambres: simple de 900 à 1 200F; double de 1 200 à 1 500F.
*Ryokan Fukudaya.* 6-12 kioicho, Chiyoda-ku, Tokyo, tél. (03) 32 61 8577. Trois salles de banquet. Cuisine japonaise. 14 chambres japonaises avec bain, demi-pension de 500 à 1 000F par personne.
*Ryokan Kinei-kaku.* 2-26 Toyotama Kami, Nerima-ku, Tokyo, tél. (03) 39 91 1186.
*Ryokan Yaesu Ryumeikan.* 1-3-22 Yaesu, Chuo-ku, Tokyo, tél. (03) 32 71 0971.

**Confort**

*Akasaka Sampia Hotel.* 7-6-13 Akasaka, Minato-ku, Tokyo 107, tél. (03) 35 86 0811. Petits déjeuners de 30 à 60F. Chambre simple, 300F; double 450F.
*Tokyo City Hotel.* 1-5-4 Nihonbashi, Honcho, Chuo-ku, Tokyo 103, tél. (03) 32 70 7671. A deux minutes de Ginza. Petit déjeuner de 30 à 50F. Chambre simple, 300F; double, 500F.
*Ryokan Seifuso.* 1-12-15 Fujimi, Chiyoda-ku, Tokyo, tél. (03) 32 63 0681. Chambres japonaises avec bain à partir de 250F par personne, sans repas.

**Economique**

*Gimmond Hotel.* 1-6 Odenma-cho, Nihonbashi, Chuo-ku, Tokyo 104, tél. (03) 36 66 4111. Fax. (03) 36 66 30 40. Chambre simple de 400 à 500F; double de 600 à 700F.
*Hokke Club.* Ueno-Ikenohata. 2-1-48 Ikenohata, Taito-ku, Tokyo 110, tél. (03) 38 22 3111. Au bord du lac Shinobazu, 15 minutes à pied de la gare de Ueno (métro Yajima). Restaurant,

bar. Petits déjeuner de 30 à 50F. 305 chambres occidentales et japonaises avec bain: simple, 200F; double 350F.
*Ryokan Suigetsu Hotel Ohgaiso.* 3-3-21, Ikenohata, Taito-ku, Tokyo 110, tél. (03) 38 22 4611, fax (03) 823 4340. Bien situé près du lac Shinobazu: 15 minutes à pied des gares JR et Keisei de Ueno (métro Ueno ou Yushima). Machine à laver, bicyclette de location. Petits déjeuners continental et japonais, 38F; dîner japonais, 80F. 120 chambres occidentales et japonaises, avec bain: simple 200F; double, 350F; triple, 420F.
*Ryokan Seifuso.* 1-12-15 Fujimi, Chiyoda-ku, Tokyo, tél. (03) 32 63 0681. Chambres japonaises avec bain à partir de 250F par personne, sans repas.
*Ryokan Sawanoya.* 2-3-11, Yanaka, Taito-ku, Tokyo 110, tél. (03) 822 2251, fax (03) 822 2252. Petite auberge traditionnelle dans le quartier d'Ueno. Cinq minutes en taxi des gares JR et Keisei de Ueno (métro Nezu). Bain collectif. Petit déjeuner continental, 12F, japonais, 32F. 12 chambres japonaises (2 avec bain): simple 150F; double, 300F; triple, 400F.
*Ryokan Inabaso.* 5-6-13 Shinjuku, Shinjuku-ku, Tokyo 160, tél. (03) 341 9581, fax (03) 354 3332. Dans le quartier animé de shinjuku, petite auberge traditionnelle. Petit déjeuner continental, 15F, japonais, 40F. 11 chambres japonaises et 2 occidentales, avec bain: simple, 150F; double, 300F; triple, 350F.
Françoise Guelle (mars 1992) témoigne:
*Ryokan Inabaso. Pour se loger à bon marché et dans une ambiance sympathique à Tokyo: chambre japonaise individuelle pour moins de 200F, et dîner de brochettes pour moins de 100F.*
*Restaurant Botchan.* Takanawa 3-25-17, Maekawa bldg-B1. Minato-ku (à proximité de l'hôtel Méridien), tél. 3440 0141. 150F.

## CHOISISSEZ VOS RESTAURANTS

Dans les grands hôtels, nombreux restaurants de cuisine japonaise, occidentale ou japonaise. Ces restaurants, dont on appréciera la carte (souvent en français), le service et l'accueil, sont ouverts à tous. Menus à 1 500, 2 500 et 5 000 yen à midi, 2 500, 5 000 et 10 000 yen le soir.
A proximité des nombreuses gares, au dernier étage des grands magasins, nombreux restaurants, brasseries et cafés à prix très modérés. Ne pas hésiter à y entrer. L'accueil est toujours chaleureux et la nourriture excellente.

**Sushi et Sashimi (poisson cru)**

*Fukusuke.* 5-2-1 Ginza, Chuo-ku, Tokyo, tél. (03) 3573-0471. De 2 000 à 5 000 yen.
*Otsuna-Zushi.* 7-14-4 Roppongi, Minato-ku, Tokyo, tél. (03) 34 01 9953. Tous les jours sauf jeudi, de 11h30 à 23h (19h le dimanche).

**Sukiyaki, Shabu-shabu (fondue de viande et marmites)**

*Suehiro.* 6-11-2 Ginza (derrière Matsuzakaya), tél. (03) 35 71

8346.
*Zakuro.* 5-3-3 Akasaka, Minato-ku (TBS Kaikan), tél. (03) 35 82 6841. Tous les jours sauf dimanche, de 11 à 23h.
*Fugu* (poisson-lune). Kikumi, 2 Nishi-shinjuku (Mitsui Bldg), Tokyo, tél. (03) 33 44 3600. Tous les jours sauf dimanche, de 13h30 à 22h.
**Tempura (beignets)**
*Ten'ichi.* 6-6-5 Ginza (Sony Bldg), Tokyo, tél. (03) 35 71 1272. Tous les jours sauf dimanche, de 11h30 à 21h30.
*Gonin-Byakisho.* Croisement de Roppongi, Roppongi Square Building, 4e étage, tél. (03) 3470 1675. Cadre et cuisine raffinés. Déjeuner de 80 à 150F; dîner de 120 à 250F.
François Lemarchand (avril 1991) témoigne:
*Gonin-byakusho. Un restaurant au décor de ferme traditionnelle au cœur de Tokyo: cuisine légère, prix raisonnables à midi, plus cher le soir. Le raffinement tel qu'on le désire.*
**Kaiseki-ryori (cuisine raffinée traditionnelle)**
*Kyodaru.* 1-7-12 Ginza (Ginza Fuji Bank B1), Tokyo, tél. (03) 562 5835. Tous les jours sauf dimanche, de 11h30 à 21h.
**Shojin-ryori (cuisine végétarienne zen)**
*Muryo-an.* 6-9-17 Akasaka, Minato-ku, Tokyo, tél. (03) 33 83 5829. Tous les jours sauf lundi, de midi à 14h et de 17 à 21h.
**Steak-house**
*Chinzan-so.* 2-10-8 Sekiguchi, Bunkyo-ku, Tokyo, tél. (03) 39 43 1111. Dans un grand et beau jardin (réserver). De midi à 21h (19h dernière commande).
*Suehiro Ginza.* 6-11-2 Ginza (derrière Matsuzakaya), tél. (03) 35 71 8346. Autres adresses: Tsukiji, tél. (03) 35 42 3951; Akasaka, tél. 35 85 9855; Shinjuku, tél. 33 49 8788.
*Roman-tei.* 5-3-1 Roppongi, Minato-ku Tokyo 102, tél. (03) 34 75 1458. Grill japonais de viande et poissons, décor traditionnel.
**Yakitori (poulet grillé, brochettes)**
*Torigin.* 5-5-7 Ginza, Chuo-ku, Tokyo, tél. (03) 35 71 3333. Tous les jours sauf le dimanche de 11h30 à 21h30.
*Suzume-no-Ojisan.* 3-7013 Shinjuku, Tokyo, tél. (03) 33 52 4931. Tous les jours sauf le mercredi, de 15h à 23h.
**Cafés, brasseries**
*Cafés-comptoirs* (Doutor coffee shop). Nombreux magasins dans Tokyo. Café, 200 yen; gâteaux, sandwiches, etc.
**Bars, pubs, bistrots**
*Romambô.* Shinjuku-Sanchome, Tokyo (gare JR et métro Shinjuku), tél. (03) 33 52 1991. Pub de style japonais, boissons et plats à partir de 600 yen. Tous les jours sauf dimanche de 17 à 5h.
*Yajirobe.* Shinjuku-Sanchome, Tokyo (gare JR Shinjuku et métro Shinjuku-Sanchome), tél. (03) 33 50 5739. Mêmes conditions que plus haut. Tous les jours sauf dimanche de 17 à 1h.
*Yukun-Sakakura.* Ginza, Tokyo, tél. (03) 35 67 1133. Pub japo-

nais, saké de Kyushu. Tous les jours sauf samedi et dimanche, de 11h30 à 1h30. Boissons de 600 à 1 000 yen; plats de 1 200 à 1 500 yen.

## ARTS ET SPECTACLES

*Film Center.* 3-7-6 Kyobashi, Chuo-ku, Tokyo, tél. (03) 35 61 0823. Séances à 15 et 18h, fermé le dimanche. Entrée: 350 yen. Pour les classiques.
*Athénée Français.* 2-11 Surugadai, Kanda, Chiyoda-ku, Tokyo, tél. (03) 32 91 4339. Pour voir des films français.
*Kabuki-za.* 4-12 Ginza, Chuo-ku, Tokyo, tél. (03) 35 41 3131. Le plus grand théâtre de kabuki. Une place dans une loge à tatamis coûte 12 000 yen, 3 000 yen au balcon. On peut acheter les billets la veille ou le jour même au kabuki-za. Pour les étrangers, possibilité de billets à prix réduit (1 500 yen ou 60F) sur présentation du passeport. Aucune représentation en juillet et août.
*Théâtre national du Japon (Kokuritsu gekijo).* 4-1 Hayabusacho, Chiyoda-ku, Tokyo, tél. (03) 32 65 7411. On y donne des représentations de Nô, kabuki ou bunraku.
*Suntory Hall.* 1-13-1 Akasaka, Minato-ku, Tokyo, tél. (03) 35 05 1001. Salles de concert.

## LA NUIT

*Pit Inn.* 3-17-7 Roppongi, Minato-ku, Tokyo, tél. (03) 35 85 1063. Club de jazz.
Le *club de Shinjuku* propose des concerts live trois fois par jour (déjeuner, après-midi et soir); celui de Roppongi n'est ouvert que le soir. On y écoute le meilleur jazz de Tokyo.
*The Carnival.* 1-19-2, Kabukicho, Shinjuku-ku, Tokyo, tél. (03) 32 00 1291. Club de jazz spécialisé dans les voix japonaises féminines.
*New Dug.* 3-15-12 Shinjuku-ku, Tokyo, tél. (03) 33 41 9339. Le plus connu, le plus ancien des cafés-jazz; sur quatre étages.
*Romanisches Cafe.* Court Annex Roppongi B1, 3-2-13 Nishi Azabu, Minato-ku, Tokyo, tél. (03) 34 05 6122. Bar chic et postmoderne; musique d'avant-garde tous les dimanches.
*Chronos.* Ginza-Shinbashi (sous les rails JR au sud de l'hôtel Imperial). Discothèque de 1 000 m$^2$. Tenue soignée de rigueur. Tous les jours de 17 à 4h. 4 500 yen, avec boisson et amuse-gueule.
*Droopy Drawers.* Roppongi, à côté de Roppongi-Art-Forum. Discothèque. 3 500 yen, avec boisson et amuse-gueule. Tous les jours de 19 à 4h.
*Club D.* 2-33-12 Meiji-jingu, Shibuya-ku, Tokyo (gare JR. Harajuku, métro Meiji-jingu-mae), tél. (03) 34 23 1471. Discothèque. Tous les jours de 18 à 4h. 4 000 yen, avec boisson et amuse-gueule.

*The Amtrak.* 1-6-8 Kabuki-cho, Sakura-dori. Shinjuku, Tokyo, tél. (03) 32030110. Discothèque avec orchestre. Tous les jours sauf dimanche, de 19 à 23h. 3 000 yen, avec boisson et amuse-gueule.

## LES ACHATS

A Tokyo, on peut acheter tout ce qui existe au Japon, mais Kyoto, avec le Handycraft Center et ses magasins, est bien commode pour les achats d'objets traditionnels.
On peut régler les achats avec une carte de crédit ou des devises.
Ginza est le quartier des achats par excellence. Le cœur de Ginza (métro Ginza) est le carrefour Ginza-Yon-chome (immeuble rond San-ai, grand magasin Mitsukoshi ou Wako (bien connu des Japonais). Entre Ginza et Yurakucho, les nouveaux grands magasins Hankyu et Seibu ont une bonne réputation.
Du carrefour Ginza, vers le Nord surtout, jusqu'au métro Nipponbashi, l'avenue Ginza-Chuo-dori offre le plus grand choix de boutiques de Tokyo; on y trouve également les grands magasins Matsuya et Takashimaya, la grande librairie Maruzen et de nombreux cafés.
Les restaurants sont nombreux, en étage et même en sous-sol. On peut aussi prendre un repas léger dans la plupart des cafés. Les galeries marchandes des grands hôtels Impérial et New Otani possèdent des boutiques de souvenirs et des livres en anglais sur le Japon.

**La mode**

*Laforet Harajuku Part 1.* Dans le quartier Harajuku, au nord de la gare Meiji Jingu-mae. Toute la mode sur cinq étages. Expositions ou présentations au sixième étage.
*Comme des garçons (Rei Kawakubo).* Women's (pour femmes). Shibuya Parco Part 1, troisième étage.
*Kansai Yamamoto.* 3-28-7 Jingumae, Shibuya-ku.
*Tokyo Kumagai.* Cederstone Villa B 1, 15-5 Hachiyamacho, Shibuya-ku, Tokyo.

**Matériel électronique à prix réduits**

Quartier Akihabara (gare JR et métro Akihabara). Choisir les magasins hors taxes (duty-free) en raison des normes internationales. *Laox* ou *Yanagiwa* par exemple (tous les jours de 10 à 19h). Tous les modèles de télévision, vidéo, hi-fi, caméras et appareils photos, baladeurs et gadgets radio, calculatrices et ordinateurs de poche, pièces détachées électroniques et même un grand choix d'appareils ménagers.
*Wawe Roppongi.* 6-2 Roppongi, Minato-ku, Tokyo 102, tél. (03) 34 08 0111. Autres magasins à Shibuya (34 62 3891) et Ikebukuro (35 92 0600). Tous les jours sauf mercredi de 11 à 22h (dimanche 20h). Disques, cassettes, vidéo.

**Librairies (livres japonais et étrangers)**

*Maruzen.* 3-10-2 Nihon-bashi, Chuo-ku, Tokyo, tél. (03) 3272 7211.

*Kinokuniya.* 17-7-3 Shinjuku, Shinjuku-ku, Tokyo, tél. (03) 33 54 0131.
*Jena Book Store.* 6-1-5 Ginza, Chuo-ku, Tokyo, tél. (03) 35 71 2980.
*Aoyama Book Center (ABC).* 6-1-20 Roppongi, Minato-ku, Tokyo 102, tél. (03) 34 79 0479. Ouvert de 10 à 5h du matin; le dimanche de 10 à 20h.
Voir aussi les galeries marchandes des hôtels New Otani et Imperial.
*Livres neufs et d'occasion.* Très nombreux magasins dans la rue Yasukini et environs, métro Jinbocho. Sanseido, Tuttle, Kitazawa, Matsumura, etc.

**Souvenirs et arts populaires**

*International Arcades.* Sous la ligne JR à hauteur de l'hôtel Imperial. Métro Hibiya, Ginza ou gare JR Yurakucho. Pour les souvenirs classiques du Japon: perles, kimonos, yukata, T-shirts, objets d'artisanat traditionnel, montres, calculettes et même appareils photos ou vidéo. Meilleur choix et meilleur prix. (C'est un peu difficile à trouver, mais c'est bien connu.)
*Oriental Bazar.* 5-19-13 Jingu-mae, Shibuya-ku, Tokyo, tél. (03) 34 00 3933. Antiquités, souvenirs, kimonos neufs et occasion.
*Antique Fuso.* Akasaka New Plaza 1F. 6-47-7 Akasaka, Minato-ku, Tokyo 102, tél. (03) 35 83 5945. Tous les jours, sauf dimanche, de 10 à 18h. Antiquités.
*Hanato Shoten.* 2-25-6 Asakusa, Taito-ku, Tokyo, tél. (03) 3841-6411. Lanternes.
*Ginza Bungu.* 12-19-5 Ginza, Tokyo 104, tél. (03) 35 42 9395. Tous les jours de 9h30 à 18h. Papier japonais et articles de bureau.
*Kyukyodo.* 5-7-4 Ginza, Chuo-ku, Tokyo 104, tél. (03) 35 71 4429. Articles pour calligraphie et peinture, papier japonais.
*Washi-kobo.* 8-1 Nishi-Azabu, Minato-ku, Tokyo 102, tél. (03) 34 05 1841. Papier japonais.
*Bingoya.* 10-6 Wakamatsu-cho, Shinjuku-ku, Tokyo, tél. (03) 32 02 8778. Artisanat.
*Takumi.* 8-4-2 Ginza, Chuo-ku, Tokyo 104, tél. (03) 34 71 2017. Tous les jours sauf dimanche de 11 à 19h. Artisanat.
*Japan Traditional Craft Center.* Plaza 246, 2f. 3-1-1 Minami-Aoyama, Minato-ku, Tokyo 102, tél. (03) 34 03 2460. Artisanat.

**Marchés aux puces**

*Sanctuaire Togo-jinja.* 1-5-3 Jingu-mae, Shibuya-ku, Tokyo (gare JR Harajuku ou métro Meiji-jingu-mae). Premier et quatrième dimanche du mois, toute la journée.
*Sanctuaire Hanazono-jinja.* 5-17-3 Shinjuku, Tokyo. 2e et 3e dimanche du mois, toute la journée.

**Disques**

*Wave Roppongi.* 6-2 Roppongi, Minato-ku, tél. (03)34 08 0111. Ouvert de 11 à 22h; fermé les premier et troisième mercredis du mois.

*Wave Shibuya.* Loft, 21-1 Udagawa-cho, tél. (03) 34 62 3891. Ouvert de 10 à 19h; fermé le mercredi.
*Wave Ikebukuro.* 1-19-6 Minami Ikebukuro, Toshima-ku, tél. (03) 35 92 0600. Ouvert de 10 à 20h; fermé le mercredi.
*Hunter.* Sukiyabashi Shopping Centre 2F, 5-1 Ginza, Chuo-ku, tél. (03) 35 71 3440. Ouvert de 11 à 20h, tous les jours. Disques et compacts d'occasion produits au Japon.

## LES SPORTS

*Kokugikan.* Métro Kuramae de la ligne Toei no 1 ou gare JR de Ryogoku. 1-3-28 Yokoami, Sumida-ku, Tokyo, tél. (03) 36 23 5111. Tournois de sumo.
*Stade Meiji Jingu.* 13 Kasumigaokamachi, Shinjuku-ku, Tokyo, gare JR Shinanomachi. Matches de base-ball.
*International Aikido Federation.* 102 Wakamatsucho, Shinjuku-ku, Tokyo, tél. (03) 32 03 9236. Cours d'aikido.
*All-Japan Judo Federation.* c/o Kodokan, 1-16-30 Kasuga, Bunkyo-ku, Tokyo, tél. (03) 38 11 7151. C'est une salle de judo où l'on peut prendre des leçons mais aussi rester spectateur à partir d'une galerie.
*Metropolitan Police Board.* P.R. Center, 3-5-1 Kyobashi, Chuo-ku, Tokyo, tél. (03) 35 61 8251. Cours de judo gratuits.
*World Union of Karate-do Organization.* Sempaku Shinkokai Bldg, 4F, 1-15-16 Toranomon, Minato-ku, Tokyo, tél. (03) 35 03 6637. Karaté.
*Amateur Archery Federation of Japan.* Kishi Memorial Hall, 4F, 1-1-1 Jinnan, Shibuya-ku, Tokyo, tél. (03) 34 67 7949. Tir à l'arc.
*Japan Kendô Federation.* c/o Nippon Budokan, 2-3 Kitanomaru Koen, Chiyoda-ku, Tokyo, tél. (03) 32 11 5804. Cours de kendô.

## A VOIR DANS LES ENVIRONS

Autour de Tokyo, on peut visiter trois sites touristiques importants, chacun dans la journée.
Au Nord, le **temple Toshigu** de Nikko, la **cascade Kegon** et le **lac Chuzenji.** Ligne Tobu à Asakusa ou ligne JR à Uéno.
Au sud, **Kamakura** (statue du Grand Bouddha Daibutsu et autres temples). Lignes JR de Tokyo ou de Shinagawa.
Toujours au sud, la **région du mont Fuji**: Hakone et le lac Ashi, ou Kawaguchiko et la cinquième étape (Gogome) à mi-pente du cône du Fuji (ascension possible en juillet et août). Ligne Odakyu à Shinjuku ou JR de Tokyo, puis autobus locaux.

# Yokohama

Seconde ville du pays, à une demi-heure de Tokyo par le train, Yokohama est le plus grand port du Japon. Son développement date de la fin du XIXe siècle, lorsqu'elle fut désignée comme port de Tokyo et lieu de résidence des étrangers. Aujourd'hui, la ville comporte une forte communauté internationale, avec un quartier chinois et de nombreuses institutions diplomatiques, commerciales ou culturelles. Actuellement en pleine transformation, elle participe aux nouveaux aménagements de la baie de Tokyo: pont, tunnels, autoroutes aériennes, nouveaux ports.

La rénovation des deux centre-villes (commerces, hôtels, restaurants, cafés) modifie les environs de la gare JR de Yokohama et ceux de la gare Kannai: rue Kaigan-dori, parc Yamashita et Isezaki Mall.

**Population.** 2 800 000 hab.

## OU TROUVER DE L'INFORMATION ?

*Yokohama Municipal Tourist Information.* Silk Center, 1F, Yamashita-cho, Naka-ku, tél. (045) 641 5824.

## A VOIR

*Le musée de la Soie* (Silk Hakubutsukan), la *tour de la Marine* (belvédère de 100 m de haut) et le *quartier chinois (Chukagaï* ou *China Town)* se trouvent à proximité des bassins du gigantesque port. On profitera de la visite du quartier chinois pour se restaurer dans les petits restaurants ou dans les plus réputés, et pour faire des achats.

*Le jardin Sankei-en* domine la baie de Negishi. C'est un grand parc paysager où ont été reconstruits d'anciens édifices en bois venant de la région de Kyoto et quelques belles fermes de montagne (1 km des gares Yamate ou Negishi, sur la ligne JR Keihin-Tohoku).

## CHOISISSEZ VOS RESTAURANTS

*Manchinro.* Tél. (045) 681 4004 et Junkai-kaku, tél (045) 681 1324. A Yamashita-cho, dans China Town.

*Mutekiro.* Tél. (045) 681 2926. A Motomachi. Tous ces restaurants proposent de la cuisine chinoise.

# Glossaire

**Amae:** sentiment de douceur excessive semblant présider aux relations sociales idéales entre Japonais.
Amida (Amida Butsu): Bouddha du futur, résidant dans la Terre pure (paradis).
Arigato (arigato gozaimashita): merci.
Arigato gozaimasu: je vous remercie.

**Bento:** plateau-repas de voyage.
Bouddha: prince sage et saint indien, fondateur de la religion bouddhique.

**Doko** (doko deska): où?
Dômo (arigato): merci beaucoup.
Dôzô: je vous en prie.

**Foruku** (fork): fourchette.
Furo: bain japonais (se dit plus poliment ofuro).
Fusuma: cloison coulissante opaque séparant les pièces d'une maison traditionnelle.

**Geisha:** courtisane en kimono qu'on loue pour animer les soirées entre amis.

**Harakiri:** suicide rituel réalisé en s'ouvrant le ventre (se dit aussi seppuku).

**Ikura deska:** c'est combien?

**Ji:** temple bouddhique, synonyme de tera.
Jinja, jingu: sanctuaire de la religion shinto.

**Kabuki:** théâtre traditionnel (comédie).
Kaki: plaquemine (mot introduit au XIXe siècle).
Kami: dieu(x) de la religion Shinto.
Kamikaze (kamikazé): 1) typhon appelé “vent des dieux”, qui sauva le Japon de l'invasion mongole au XIVe siècle; 2) avion suicide de la dernière guerre.
Karaoke: musique en play-back permettant aux clients de chanter dans les bars.
Kimono: vêtement féminin traditionnel.
Konbanwa: bonsoir.
Konnichiwa: bonjour (l'après-midi).
Kudasai: s'il vous plaît (se dit aussi onegai shimasu).

**Matsuri:** fête, festival (se dit aussi sai).
Minshuku: gîte rural, chambre d'hôte à bon marché.
Mousmé (musume): jeune fille, fille (voir Pierre Loti).

**Naifu** (knife): couteau.
Nô: théâtre traditionnel (drame).

**Oden:** pot-au-feu populaire.
O.furo: bain japonais.
Ohayô-gozaimasu: bonjour (le matin)
O.mizu: eau (de l'eau).
Onegai shimasu: s'il vous plaît.
Onsen: 1) source chaude; 2) bain collectif.
Oyasumi-nasai: bonne nuit.

**Pachinko:** jeu de billes, sorte de flipper, très populaire.

**Ryokan;** auberge japonaise traditionnelle.

**Sake:** alcool de riz (16°), à boire tiède ou glacé.
Samouraï: guerrier de l'époque féodale.
Sashimi: poisson cru en lamelles servi avec des légumes vinaigrés.
Sayonara: au revoir.
Shabu-shabu: marmite mongole; émincés de bœuf légèrement bouillis.
Shinto: religion animiste.
Shogun: chef militaire, gouverneur du pays.
Shoji: porte-fenêtre coulissante à cadre de bois recouverte de papier blanc.
Sukiyaki: marmite de bœuf cuit avec une sauce sucrée.
Sumimasen: excusez-moi (commode pour attirer l'attention).
Sumo: lutte japonaise traditionnelle (sumo-tori: lutteur).
Sushi: filets de poissons crus sur canapé de riz.

**Tatami:** natte de paille rigide recouvrant le sol (dimension moyenne: 80 par 180 cm).
Tera (dera dans les mots composés): temple bouddhique.

**Yakiniku:** émincés de viande grillée (bœuf).
Yakisakana: poisson grillé.
Yakitori: poulet grillé en brochettes.
Yukata: sorte de kimono léger en coton.

**Zazen:** méditation assise dans le bouddhisme.
Zen: méditation, école du bouddhisme méditatif.

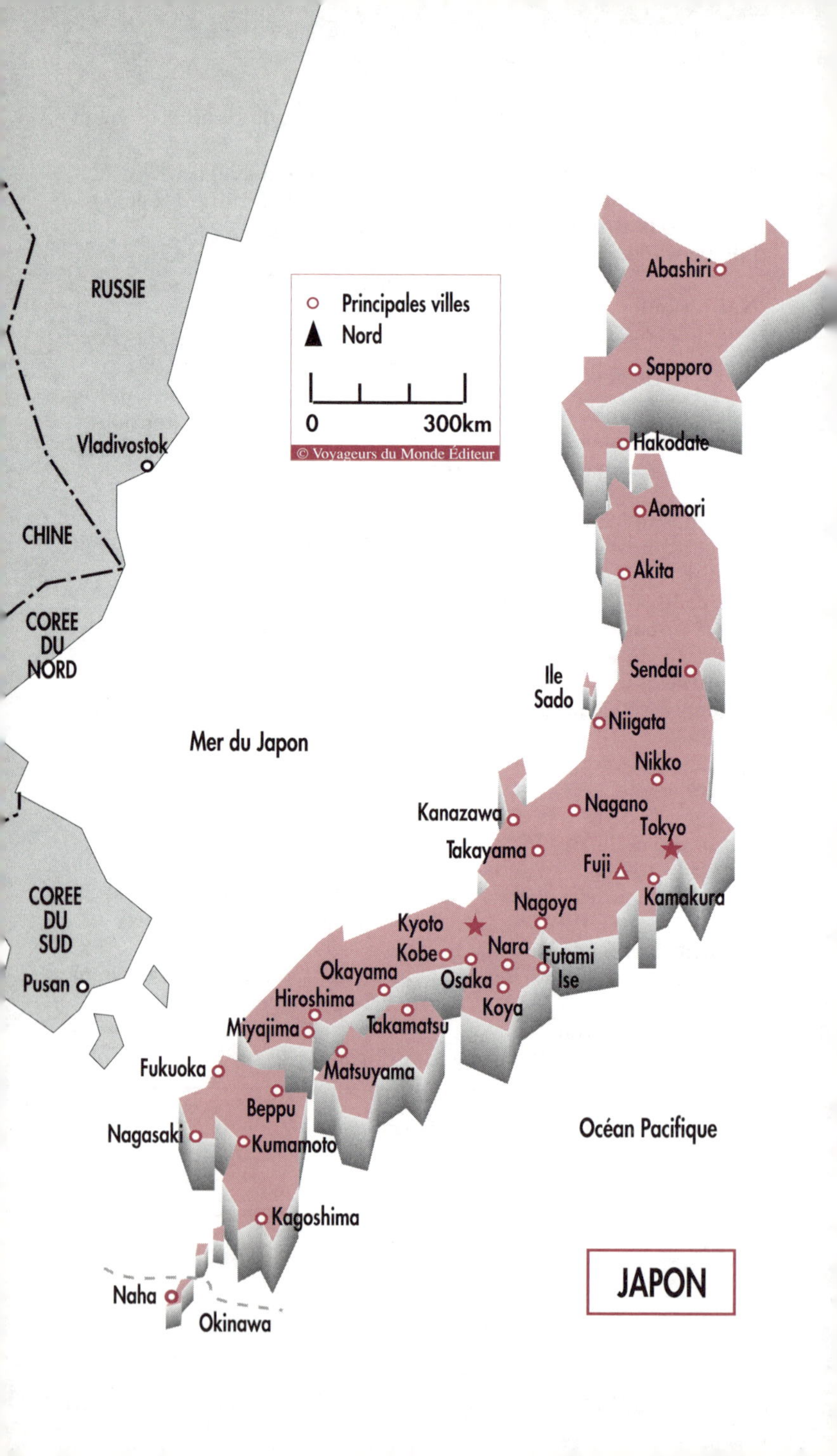
RUSSIE
Vladivostok
CHINE
COREE
DU
NORD
COREE
DU
SUD
Pusan
Mer du Japon
Principales villes
Nord
0
300km
© Voyageurs du Monde Éditeur
Abashiri
Sapporo
Hakodate
Aomori
Akita
Sendai
Ile
Sado
Niigata
Nikko
Nagano
Tokyo
Kanazawa
Takayama
Fuji
Kamakura
Nagoya
Kyoto
Kobe
Nara
Futami
Ise
Osaka
Koya
Okayama
Hiroshima
Miyajima
Takamatsu
Matsuyama
Fukuoka
Beppu
Nagasaki
Kumamoto
Kagoshima
Naha
Okinawa
Océan Pacifique
JAPON

# Le voyage toute l'année

Quand VOYAGEURS DU MONDE est né, en 1980, les habitudes des professionnels du tourisme s'en sont trouvées bouleversées. Pour la première fois, d'authentiques passionnés brisaient la segmentation traditionnelle du marché pour l'aborder sous l'angle le plus universel, l'angle culturel. Ils considéraient que le voyage ne se limite pas à trois semaines par an, mais commence bien avant de partir, par l'imagination et la connaissance, et ne se termine jamais... tout à fait.

Le public a très vite adopté cette approche nouvelle et exigeante, faisant de VOYAGEURS DU MONDE le 10e tour-opérateur français.

Aujourd'hui, VOYAGEURS DU MONDE devient éditeur, afin de vous faire bénéficier de son expérience et de ses connaissances.

**L'ANNUEL VOYAGEURS : pour préparer votre voyage**

Pour que chacun puisse mieux connaître un pays avant même de s'y rendre, VOYAGEURS DU MONDE édite l'ANNUEL VOYAGEURS, dont les titres connaîtront des mises à jour en cours d'année.

Bénéficiant du plus grand réseau d'informateurs qu'on puisse imaginer: les correspondants, les accompagnateurs et les voyageurs de VOYAGEURS DU MONDE, L'ANNUEL est actuellement la source d'informations concrètes et utiles la plus précise et la plus à jour.

**Voyager est un moyen de connaître un pays, ce n'est pas le seul**

On peut connaître et aimer un pays avant même d'y être allé.

C'est pourquoi VOYAGEURS AU JAPON s'est fait animateur et "créateur de contact". Beaucoup plus qu'un point de vente où l'on vient chercher des billets ou s'inscrire à un circuit, c'est un centre d'information sur le Japon, avec bibliothèque, cartes, renseignements pratiques sur les vols, les itinéraires, les hôtels, les climats, etc...

**Tout commence au CLUB VOYAGEURS**

Toute l'année, ce club réunit les voyageurs. Dans des locaux agréablement aménagés, au 53 rue Sainte-Anne, à Paris (tél. 42 86 17 17), se tiennent réunions de préparation ou de retrouvailles, permanences d'information, forums, et, dans la galerie, expositions d'artistes du monde entier.

Les membres du CLUB VOYAGEURS y reçoivent leurs amis, consultent la presse internationale ou visionnent des films. Leur carte les fait bénéficier de nombreux avantages: assistance 24 h/24, garanties annulation et bagages encore plus favorables pour un voyage organisé par VOYAGEURS AU JAPON, réductions sur abonnements, spectacles, participation à des voyages extraordinaires, etc...

**Le Japon, rien que le Japon, mais tout le Japon...**

L'équipe franco-japonaise de VOYAGEURS AU JAPON ne vous parlera que de ce qu'elle connaît: le Japon.

Elle est composée de Japonais et de Français ayant vécu au Japon. Les rencontrer, c'est déjà visiter un peu le Japon. Ils sauront vous conseiller, vous indiquer l'itinéraire "à la carte" ou le circuit qui correspond à vos rêves, à vos objectifs et à... votre budget.

Spécialiste d'une destination, VOYAGEURS AU JAPON imagine et vend directement un grand nombre de voyages, vers Tokyo, Kyoto, le mont Fuji, le Japon des villes et des champs. L'absence d'intermédiaire l'autorise à pratiquer les prix les plus bas, et à s'engager à rembourser la différence à quiconque trouverait ailleurs moins cher les mêmes prestations sur la même compagnie!

**Les vols**

Paris/Tokyo A./R.: à partir de 6 500 F
Paris/Tokyo A. S.: à partir de 4 300 F
Paris/Osaka A./R.: à partir de 7 900 F
Paris/Osaka A. S.: à partir de 4 600 F

**Les circuits**

*La Route du Tokaido,* 15 jours: 24 000 F
*Corée-Japon,* 20 jours: 31 500 F

**Le Japon à la carte**

1. Visite de Tokyo à partir de 400 F
   Visite de Kyoto à partir de 400 F

2. Excursion à Nikko à partir de 800 F
3. Excursion au mont Fuji et à Hakone à partir de 750F
4. Excursion à Hakone-Kyoto à partir de 2 200 F

## NOS ADRESSES

VOYAGEURS AU JAPON, 30 rue Sainte-Anne 75001 Paris. Tél. 42 61 60 83 - VOYAGEURS EN ARGENTINE, 5 place André-Malraux 75001 Paris. Tél. 42 86 17 77 - VOYAGEURS AU BRESIL, 5 place André-Malraux 75001 Paris. Tél. 42 60 14 68 - VOYAGEURS AU CANADA, 5 place André-Malraux 75001 Paris. Tél. 40 15 06 60 - VOYAGEURS EN CHINE, 45 rue Sainte-Anne 75001 Paris. Tél. 42 61 60 26 - VOYAGEURS EN EGYPTE et au Proche-Orient, 12 rue Sainte-Anne 75001 Paris. Tél. 42 86 16 90 - VOYAGEURS AUX ETATS-UNIS, 5 place André-Malraux 75001 Paris. Tél. 42 60 32 51 - VOYAGEURS EN INDE, 45bis rue Sainte-Anne 75001 Paris. Tél. 42 61 77 08 - VOYAGEURS EN INDONESIE, 45 rue Sainte-Anne 75001 Paris. Tél. 42 60 63 31 - VOYAGEURS EN ITALIE, 12 rue Sainte-Anne 75001 Paris. Tél. 42 86 16 32 - VOYAGEURS AU MEXIQUE, 5 place André-Malraux 75001 Paris. Tél. 42 96 67 15 - VOYAGEURS EN THAILANDE, 45 rue Sainte-Anne 75001 Paris. Tél. 42 60 63 31 - VOYAGEURS DU MONDE, 12 rue Sainte-Anne 75001 Paris.(AFRIQUE, tél. 42 86 16 86 - AUTRICHE, tél. 42 86 17 07 - ILES, tél. 42 86 17 18 - RUSSIE, tél. 42 86 17 71) - CLUB VOYAGEURS, 53 rue Sainte-Anne 75002 Paris. Tél. 42 86 17 17 - VOYAGEURS DU MONDE EDITEUR, 53 rue Sainte-Anne 75002 Paris. Tél. 40 20 92 82.

# Index

FCB

**All Nippon Airways,
la plus importante compagnie aérienne
au Japon, vous offre :**

- 3 vols directs Paris (CDG) - Tokyo (Narita).
(5 vols à partir de septembre 92).
- Réseau international de 19 destinations.
- 500 vols intérieurs par jour,
vers les 29 plus grandes villes japonaises.
- 24 grands hôtels ANA.

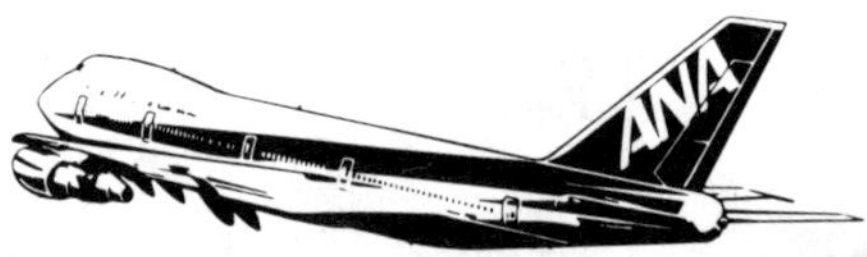


ANA

All Nippon Airways

**Japan's best to the world.**

Renseignements et réservations :
All Nippon Airways. 91, av. des Champs Elysées. 75008 Paris. Tél. (1) 44.31.44.31.
ou dans votre agence de voyages.

## TABLE DES MATIÈRES

# NOTES DE VOYAGE

Tous nos remerciements à l'Office national du tourisme japonais, bureaux de Tokyo, Kyoto et Paris, notamment Marité Krug. Remerciements également à Alain et Inès Decroix, Joëlle Bellamy, Antoine et Elodie Bernardeau, Arnaud de la Pradelle, Bernard de Thiersant, Catherine et Jean Bugert, Christophe Dabry, Claire Allouz, Dominique Buisson, François et Françoise Lemarchand, Françoise Guelle, Henri Brindgeon, Jacqueline Matillon, Jean-Louis Badillet, Jean-Marie Perthuis, Joëlle Laurent, Marie-France Lamé, Niama T'Ber, Patricia Macchi, Sophie et Charlotte Decroix, ainsi qu'aux équipes de France Carrefour à Tokyo et du Club Voyageurs, à Jean-Marc Rivière, Toshihiro Iwasaki, Mieke Orye, Brigitte Brault et toute l'équipe de Voyageurs au Japon.

Editeur André Balbo
Secrétariat de rédaction Gilles Viau et Frédérique Gest
Maquette Jean Castel
PAO Egide Développement
Imprimerie Fricotel (1) 40 23 00 17

Annonceur ANA (All Nippon Airways)
Photo de couverture Diaf, David Ball
© Voyageurs du Monde 1992